上大社·锦珂图书出版基金资助出版

智能时代高等教育模式研究

李仁涵 等 著

上海大学出版社
·上海·

图书在版编目(CIP)数据

智能时代高等教育模式研究 / 李仁涵等著. —上海：上海大学出版社，2019.11
 ISBN 978-7-5671-3732-5

Ⅰ.①智… Ⅱ.①李… Ⅲ.①高等教育-教育模式-研究 Ⅳ.①G640

中国版本图书馆CIP数据核字(2019)第242288号

责任编辑　刘　强
封面设计　柯国富
技术编辑　金　鑫　钱宇坤

智能时代高等教育模式研究

Zhineng Shidai Gaodeng Jiaoyu Moshi Yanjiu

李仁涵　等　著

上海大学出版社出版发行
(上海市上大路99号　邮政编码200444)
(http://www.shupress.cn　发行热线 021-66135112)
出版人　戴骏豪

＊

南京展望文化发展有限公司排版
上海华业装潢印刷厂有限公司印刷　各地新华书店经销
开本 710mm×1000mm　1/16　印张 16.25　字数 195千字
2019年12月第1版　2019年12月第1次印刷
ISBN 978-7-5671-3732-5/G·3062　定价 58.00元

第一、二章：苟　渊　刘　琳

第三、四章：孟海华　傅翠晓　张朝云

第 五 章：王家宝　于晓宇　厉　杰　金晓玲

研究综合组：李仁涵　于晓宇　彭章友　苟　渊
　　　　　　王迎春　李　娟　匡永一

序

　　人工智能(AI)是新一轮科技革命和产业革命的重要驱动力量,正在深刻地改变人类生活、改变整个世界,也必将给高等教育带来新的挑战,同时,将在更大程度上创造前所未有的机遇。因此,由于工作关系,我一直想组织人开展利用人工智能提升高等教育质量方面的研究,并打算把研究成果付诸实践。记得2017年底,李仁涵教授找到我,谈起想开展"智能时代高等教育模式"的研究。我俩的想法可以说不谋而合。我当即表示积极支持李教授的研究。2018年,"智能时代高等教育模式研究"正式立项并启动。今天看到他们的书稿,虽然其中提出的一些观点尚存在不确定性,但我必须说,他们对新事物敏锐的洞察力和积极的探索精神令我钦佩。

　　就像书稿中提到的那样:高等教育模式是一个古老而又时谈时新的话题,其"古老"在于纵观高等教育源于古典时代的历史变迁,"时新"在于内生性演变受到其所处外生性因素的影响。书稿概括和总结了不同历史阶段高等教育对社会与经济发展的贡献,我认为是值得关注的,即:大学分别在工业领域自身技术革命方面、在技术革新方面以及在科技创新驱动方面对社会与经济发展做出的贡献。

　　未来或智能时代到底是个什么样子? 从全球角度看,都是带有"可能性"的描述,而且都在以不同视角进行描述。我相信,随着智能技术在高等教育领域的广泛应用，许多概念将会得到不断完善和修正。本书稿通过对智能时代的总体特征、智能时代的社会形态与趋势、智能时代的经济形态与趋势等的分析，提出了智能技术的应用对高等教育的挑战、智能时代对高等教育的需求，并分析了有关国家的人工智能人才战略等情况，内容丰富，同样值得关注。

书稿最后一部分是通过分析智能时代的学习模式颠覆与重构、教学模式迭代与支撑、高等教育治理变革与探索，提出了智能时代高等教育模式与图景。这部分内容也是最值得高等教育界与社会各界在今后日子里共同探讨、交流、完善的部分，我相信这会对我们今后进一步深入研究和与时俱进改革高等教育模式提供一定的帮助。

衷心祝贺《智能时代高等教育模式研究》书稿的完成。同时，希望这个研究团队能够继续跟踪研究，为未来高等教育转型发展贡献更多的成果。

金东寒

2019 年 9 月 6 日

前　　言

　　模式往往被用来描述某一种社会活动或行为的各要素间形成的稳定结构或方式,是理论与实践、一般与特殊的中介环节,从而为同类社会活动或行为提供可借鉴、可推广的经验或标准样式。作为一种社会活动,高等教育承担着人才培养、科学研究、服务社会等独特的社会职能,由此也形成了与之匹配的组织、制度与治理结构等。在一国或一个地区高等教育的长期发展过程中,能够有效适应社会与经济发展的需求,基于其文化传统、不同时期的社会与经济主流思想和政治制度框架,在国家层面组织、管理高等教育的过程中逐步形成独特的体系、制度与治理结构,在大学层面的人才培养、科学研究、服务社会等方面经过长期探索形成相对稳定的特征与可推广的经验,以及在人财物等资源要素配置上形成合理的治理结构,支撑了高等教育目标的实现与教学科研等活动的有效实施,我们就可以将之视为一种高等教育模式,比如法国高等教育模式、英国高等教育模式、美国高等教育模式、中国高等教育模式等。由此,分析一国或一个地区业已形成的高等教育模式,往往会从政府与高等教育的关系,高等教育机构内部教学与科研、社会服务等活动的优先地位以及各要素间相互作用的方式入手,其中重点是看教学科研活动及其治理结构是否表现出与众不同的显著特征。显然,高等教育的核心要素包括人(即教师和学生)、活动(即教学科研与服务社会)、资源(即课程教材与条件环境)等,在不同的高等教育模式中,大都形成了独特的互动方式和稳定的治理结构。当然,这种互动方式与治理结构,必然也会受到国家政治制度、治理体系、政策导向和高等教育满足社会与经济发展需求的外部机制的影响。

从世界范围看,现代高等教育的源头在欧洲,起点是11世纪产生的中世纪大学。中世纪大学在地中海沿岸的萨莱诺、博洛尼亚和法国的巴黎得以产生,其重要的原因是文艺复兴的兴起对古希腊、古罗马哲学与世俗知识的重新发现、整理与传播,使得知识分子以工商业行会为模板建立起了教师法团,以满足社会对知识和掌握知识的专业人士的需要。由于教师法团既有在学生主导下建立的,也有在教师主导下建立的,因此,就出现了高等教育模式最早的形态,即学生型大学和教师型大学两种模式。在经历了基督教经院哲学主导、以教学活动为主的漫长时期后,中世纪大学在工业革命对科学发展的需求推动下,确立了以科学研究为核心导向的现代大学模式,其标志是1810年德国柏林大学的创建。在这一过程中,随着欧洲现代民族国家的逐步兴起,英国、法国、德国等国家相继形成了各不相同且特征鲜明的高等教育模式。从1492年哥伦布发现美洲开始,欧洲主要国家在向美洲、非洲、亚洲等实行殖民扩张的同时,将其高等教育模式移植到了世界各地。其中美国在1776年独立后,将其殖民地时期的学院传统与德国现代大学模式以及美国的实用主义哲学有效地结合在一起,形成了独特的美国高等教育模式。一些经历了殖民统治的国家,也逐步通过移植欧洲成熟的高等教育模式,建立了现代意义上的高等教育体系与制度,在长期的发展过程中形成了各自独特的高等教育模式。

进入21世纪的第二个十年,信息技术革命深刻地改变着高等教育的机构、制度与课程、教学,信息技术的飞速发展,使得高等教育领域的变革日益呈现数字化、网络化、智能化等特征。一个适应智能时代要求的新型高等教育模式正在逐渐形成。我们所熟知的现代大学模式与高等教育模式,需要作出哪些改变以积极应对日益迫近的智能时代对人才培养、科学研究和社会服务的要求,智能时代各种新技术如何与大学的课程、教学、研究实现深度融合,重塑高等教育模式,是当前亟待研究的重大问题。

目 录

第一章 高等教育的模式变迁 / 001

1.1 大学模式的变革:从中世纪大学到现代大学 / 002
- 1.1.1 中世纪大学:教学主导的大学模式 / 003
- 1.1.2 现代大学:科研主导的大学模式 / 013

1.2 高等教育模式的多样化格局 / 021
- 1.2.1 欧洲国家的高等教育模式 / 022
- 1.2.2 美国高等教育模式 / 044
- 1.2.3 从移植到发展:亚洲四国的高等教育模式 / 054

1.3 本章小结 / 079

第二章 科学技术与高等教育的相互作用 / 081

2.1 第一次工业革命与高等教育模式的变革 / 082
- 2.1.1 科技发展与大学的变革 / 083
- 2.1.2 大学对工业领域自身技术革命方面的贡献 / 089

2.2 第二次工业革命与高等教育模式的变革 / 091
- 2.2.1 科技在大学的迅速扩张 / 091
- 2.2.2 大学在技术革新方面对社会与经济发展的贡献 / 096

2.3 第三次工业革命与高等教育模式的变革 / 100

2.3.1 新科技革命与研究型大学的兴起 / 101
2.3.2 大学在科技创新驱动方面对社会与经济发展的贡献 / 106

2.4 本章小结 / 112

第三章 智能时代的社会与经济形态与趋势 / 114

3.1 智能时代的总体特征 / 115

3.1.1 人工智能驱动社会、经济的变革 / 115
3.1.2 人、机、物交互融合 / 116
3.1.3 生产关系智能化改造 / 117
3.1.4 人类知识自动化生产 / 118

3.2 智能时代的社会形态与趋势 / 125

3.2.1 智能机器成为社会新成员 / 125
3.2.2 机器成为知识生产主体 / 126
3.2.3 智能时代发展趋势 / 128

3.3 智能时代的经济形态与趋势 / 129

3.3.1 生产工具出现新成员 / 130
3.3.2 人工智能赋能劳动者 / 131
3.3.3 失业、就业变换频繁 / 132
3.3.4 人工智能驱动自动化经济 / 134

3.4 本章小结 / 135

第四章　智能时代高等教育的挑战与需求 / 137

4.1　智能时代对高等教育的需求 / 137
4.1.1　教学设置变化需求 / 138
4.1.2　人才需求 / 139
4.1.3　知识的开放性需求 / 151
4.1.4　高校教师的培养需求 / 152
4.1.5　政、产、学、研、用、金结合需求 / 154
4.1.6　人工智能学科建设需求 / 155
4.1.7　"终身学习"的需求 / 156

4.2　智能时代各国的人工智能人才战略 / 158
4.2.1　美国 / 158
4.2.2　日本 / 160
4.2.3　欧洲 / 161
4.2.4　中国 / 163

4.3　人工智能对高等教育的挑战 / 168
4.3.1　对学生培养模式的冲击 / 168
4.3.2　对教育系统内主体的影响 / 169
4.3.3　对教育链条的变革 / 173
4.3.4　对课程设置的重构 / 174
4.3.5　对高等教育软硬件提出更高要求 / 175

4.4　本章小结 / 176

第五章　智能时代的高等教育模式：方向与路径 / 178

5.1　智能时代的学习模式颠覆与重构 / 180
5.1.1　主体关系的冲击与重新定义 / 180
5.1.2　素质结构的打乱与升级排序 / 184
5.1.3　学习模式的变革与创新 / 197

5.2　智能时代的教学模式迭代与支撑 / 211
5.2.1　教育与环境的联结支撑 / 211
5.2.2　教学模式的图景迭代 / 214
5.2.3　价值实践的聚焦方向 / 217

5.3　智能时代的高等教育治理变革与探索 / 222
5.3.1　高等教育治理的时代特征呈现 / 222
5.3.2　高等教育治理体系变革及趋势 / 224
5.3.3　高等教育治理体系实现路径设计 / 229

5.4　智能时代的高等教育模式 / 234
5.4.1　高等教育体系的共生概念引入 / 235
5.4.2　智能时代高等教育的共生机制 / 236
5.4.3　智能时代高等教育的无限场域 / 238

5.5　本章小结 / 240

后记 / 243

第一章　高等教育的模式变迁

尽管高等教育这一概念源自美国,但在欧洲和亚洲,具有高等教育性质的教育机构的历史更为久远。从希腊古典时代①到中世纪②,从希腊学园到作为现代大学起点的中世纪大学,既缘起于人类以高深知识的教学与研究活动为路径探究自然世界、人与社会及其相互之间的关系,也在回应时代变革的过程中,不断丰富着大学作为一种高等教育机构的组织、制度结构和知识的形态与教学的方式。实际上,如果从最初的源头看,希腊古典时代毕达哥拉斯的学园(Museum)、柏拉图的学园(Academy)、亚里士多德的吕克昂(Lykeion)和希腊化时期的亚历山大博学园(Museum)③,都是以高深知识的学习与研究为主要活动的教育机构。与此同时,在中国的商周时期④,从辟雍、泮宫到稷下学宫等设立

---

① 古典时代,古希腊的一个历史时期,前承古风时期(公元前8—前6世纪),后启希腊化时代(公元前323—前30年),大约为公元前5—前4世纪,也可溯至公元前6世纪末,一般定义为公元前510—前323年,是希腊政治、艺术、科学、文学、哲学等方面的鼎盛时期。

② 欧洲的中世纪(Middle Ages)从5世纪持续到15世纪,是欧洲历史三大传统划分的一个中间时期。一般认为,中世纪始于西罗马帝国灭亡(476年),结束于东罗马帝国灭亡(1453年)。

③ 由托勒密王朝(公元前305—前30年)的创立者托勒密一世(公元前367—前282年)创办于公元前290年左右,是希腊化时期以亚历山大博物馆、图书馆等为主体的最大的学术和艺术研究中心。

④ 商周时期(约公元前1600—前221年)考古通常分为商朝(约公元前1600—约前1046年)、西周(约公元前1046—前771年)、东周(公元前770—前221年)三个时期,而东周又可分为春秋(公元前770—前476年)、战国(公元前475—前221年)两期。

于王朝或者诸侯国都城的教育机构,同样具有从事高深知识的教与学活动的特征。到了汉代,汉武帝创办的太学(公元前124年)成为中央官学的模板,一直延续到明清以后的国子监。唐末宋初兴起的书院,如白鹿洞书院(始建于940年)、岳麓书院(976年)等,则引发了私学的兴盛,宋明理学也借此兴起、发展并在南宋理宗(1205—1264年,南宋第五位皇帝,1224—1264年在位)年间成为官学。与宋代书院的兴起大致同期,欧洲主要是地中海沿岸的一些城邦以学者行会、教师法团形式出现的中世纪大学,如萨莱诺大学、博洛尼亚大学、巴黎大学等,以及随后在英国建立的牛津大学、剑桥大学等,也开始兴起并逐步获得了教皇或国王授予的教学许可证,为此后欧洲乃至世界范围内大学的建立与发展提供了最初的原型。如果说中世纪大学为现代大学在以知识为中心的教学研究活动、组织机构、制度建构等方面做好了准备,那么现代大学就是在拓展其职能从而满足世俗社会的广泛而多样的需求过程中,逐步确立其作为一种社会公共机构或准公共机构的社会地位的。而在地理大发现开启的欧洲国家全球殖民和贸易全球化进程中,欧洲大学模式开始移植到美洲、亚洲、非洲和大洋洲的各个被殖民的国家,并且成为一种在世界范围内得到认可的从事高深知识的教学与研究活动的社会机构。在此基础上,世界各国发展出了以大学、学院以及类似机构为主体的现代高等教育体系,进而形成了不同的高等教育模式。

1.1 大学模式的变革:从中世纪大学到现代大学

中世纪大学产生于11世纪的欧洲,这既得益于文艺复兴对古希腊、古罗马文化的重新发现和基于古希腊、古罗马文化的欧洲资产阶级文化的兴起,也得益于欧洲以自治城邦为中心的市民社会的形成与发展。以教师行会、教师法团为最初的形态，自11世纪至13世纪先后建立并相继获得教皇或国王认可的萨莱诺大学、博洛尼亚大学、巴黎大学、牛津大学和剑桥大学等，一般被称为中世纪大学的"原型大学"或"母大学"，为所有随后建立的中世纪大学乃至现代大学、现代高等教育机构提供了基本的机构与制度原型[①]。1810年建立的柏林大学，标志着现代大学诞生。与中世纪大学不同，柏林大学从一开始就将科学研究而不是人才培养视为大学的首要目标，将科学而不是神学视为大学的首要科目，将世俗知识的发展而不是对《圣经》的诠释视为大学的社会职责。总之，就大学的发展历史而言，中世纪大学与现代大学尽管有机构、制度和课程、教学等多个层面的传承，但显然是两种不同的大学类型，代表着不同历史时期相对成熟的大学模式。

1.1.1　中世纪大学：教学主导的大学模式

文艺复兴和城市复兴是推动中世纪大学产生与发展的重要因素。一方面，文艺复兴为中世纪大学的诞生奠定了思想基础。正是在对古希腊典籍翻译、阐释的基础上，新人文主义传统才得以诞生，大批知识分子汇聚大学，力图构建一套以人为中心的世俗性知识体系与理想社会。另一方面，城市的复兴为中世纪大学的发展提供了制度基础。源于11世纪末的十字军东征极大地推动了地中海沿岸城市的兴起，它打破了西欧封闭的局面，重建了开放的地中海贸易圈。财富的积累为城市市民阶层的兴起提供了坚实的物质基础，为了进一步控制城市社会经济的发展，城市市民阶层组建了行会组织并择地集中居住生活，通过传授知识技艺以保障行会成员的权利。"早期出现的商人和手工业行会，其组织的目

---

① 黄福涛.外国高等教育史[M].上海：上海教育出版社，2008：37.

的中的一个巨大因素,是互助与保证。"①商人、手工业行会制度的逐步健全,既推动了城市政治经济结构的改组,也改变了城市的文化教育制度,并为教师法团的形成提供了直接的制度基础。城市贸易活动促进了东西方的文化交流,使古希腊典籍得以重返欧洲,从而吸引了一批知识分子汇聚到城市,从事自由传播知识的活动,教师法团也便得以形成。同商业、手工业行业一样,组建教师法团的初衷也是为了维护知识分子的权益,而教师集聚引发了知识的融合创新,吸引了一批热爱知识的青年人来到城市追随他们学习,从而促进了大学的产生。萨莱诺大学最初就是以师生在萨莱诺的医学学校汇聚而产生,博洛尼亚大学则是以学生雇佣法学教师来讲授罗马法而形成的。阿伯拉尔②在巴黎大教堂的回廊主持的讲学活动,吸引了大批知识狂热者云集巴黎的塞纳河畔,催生了巴黎大学,并使巴黎成为当时欧洲的文化教育中心。

与商业行会组织相同,中世纪大学是由学者自发组织而成的,它存在的合法性在于其提供的教学服务满足了社会的现实需要③。罗尔夫·托斯坦达尔(Rolf Torstendahl)认为:"严格说来,在1800年以前,大学主要从事的是职业教育,神学是为定期从事教职的人员提供的,它教人如何通过生活以拯救灵魂;而法学则迎合了人们处理世俗事务纠纷的需要。"④医学则满足了人们对健康的需求。当然,为了确定其在城市中的地位并获得合法性,教师法团如城邦、行会一样,积极寻求教廷和王权的支持,经过经久的努力终于获得了教廷的认可与支持。此外,中世纪大学的建立与发展,也得益于作为学者行会的教师法团对知识资源的垄断

---

① 汤普逊.中世纪经济社会史(下)[M].耿淡如,译.北京:商务印书馆,1984:438.
② 彼得·阿伯拉尔(Peter Abelard,1079—1142年),法国著名神学家和经院哲学家。
③ 安心.现代大学竞争的历史考察[J].西北师大学报(社会科学版),2003(3):18-22.
④ 安心.现代大学竞争的历史考察[J].西北师大学报(社会科学版),2003(3):18-22.

与把持。鉴于大学的重要作用,教廷、王权和城市当局都想夺得大学的控制权,他们纷纷采取各种手段来笼络教师法团的学者们,从而在教会、封建王权、城市当局以及大学各方之间形成以知识资源为纽带的利益关系,大学也得以在权力的缝隙中逐步发展与壮大。然而,不同权力间的斗争也引起大学内部以及大学与外部之间的冲突。在13世纪的百年里,中世纪大学既迎来了发展的巅峰,也面临着激烈的冲突斗争。仅以巴黎大学为例,1213年,大学与教会发生冲突,结果大学总监失去了颁发授课准许证的特权,大学教师取得了胜利;1229年,巴黎大学学生又与国王的警察发生流血冲突,导致巴黎大学大部分人员参加罢课,并持续了两年之久,最终还是国王路易九世作出让步,郑重承认大学的独立[①]。在这一过程中,为了维护大学成员的共同利益,大学改变了自己的组织结构,由自发松散的行业组织转型为制度化的、团结的规范性组织,以加强大学内部成员之间的关系。"为寻求不同性质的庇护,大学采取灵活的斗争策略获得了许多特权。其中主要是'法权自治——在教会的某些地区性限制范围内有向教皇上诉的权利、罢课和分离独立的权利、独揽大学学位授予的权利'。"[②]这些特权在一定程度上保护了大学免受外界干扰,可以遵循自己的规律组织教学管理活动。更重要的是,这些特权成为大学区别于其他社会机构的主要标志,使大学得以作为一个相对独立自主的组织机构长久留存。

尽管上文所提及的原型大学都源自市民社会的行会制度,但由于行会的组成主体不同,又形成了不同类型:以意大利南部的帕都亚和博洛尼亚大学为代表,由于是以学生为主、以雇佣教师为辅的师生法团,故可

---

① 陈慧娴,熊华军.中世纪大学学术职业:信仰与理性的统一[J].高教发展与评估,2010(6):74-79.

② 王向华,颜丙峰.高等教育的生成与变革[M].济南:山东教育出版社,2008:5.

以归之为学生型大学;以巴黎大学为代表,属于典型的教师法团,故称之为教师型大学。随着巴黎大学的影响力日盛,教师型大学逐渐占据主导,成为之后中世纪大学的主要模式。

1.1.1.1 学生型大学——博洛尼亚大学

学生型大学的典型代表博洛尼亚大学由教师型大学转型发展而来[①]。"经过一个多世纪发展,博洛尼亚大学建立了最为彻底的和最具创新性的学生型大学制度。"[②]因坐落于意大利北部,博洛尼亚大学成为南欧许多大学效仿的对象,这些大学将校务交由学生管理,"学生决定教授的选聘、学费的数额、学期的时限和授课的时数等"[③]。当然,并非所有的意大利大学都是学生型大学[④]。

(1) 教学的组织与实施

由于是在 11 世纪末出现的博洛尼亚法律学校基础上发展而成的,故而博洛尼亚大学一直以法学的教学与研究著称。由于众多翻译、解读、评注《罗马法》的语法学、修辞学和逻辑学等领域的学者聚集在一起,吸引了很多学生来到博洛尼亚学习法律,因此法律系的学生人数最多,地位也最高。法律系的课程最初是以《罗马法》为主,后逐步将《查士丁尼法典》《学说汇纂》确定为法律课程的主要教材。法律系的学生在经过五年的专业学习后,可向校长申请,先试讲法律教材中的某一章节,一年之后再讲授全书,不经过任何特别考试便可获得学士学位。两年之后可申请博士学位,考试通过后可获特许状从而能够独立授课。继法学之后,自 14 世纪始,博洛尼亚大学又吸纳了众多逻辑学、天文学、医学、哲

[①] 陈化育,杨亚辉.大学正从社会边缘走向社会中心[J].西北民族大学学报(哲学社会科学版),2007(5):81-88.
[②] 贺国庆.中世纪大学和现代大学[J].河北师范大学学报(教育科学版),2004(2):22-28.
[③] 余子侠,向华.西方大学生自治历史考察与启示[J].华中师范大学学报(人文社会科学版),2014(1):162-168.
[④] 黄福涛.外国高等教育史[M].上海:上海教育出版社,2008:55.

学、算术、修辞学以及语法学的学者,大大丰富了博洛尼亚大学的课程与教学。1364年,博洛尼亚大学还建立了自己的神学院。

不过,"无论是大学课程结构还是具体教学内容,博洛尼亚大学都与巴黎大学存在很大差别"①。首先,博洛尼亚大学中的文学系并不像巴黎大学那样属于大学教育的基础或预备阶段。尽管法律系的学生可能学习文学系的某些课程,但是博洛尼亚大学文学系开设的课程,并非是法律、医学课程学习的基础。其次,由于古代罗马教育的影响以及为培养法律人才,文学系开设的课程主要是古代"三艺"内容,其中又以修辞学最受重视。另外,不管是文学系的课程还是法律和医学方面的课程,都十分强调学习内容的实用性,对于神学院之外的各系学生而言,除了学习一些教会法之外,很少涉及有关宗教神学的教学内容。正是由于博洛尼亚大学在法律领域教学与研究的盛名,13世纪以后欧洲南部乃至整个欧洲建立的诸多大学,其法律教育都是以博洛尼亚大学为蓝本来设置课程的,从而也为之后建立的中世纪大学普遍设置的法学院提供了模板。

(2) 大学的组织与管理

在14世纪之前,博洛尼亚大学的管理,主要由按照地域形成的两大民族团来行使:一个民族团成员来自意大利半岛;另一个民族团成员来自阿尔卑斯山以北地区。"与巴黎大学不同,博洛尼亚大学是教师和学生分别成立各自的民族团。教师的民族团被称为'博士学院(College of Doctors)',由于其成员主要是本地人,来自意大利以外的其他国家和地区的教师很少,博洛尼亚大学教师的实际影响力远远低于学生民族团"②。

最初,博洛尼亚大学的学生按地区成立了四个民族团,13世纪中期后合并为两大民族团。在两大学生民族团之下,按照地区成立了多个分

---

① 贺国庆.中世纪大学和现代大学[J].河北师范大学学报(教育科学版),2004(2):22-28.
② 焦丰年.政治学视角浅析高等学校治理[J].速读(下旬),2015(10):38-38.

民族团。各分民族团由选举产生的1—2名领导者负责,在此基础上,"两大民族团成员又选举各自的学生领导者,成为rector(即现代欧洲大陆部分大学中的校长职位)"①。两位学生校长是大学的最高管理者,负责大学各项法规的制定与执行。"他们轮流管理大学的行政、司法和教学等事务,其中最重要的权力是代表大学行使大学内部事务的裁定权。"②学生校长有权管理本民族团以及整个大学的事务,有权决定教师的聘用和薪酬的制定,其行为不受所在城市法律的约束。到14世纪末,博洛尼亚大学的管理几乎完全由学生民族团控制,教师作为被雇佣者必须在学生民族团首领面前宣誓绝对服从学生民族团的管理。大学委员会由各分民族团的领导者和两位学生校长组成,大学委员会的主要职责是管理大学活动,提出咨询意见和监督校长。大学全体会议由全体学生参加,是大学的最高管理机构,"负责大学重大事务的决策及相关规章制度的制定"③。

1.1.1.1.2　教师型大学——巴黎大学

"巴黎大学最初是学者们在巴黎圣母院的天主教学校讨论哲学和神学问题时逐步发展起来的教师组织行会。"④1174年,教皇授予巴黎大学一些保护性特权以排除地方当局的干扰。26年后,法国国王进一步以特许状的形式批准了这些保护性特权,从法律上保障了巴黎大学教师法团的自治权⑤。特许状的颁发是巴黎大学正式诞生的标志,在涂尔干看来,教师法团的出现及其在日后不断团结一致的程度,不但使其越来越具有

---

① 郁刚.高校学生组织管理模式研究[D].兰州:兰州大学,2010:20.
② 张芳芳,朱家德.中世纪大学特许状(章程)的特点及变革[J].赣南师范学院学报,2010(2):54-58.
③ 尹宁伟.现代大学制度与学生权力[J].现代教育管理,2011(8):5-9.
④ 赵佳宾,孟凡平.欧洲中世纪大学的自治精神刍议[J].内蒙古农业大学学报(社会科学版),2012(4):328-329.
⑤ 涂尔干.教育思想的演进[M].李康,译.上海:上海人民出版社,2003:110.

一种全新组织形式的特征,而且"它所开辟的道路导致了巴黎大学的创立,使得巴黎大学的组织形式变得很有必要"①。巴黎大学是教师型大学的典型代表,由教师行会全权负责大学的教学管理事务,学生则处于学徒的地位②。巴黎大学拥有学位授予权、自由演讲权、罢课权、迁校权以及独立的司法权等自治权,这些自治权主要由教师法团来行使,校长是由教会任命的最高管理者,教师法团则在颁发教学许可证、学位等方面享有一定的权力③。位于欧洲北部如英格兰、苏格兰、丹麦、瑞典、德国等地的大学,就多属此种类型④。

(1) 教学的组织与实施

巴黎大学文学院(最初称为文学系)的学习科目基本继承了古罗马时代遗留下来的由文法、修辞、辩证法构成的"三艺"和由算术、几何、天文、音乐组成的"四艺",合称"七艺"。不过,由于基督教教育从古罗马继承的主要是"三艺",加之巴黎大学由教会控制下的主教堂学校发展而来,因此初期巴黎大学主要重视"三艺",而不重视"四艺"课程的学习,甚至其中的天文和音乐等内容更是由教皇明文规定禁止研究和传授⑤。文法在巴黎大学处于基础地位,巴黎大学认为逻辑和修辞学的内容是内含于文法之中的,文法与修辞、辩证法之间不是孤立隔绝的,而是有着内在联系的,文法是学习其他学科的基础⑥。

与博洛尼亚大学不同,巴黎大学文学院的课程属于预备阶段,主要为将来学习更为高级的法律、医学特别是神学课程做好准备。"那些准

---

① 涂尔干.教育思想的演进[M].李康,译.上海:上海人民出版社,2003:110.
② 陈化育,杨亚辉.大学正从社会边缘走向社会中心[J].西北民族大学学报(哲学社会科学版),2007(5):81-88.
③ 贺修炎.走向大学自组织:中国政府与大学关系研究[D].长沙:湖南师范大学,2014:72.
④ 周廷勇.高等教育质量观:生成与变迁[M].北京:北京出版社,2007:81.
⑤ 刘亚敏,夏晓культур.中世纪大学:权力夹缝中的生存与发展[J].理工高教研究,2006(5):16-18.
⑥ 黄福涛.欧洲高等教育近代化:法、英、德近代高等教育制度的形成[M].厦门:厦门大学出版社,1998:173.

备进入神学院的学生须花 5—6 年的时间学习文学系的有关课程,经过考试并取得硕士学位后,方可进入最高阶段的神学系学习。"①预备阶段的学习既可为学生提供基本知识,也可为其今后从事高级阶段的专业学习奠定坚实的知识基础,通过烦琐的哲学论证和辩论训练,培养学生的理性思考能力、判断推理能力②。

神学院(最初称为神学系)的课程则主要是学习《圣经》、历代著名神学家编撰的有关《圣经》的注释和评论以及宗教格言等。"随着亚里士多德的著作陆续经过拜占庭、西班牙和阿拉伯帝国被介绍到欧洲以后,巴黎大学的课程内容发生了较大的变化。"③教会最初禁止巴黎大学讲授亚里士多德学说以及一些来自阿拉伯世界的哲学和科学思想,其原因在于亚里士多德学说中关于世界永恒的学说与基督教宣扬的上帝创造世界、主宰世界的教义相悖。12 世纪以后,经过经院哲学家们的调和与改造,亚里士多德和东方一些哲学家的学说才得以在巴黎大学占有一席之地。到 13 世纪,巴黎大学可以讲授几乎所有的亚里士多德的著作④。当然,此时的亚里士多德哲学已经渗透了大量基督教神学思想,调和了基督教的神性与理性、上帝与尘世之间的矛盾。

最初,巴黎大学并不重视法律课程,课程内容非常狭隘,仅仅讲授一些教会法知识⑤。这一时期,巴黎大学的法律教育以培养教会所需要的高级人才为主要目的,所用教材必须经过教皇审定通过才能使用。随着社会的改革发展,法学系也得以发展壮大,并最终发展成为法学院。巴黎大学还设有医学系,开设生理、病理等方面的课程,其课程以罗马传统

---

① 王一军.知识演进中的大学课程秩序[J].高教发展与评估,2013(3):80-91.
② 陈文华.学习理论指导下的电视新闻摄像课程教学探析[J].湖北科技学院学报,2014(3):171-172.
③ 张继明.中世纪大学的学术组织属性及其当代启示[J].山东高等教育,2015(3):84-89.
④ 宋文红.中世纪大学教材的发展及其特征[J].现代大学教育,2007(2):67-71.
⑤ 刘河燕.欧洲中世纪大学课程内容探析[J].甘肃社会科学,2012(6):177-180.

医学教材为主,由阿拉伯人传播而来的东方医学也可在学校讲授,最后发展出医学院①。学生须首先完成文学院预备阶段学习后,才有资格进入医学系学习,待获得医学学士并经过认可仪式取得资格证书后,便可进入医学行会,独立开业②。

巴黎大学的教科书一部分是由希腊和阿拉伯书籍翻译而来,一部分是由自己专门编写而成。自 12 世纪晚期,亚里士多德的思想开始传入巴黎大学,半个世纪后,亚里士多德的形而上学、宇宙论、物理学、心理学和自然史等著作正式进入巴黎大学,并促成相关必修课的设置。尽管中世纪大学有着不同的管理模式,但却建构了一套大致相同的课程体系,如相同的教科书、相同的教学内容和相同的学科结构等,这是中世纪大学最为成功之处。这一成功一定程度上可以归功于 12 世纪的翻译活动,通过翻译典籍,希腊和阿拉伯文化得以在中世纪大学复兴,从而为中世纪大学提供了一批标准的教科书和一系列共同的问题与探讨问题的方法③。

(2) 大学的组织与管理

"巴黎大学的组织结构主要由学部和民族团两大层次的机构组成。"④首先,在以巴黎大学为代表的教师型大学中,一般设有文、法、神、医四个学院,其中神学院居各院之首,而文学院则居于预备地位,是进入其他学院的基础⑤。巴黎大学的学生如果想要进入法律、医学和神学等系学习,必须首先在文学系学习并通过考试获得学位后才有资格进入,加上并非文学系中所有毕业生都能进入医学、法律或神学等系学习,因

---

① 刘河燕.欧洲中世纪大学课程内容探析[J].甘肃社会科学,2012(6): 177-180.
② 吴薇.荷兰莱顿大学医学教育的近代转型及其启示[J].现代大学教育,2009(3): 41-45.
③ 林德伯格.西方科学的起源[M].王珺,译.北京:中国对外翻译出版公司,2001: 218.
④ 贺修炎.走向大学自组织:中国政府与大学关系研究[D].长沙:湖南师范大学,2014: 72.
⑤ 刘宝存.国外大学学科组织的历史演进[J].天津市教科院学报,2006(1): 64-68.

此文学系中学生人数最多。与学术型大学不同,巴黎大学作为教师型大学,其内部管理机构的负责人一般由教师选举并由教师担任①。

其次,"巴黎大学按照地域分为法国、皮卡尔迪、诺曼底和英格兰四大民族团,各民族团又按照地区分成不同的同乡会"②。各民族团推举本民族团的代理人(proctor,在近代美国大学中这一职位主要指大学的监考官,而在近代英国大学中则主要指管理和负责学生事务的年长教师,即学生监)。担任代理人的教师往往是德高望重的,主要负责管理本民族团的事务(特别是司法等事务)与财产③。各民族团代理人还有选举大学校长的权利,校长负责全权管理大学的教学行政事务。各民族团的代理人还可作为大学校长的咨询顾问,为校长决策提供重要的咨询服务④。值得注意的是,与其他类型的大学相比,学院既是巴黎大学最基本的单位,也是其最重要的管理机构,大学的教学和管理活动基本上在学院这一层次上进行。

巴黎大学还建立和发展了一套比较规范的学位制度,而且不同学院有着不同的规定。文学院的学生年龄在14—20岁之间,其修业年限一般为6年,并分学士和博士两个阶段,学生完成前2年的学习便可获得学士学位,继续完成后面4年的学习则可获得博士学位⑤。医学院和法学院的学生年龄较高,一般在20—25岁之间,学生需要首先获得文学硕士学位,然后在此基础上继续学习6年方可获得医学执照或医学博士学位。神学院的要求更为严格,获得神学博士学位所需的时间也是四个学

---

① 勒戈夫.中世纪的知识分子[M].张弘,译.北京:商务印书馆,1996:60.
② 师玉生,林荣日.法国学生参与大学内部治理的历史演变及启示[J].重庆高教研究,2016(4):41-46.
③ 刘静静.文艺复兴与宗教改革时期欧洲大学变迁研究[D].呼和浩特:内蒙古大学,2011:18.
④ 李巧针.探析美国大学校长的权力制衡制度[J].高教探索,2008(1):79-82.
⑤ 张婷.美国大学学士学位学术标准个案研究:以杨百翰大学为例[D].金华:浙江师范大学,2010:11.

院中最长的,一般要经常15—16年的大学学习才可以获得神学博士学位。巴黎大学还制定了规范的博士学位申请程序,博士学位申请人一般要通过个别考试和公开考试(或答辩),并经博士委员会退席表决通过后,申请人方能参加授职典礼并获得学位。

中世纪中晚期在中东欧建立的一大批中世纪大学,基本上都是以巴黎大学为模板建立其系科结构与管理制度的,当然,由于各国文化与宗教传统的不同,逐步衍生出了不同的大学模式。在此期间,巴黎大学的系逐渐成为大学主要教学和管理机构,教师按照不同学科划分为不同的系,并由所在系严格按照学科内容组织教学、授予相应学位,致力于培养专门人才或专家,并在此基础上逐步形成了稳定的文、法、神、医四大学院。以牛津大学为典型代表的学院型大学,则由多个师生共同生活的学院组成,教学主要是在学院一级,通过教师对学生进行个别或集体指导形式进行。而以苏格兰、爱尔兰、西班牙、德国和东欧大学为典型代表的混合型大学,一方面实行教师型的集中管理方式[1],另一方面又吸收了牛津大学的学院制特点[2]。16世纪后欧洲国家经历了一次大学改革,教师型大学取代学生型大学成为主导的大学管理模式,大学中的学生民族团的实力被削弱,世俗王权和大学教师的权利得以提升,并由两者共同管理大学内部事务,各大学还仿效巴黎大学组建了较为完备的文、法、神、医四个学院[3]。

1.1.2 现代大学:科研主导的大学模式

传统的中世纪大学只是单纯的教育机构,仅以传授高深知识为目

---

[1] 张曙光.西方大学人文教育与科学教育的博弈[D].长沙:湖南师范大学,2011:24.
[2] 张培.论牛津大学的保守性[J].文教资料,2007(10):80-81.
[3] 林珣.欧洲高等教育区建设中学生参与的研究[D].厦门:厦门大学,2007:10.

的,并不涉及知识的生产与创造。自哥白尼著作发表后,欧洲在科学领域取得了辉煌的成果,开普勒、伽利略、牛顿和笛卡尔等开辟了现代科学的新疆界。与基督教神学不同的是,"科学最初被界定为对超越时空且永远正确的普遍自然法则的追寻,社会科学在同样旨在追寻超越于任何公认的或演绎的智慧之上的真理,人们试图针对能以某种方式获得经验确证的现实而发展出一种系统的世俗知识"①。科学之于现代社会的重要性毋庸多言,正如罗素所言:"近代世界与先前几个世纪的区别,几乎每一点都能归源于科学,科学在 17 世纪收到了极其雄伟壮丽的成功。"② 其中最为成功的一点,抑或是科学能够获得持续成功的一点,就是科学的各个领域逐渐进入大学,并且由此构建起了以科研为主要形态的大学组织与制度结构,从而催动了现代大学模式的产生与发展。

当然,如果说中世纪大学的产生与发展得益于文艺复兴,那么科学的兴起与现代大学的形成,则主要得益于宗教改革和启蒙运动后现代欧洲思想领域的解放。自 14 世纪以来,历经 300 余年的人文主义运动、宗教改革运动和科学革命对大学和学科的发展具有至关重要的作用。文艺复兴运动使得人文主义思想成为欧洲文化发展的趋势和潮流。在人文主义思潮的影响下,大学中的古典人文主义学科的地位得以上升,科学知识也逐渐从自然哲学中分化出来产生相应的大学课程。人文主义与主要源自牛津、剑桥大学的自由教育继承了希腊的古典人文主义精神和自由教育的传统,两股思潮共同推动了欧洲思想从神性向人性的转变,也使大学开启了将人性的塑造与解放置于教育中心地位的改革历程。在这一背景下,中世纪中晚期的大学力图摆脱传统经院哲学过于注

---

① 华勒斯坦,儒玛,凯勒,等.开放社会科学:重建社会科学报告书[M].刘锋,译.北京:生活·读书·新知三联书店,1997:3.
② 罗素.西方哲学史(下)[M].北京:商务印书馆,1991:43.

重唯理性主义的倾向,大学教学开始注重古希腊古罗马时期古典知识的学习,引导学生关注世俗社会,注重培养学生对现实世界的观察能力和探究能力,但这种能力的培养依然需要理性思维的支持。因此,在这一时期"经院哲学也维持了理性的崇高地位,断言上帝和宇宙是人的心灵所能把握,甚至部分理解的。这样,它就为科学铺平了道路,因为科学必须假定自然是可以理解的。文艺复兴时期的人们在创立现代科学时,应该感谢经院学派作出这个假定"①。

正是在人文主义与自然哲学的推动下,旨在研究自然与人的化学、生物学、医学等自然学科得以迅速发展②。这一时期,大学逐步恢复了对自然科学的探讨,随着语言、文学、艺术、伦理、哲学和自然科学开始进入大学,神学的垄断地位被打破,大学教育完成了世俗化改革。这一改革之所以可以顺利完成,主要是由于这一时期的大学逐渐脱离了教会的控制,国家取代教会成为大学的主要控制者,大学为民族国家的政策制定与改革发展提供了极为有用的知识,并在为民族国家服务的同时衍生了一些新的知识门类,同时大学也借此实现了复兴。自此,大学开始成为传授、创造知识的主要制度性场所,知识的学科化和专业化开始在大学里逐步形成。学科分殊化的核心理念是:"由于现实被合理地分解成为不同的知识群,因此系统化研究便要求研究者掌握专门的技能,并借助于这些技能去集中应对多种多样、各自独立的现实领域。"③

1.1.2.1 德国的大学改革与现代大学的形成

现代大学源自 18 世纪中期至 19 世纪初期,这一时期德国大学开展了三次改革运动。通过这三次改革,德国大学由中世纪大学成功转型为

---

① 丹皮尔.科学史及其与哲学和宗教的关系(上册)[M].李珩,译.北京:商务印书馆,1989:12.
② 狄博斯.文艺复兴时期的人与自然[M].周雁翎,译.上海:复旦大学出版社,1999:34.
③ 叶舒宪.文化与文本[M].北京:中央编译出版社,1998:26.

现代大学，欧美各国大学借鉴德国大学模式开展改革，也实现了大学的现代化。

(1) 德国的大学改革与现代大学模式的确立

哈勒大学、哥廷根大学是德国第一次大学改革运动的典型代表[①]。在启蒙运动的影响下，在哲学家托马西乌斯(Christian Thomasius)、沃尔夫(Christian Wolff)和政府官员闵希豪森(Gerlach Adolph Von Münchhausen)等的倡导和直接推动下，哈勒大学和哥廷根大学将哲学设为独立的学科，使其从神学中脱离出来，并废弃了源自中世纪大学的经院主义课程[②]，首次在大学中改用德语授课，打破了拉丁语的垄断地位。"沃尔夫作为以数学和自然科学为基础的现代哲学体系的创建者之一，在大学中开始主讲数学、物理学等课程。"[③]闵希豪森把哥廷根大学传统的文学院改为哲学院，在保留传统科目的基础上，增加了心理学、自然法、政治、物理、自然史、纯数学和应用数学、历史、地理和现代语等课程，第一次提高了哲学院在大学中的地位。更为可贵的是，他倡导在神学教授中要秉持中立的态度，反对宗教迫害，并在大学章程中命令禁止斥责"持异端"的观点，这为大学开展学术研究营造了较为宽松自由的氛围[④]。德国大学第一次改革运动成效显著，本次改革打破传统束缚，首次使科学研究和科技教育在大学中赢得了一定的地位，并促进了学术自由思想的形成与发展[⑤]。但是，这次运动仅仅局限于部分觉醒较早的大学，传统大学模式的根基并未动摇。所以，在18世纪中期，德国继而兴起涉及面更广的第二次改革运动，这次改革运动几乎涉及所有的传统大学。本次

---

① 王永强.18世纪德国大学改革运动及影响[J].教书育人(高教论坛),2012(6)：31-33.
② 王强.关于当代大学社会责任及其冲突问题的思考[J].辽宁教育研究,2008(4)：113-116.
③ 王向华,颜丙峰.高等教育的生成与变革[M].济南：山东教育出版社,2008：7.
④ 贺国庆,王保星,朱文富,等.外国高等教育史[M].北京：人民教育出版社,2003：131.
⑤ 王桂雪.对大学学术自由的解读[J].当代教育论坛,2008(22)：16-17.

改革主要受功利主义思潮的影响,人们指责当时的传统大学百无一用,不能服务于社会发展,部分激进分子甚至主张废除大学,用其他机构取而代之。面对这一严峻的形势,大学内外的有识之士强烈要求改革传统大学[1]。其中,政府人员是本次改革运动的主要发起者,主张加大政府对大学的财力支持,加强政府对大学的管理,并掌控教授的委任权[2]。这两次大学改革运动,实际上是19世纪初德国大学真正意义变革的历史前奏[3]。改革者们成功地把科学和科学研究引入大学,加深了对学术自由的理解,改革后的大学在一定程度上脱离了教会的控制,代表世俗势力的国家政府加强了对大学的控制管理。此外,这两次改革为后来柏林大学的创立与发展提供了丰富的思想源泉、理论依据和生动的实践经验。

德国第三次大学改革运动的标志就是柏林大学的创办。19世纪初期,新人文主义思潮逐步占据德国思想界的支配地位,这一思潮主张复活古希腊的精神,崇尚科学和哲学,提倡人的个性和自由。当时普鲁士内务部教育厅厅长威廉·冯·洪堡是新人文主义的代表人物之一,1810年,他根据这一思潮的精神设计并创办了柏林大学,正式开启了世界高等教育的现代化进程,现代大学模式得以确立,高等教育模式日益多样化[4]。

柏林大学对现代大学模式的贡献主要体现在三个方面:第一,在大学的创建过程中,洪堡不仅采纳了哥廷根大学的哲学院办学模式,而且把以科学研究为己任的哲学院转变为大学的中心,第一次彻底地把哲学院提升到传统的神、法、医学院之上,使大学成为科学研究的神圣殿堂和发源地。其带来的结果是,自然科学得以在哲学院得到迅速发展与分

---

[1] 李江源.略论蔡元培的大学制度思想[J].高教探索,2002(4):79-82.
[2] 贺国庆.德国和美国大学发达史[M].北京:人民教育出版社,1998:19-33.
[3] 侯志军.社会资本与大学发展研究[D].武汉:华中科技大学,2008:56.
[4] 张沉香.大学外语教育政策的反思与构建[D].长沙:湖南师范大学,2011:89.

化,由此建立起了一个以支撑、促进自然科学知识为主线的大学组织与结构形态。第二,柏林大学建立了以知名学者为中心的教学新形式。最初是以讲座制的形式,紧接着是以科学研究为主要任务的习明纳、学系以及专业学院等形式逐步占据主导,教学活动不再以中世纪的人文科学为主,而是以自然科学知识为主,从而改变了中世纪大学以讲授为主的教学方式。第三,作为区别于中世纪大学最为显著的特征,洪堡将教学与研究相统一确立为大学的核心原则。在洪堡看来:"我们把一切真正渊源于人的本质的、始终如一的哲学体系,都归功于看得见和看不见的世界的这种双重性质,归功于与生俱有的、对看不见的世界的渴望和看得见的世界的仿佛甜蜜的不可或缺性感觉。"①因此,自由探索知识、探索美是人的天性使然。而"大学作为一个将要圆满完成整个教育过程的阶段,无非是要把人的精神生活、外在的闲情逸致和内在的追求引导到对科学研究的兴趣上"②。在洪堡看来:"科学研究与大学教学活动是不可分离的,甚至科学研究本身就是大学教育活动的本质所在。只有在共同的研究当中,教师的教与学生的学才真正结合起来,达到既发展科学,又培养人才的目的。"③需要注意的是,洪堡认为任何实用性的专业化研究都是与人的精神自由相背离的,因此他所提倡的研究是不带任何功利性目的的"纯粹研究",而强调实用性的研究不能在研究高深学问的大学里占有一席之地。因为在他看来,只有"研究和从研究中产生的信念是自主的活动",在自主的活动中,研究者会产生疑惑,发挥自己理智的思维活动,去剔除谬误,获得真理,并从中体会到完美和幸福快乐;而信仰不同,它"信赖外来的力量,信赖外来的知识和道德的完

---

① 杨光.大学横向科研及管理模式的研究[D].杭州:浙江大学,2005:8.
② 李继兵.大学文化与学生发展关系研究[D].武汉:华中科技大学,2006:53.
③ 王雪梅.浅析柏林大学的办学方针及其影响[J].成功(教育版),2008(8):206.

美",如果信仰完全占统治地位,它"就会窒息任何怀疑……,甚至会产生一种更加不可战胜的勇气,更加坚韧不拔的顽强精神……,不过,只有在关键是要取得某种外在的、仅仅需要机器式作用的特定成果的地方,这种顽强才是可取的",而不是在自主的研究活动过程之中,"因为这种顽强仅仅是建立在压抑理性的一切固有活动之上的"①。由此可见,洪堡对科学、对人的理性给予了至高无上的地位,他认为求知、求真是人类的天性,唯有研究才是人精神自由和启蒙的源泉。

(2) 柏林大学模式的推广与现代大学的形成

柏林大学模式很快成为传统中世纪大学变革和部分新建大学模仿的典范。1871年德意志帝国建立后,德国便掀起了一场以"柏林大学模式"为基准的全国性高等教育改革,要求德国所有大学都组建哲、法、医、神四大学院,这种建制要求自然科学(除医学外)和人文科学的所有学科全部并入哲学院。但由于哥廷根大学教授们的抵制,这一改革花费12年才最终完成。当然,柏林大学的影响是世界性的,其中受洪堡模式影响最大的当属19世纪的美国高等教育②。

整个19世纪,成千上万的美国青年远赴德国大学学习,这些留德学者回到美国后就成了各学科领域的教学和研究骨干,并成为美国高等教育改革有力的倡导者和策划者。实际上,19世纪后期美国的哈佛、耶鲁、哥伦比亚、宾夕法尼亚等许多传统大学都相继开展了研究生教育,向研究型大学方向发展,这些传统大学的改革都不同程度上受到柏林大学模式的影响③。1867年美国仿效柏林大学创办了约翰·霍普金斯大学,由吉尔曼出任该校校长,将科学研究作为霍普金斯大学的办学宗旨,旨在

---

① 孙卫华.洪堡国家观中的"完人"教育思想与高等教育实践[D].苏州:苏州大学,2015:86.
② 王雪梅.浅析柏林大学的办学方针及其影响[J].成功(教育),2008(8):206.
③ 王雪梅.浅析柏林大学的办学方针及其影响[J].成功(教育),2008(8):206.

培养热爱科学研究的学术人才,推动科学进步,霍普金斯大学被公认为美国的柏林大学①。其他一些新建大学(如克拉克大学、斯坦福大学和芝加哥大学等)在创建之初也着力于向学术性方向发展。

受德国大学改革运动的影响,英国也开展了类似的改革。英国的改革主要有两种形式:一种是以牛津、剑桥大学为代表的古典大学改革。自19世纪起,牛津、剑桥大学迫于外界压力开始增设近代科学课程,自然学科逐渐成为两校的主要学科。另一种方式是增设"新大学"。这一时期,英国诞生了一大批地方大学,兴起了新大学运动。新大学旨在为所在地区培养工程技术人才,以满足当地的社会经济发展需求,"如伯明翰大学设置了机械制造专业,诺丁汉大学有乳制品专业,谢菲尔德大学有玻璃制造专业,利物浦大学有建筑专业等"②。英国高等教育具有鲜明的专门化特征,一方面,新型学院将学术系统的专门化加以制度化,这些专门学院连接着中等教育和就业市场,在中等教育与就业市场之间建起了一座桥梁;另一方面,"19世纪后期除原有的古老的神、医、法学外,工程、技术、农业、兽医、管理等专业都进入大学门墙之内,跻身于专业教育之列"③。

欧美各国在借鉴德国大学以研究为主导的新模式的过程中,大学的教学、研究的组织与实施也发生了很大的变化,系或讲座、学部或学院以及大学都是现代大学形成过程中逐步建立的新型教学、科研组织。其中,系、讲座、研究所成为一门学科教学与研究的基本单位。欧洲的讲座和研究所完全处于教授的控制之下,而英美学系的职业构成和教授构成则更加多元。19世纪中后期,源自中世纪大学的学院内涵发生了很大的

---

① 王利军.三所美国大学与高校社会职能的萌芽和发展[J].中国电力教育,2010(4):7-9.
② 张忠华.高等教育专题新论[M].北京:光明日报出版社,2013:346.
③ 张忠华.高等教育专题新论[M].北京:光明日报出版社,2013:346.

变化,科学研究开始成为其除教学之外的第二大职能,而且学院的学科化、专业化特征日益明显。系或讲座、学部或学院这两个层次的组织机构构成大学这个规模更大更为系统的知识共同体,大学同时承担着教学、科研和社会服务的职能。对于大学内部这种组织层级的划分,范德格拉夫认为具有重要的管理价值与意义。系或讲座、学部或学院管理层级的形成为大学吸纳融合新的知识系统奠定了制度基础,这种管理层次的划分有助于大学按照学科形态开展知识生产,促进知识创新[①]。

1.2 高等教育模式的多样化格局

伴随着中世纪大学向以柏林大学为起点的现代大学的转型,一些具有高等教育性质的新型教育机构相继产生,现代意义上的高等教育机构、制度与课程、教学与研究体系也逐步产生,从而从以奉行探求真理、认识世界为宗旨的大学主导时代转向一个更为关注知识的世俗价值及其应用的高等教育发展新时代。在英国、德国、法国等国家,一种双轨制的高等教育体系与制度相继产生,并于20世纪80年代走向了融合。在美国,借助《1862年赠地学院法案》(Granted Land Act of 1862)建立的一大批公立农工机械学院,最初也致力于推进农业、工业实用技术的发展与推广,不过自20世纪起,大多数也逐步转型为综合性的研究型大学。高等教育后发国家在移植欧洲、美国高等教育模式的基础上,建立了各自的高等教育体系与制度,并且结合各自的文化传统进行了系统的改造与创新,高等教育模式在全球范围内呈现出一种多样化的格局。

---

① 范德格拉夫,等.学术权力:七国高等教育管理体制比较[M].王承绪,张维平,徐辉,等译.杭州:浙江教育出版社,2001:4.

1.2.1　欧洲国家的高等教育模式

从整体上看,伴随着中世纪大学向现代大学的过渡,欧洲开始逐步建立以大学为核心的现代高等教育体系,从而开启了欧洲高等教育的近代化或者说现代化进程①。其特征是欧洲大学在指导思想、组织结构、课程与教学内容等方面逐步转向多样化、民族化和人文化等,大学的组织结构和职能开始更多面向世俗社会的要求。

在欧洲高等教育的现代转型进程中,最显著的一个特征就是大学课程内容与课程结构开始呈现出强烈的民族特色与世俗特色。以法国大学的医学院为例,17世纪中期以后医学课程内容逐渐拓宽,某些原本被教会禁止的课程允许在大学中传授②,包括外科学、药物学、植物学和注重实际操作的解剖学开始进入课程,并且在各大学设立专职教授③。在英国,受埃利奥特和洛克教育思想和理论的影响,牛津、剑桥的课程设置和教学内容也发生了一些变化。正如休·克尼所言:"尽管18世纪的牛津大学仍在极力反对改革,但是文学系中也还多少引进了部分新科目。例如,虽然文学系的基本科目仍为传统的逻辑学、伦理学、形而上学以及16世纪以来新增设的物理学,但古典人文主义教育内容、教学的实质内容发生了变化。"④而在逻辑学课程中,既包括古代经典作家的著述,也包括16世纪以来的逻辑学著作,如笛卡尔的某些学说。"形而上学的内容也呈现出新与旧、古代与近代的混杂与调和。除此之外,伊壁鸠鲁、莫

---

① 黄福涛.外国高等教育史[M].上海:上海教育出版社,2003:80-81.
② 易红郡.宗教改革时期欧洲大学的变革:以德、法、英三国大学为例[J].现代大学教育,2012(6):58-64.
③ 黄福涛.欧洲高等教育近代化:法、英、德近代高等教育制度的形成[M].厦门:厦门大学出版社,1998:75-76.
④ 黄福涛.欧洲高等教育近代化:法、英、德近代高等教育制度的形成[M].厦门:厦门大学出版社,1998:46.

尔、笛卡尔、洛克等人的学说也进入课程教学中,而欧洲在解剖学、天文学、几何学、地理以及培根和皇家科学协会研究的最新进展也逐渐被大学所接受。"[1]16世纪末,剑桥大学受人文主义运动的影响也开展了教育改革,教育目标转向世俗化,旨在培养注重实际、虔诚和具备经商才能的商人和企业家。在这一教育目标的导向下,剑桥大学增设了几何学教授席位,专门开设商业、造船等方面的讲座课程[2],随后世界史、罗马史等课程也相继进入剑桥大学[3]。在德国,受哈勒和哥廷根大学的影响,大部分大学中的文学系都改为哲学系,不再是法律、医学和神学的预备教育机构。"文学系的课程内容也从'七艺'和亚里士多德哲学转为更为实用的地理学、经济学、政治学、数学、建筑学和世界史等。法学系设置了新的国际法、宪法、外交法、商法和交通法等。医学系的教学内容从以往解释书本转向传授近代实验方法,并将理论教学与临床实践相结合。"[4]

正是在这一变革的过程中,中世纪大学所代表的欧洲高等教育模式,逐渐以法国、英国、德国等主要民族国家的现代高等教育所替代,使得欧洲高等教育呈现出一种多样化的格局。不过,也许正是由于柏林大学影响过于深远,导致二战前欧洲的高等教育特别是传统大学过于重视纯理论、纯科学的教育,在进入20世纪后,较之注重更为强调服务社会、与社会各界建立广泛联系的美国高等教育,不再处于优势地位。二战后,一方面受美国高等教育的影响,另一方面面对适应经济与科技发展的迫切需要,欧洲高等教育开始强调其应用性,高校与政府、社会的直接联系日益密切,为满足社会和经济发展的需要,欧洲大学开始承担更多

---

[1] 黄福涛.欧洲高等教育近代化:法、英、德近代高等教育制度的形成[M].厦门:厦门大学出版社,1998:46.
[2] 别敦荣,隆芳敏.剑桥大学的发展历程、教育理念及启示[J].现代大学教育,2011(4):36-41.
[3] 薛睿.亚里士多德的修辞学和辩论术[J].大观周刊,2011(31):40-41.
[4] 吴薇.荷兰莱顿大学医学教育的近代转型及其启示[J].现代大学教育,2009(3):41-45.

的应用性研究项目,并开展广泛的社会服务活动。20世纪70年代末,由于经济持续衰退和高等教育规模持续扩张,欧洲大学面临着严峻的经费短缺问题[①]。为解决这一问题,高校日益注重面向市场办学,一方面重视职业教育,面向社会职业需求培养人才;另一方面提倡校企合作,在服务社会经济的同时赢得社会的经济支持。为更好地满足社会需求,欧洲各国在大力推进高等教育规模增长的同时,积极调整高等教育的结构,兴建了一大批新型高等教育机构,新增了一大批新兴、交叉学科、专业领域。

1.2.1.1 法国高等教育模式

自1789年起,法国高等教育进入现代化阶段。资产阶级革命后,法国新政府对高等教育进行了大刀阔斧的改革,其中以拿破仑的改革最为彻底[②]。法国大革命后建立的专门学院、综合理工学院及其他研究机构"不仅在形式上区别于中世纪大学,而且通过设置建立在近代自然科学基础上的技术课程,增强了高等教育与近代国家经济、政治、军事事业的联系。"[③]自此,法国高等教育进入现代化阶段。新建的专门学院根据学科类型命名,当时主要有数学/物理学院、伦理/政治学院、文学院、机械学院、军事学院、农业学院、兽医学院、医学院、制图学院和音乐学院等[④]。"综合理工学院不仅是单纯的工科院校,传授实用性技术课程,它还首次在课程中引进近代科学内容。"[⑤]由此,"以画法几何学(制图)和近代科学(主要是牛顿力学)为基础的近代工科教育逐渐形成,科学理论首次以一种正规和系统的课程形态在高等教育机构中传授"[⑥]。拿破仑时代新建

---

① 刘忠学.英国高等教育质量保证体系的发展及现状分析[J].比较教育研究,2002(2):38-42.
② 李晓波,陈何芳.论近代高等教育的发展概况与特点[J].黑龙江高教研究,2008(5):4-7.
③ 李晓波,陈何芳.论近代高等教育的发展概况与特点[J].黑龙江高教研究,2008(5):4-7.
④ 黄福涛.欧洲高等教育近代化:法、英、德近代高等教育制度的形成[M].厦门:厦门大学出版社,1998:76.
⑤ 黄福涛.欧洲高等教育近代化:法、英、德近代高等教育制度的形成[M].厦门:厦门大学出版社,1998:78.
⑥ 朱家德.法国走上高等教育强国的历程及其经验[J].赣南师范学院学报,2009(2):39-44.

的这些学院与研究机构构成了帝国大学制的基本架构,为国家政权服务。1870年之后,法国高等教育日益强调满足社会经济发展的需求,新增了电机、机械、商务等课程。总体而言,法国主要采取两种方式改造传统的高等教育机构:一种是通过扩展原有机构的职能;另一种是通过增设新机构,以满足社会经济发展的需求①。

然而,二战前的法国大学教学与研究处于分离状态,大学只负责教学等人才培养职能,而科学研究职能则由校外的研究所承担,大学基本是脱离社会的,与社会的直接联系极为缺乏。二战后,法国日益认识到大学在推动社会经济发展中的作用,于是开始推动大学教学与科学研究的融合、科学研究与产业发展的融合②。20世纪60年代末开始,法国政府有意推进大学教学与科研的融合,通过向高校增加科研投入的形式,在大学建立了一批重要的国家研究机构,促进了教学与科研的融合。这一时期,法国还召开了两次全国性的产学研合作会议,为大学面向社会办学提供了思想基础,进一步促进了大学的变革③。除传统学校的变革外,法国还十分重视职业高等教育的发展。为打破法国高校长期封闭的状态,20世纪80年代初的执政党颁发了新的政策,要求法国大学"参与经济和社会发展,参与技术进步"④。在政府的大力推动下,这些政策收到了一些较好的效果,如大学与工业界的联系日益紧密,大学日益注重科技成果转化,还通过科技咨询、签订合同和承担在职培训等为工业界提供服务。

受人力资本理论的影响,二战后的法国转变了对高等教育的看法,

---

① 李晓波,陈何芳.论近代高等教育的发展概况与特点[J].黑龙江高教研究,2008(5):4-7.
② 朱国仁.迎接知识经济挑战的欧洲高等教育[J].教学研究,2000(4):297-301.
③ 陈化育,杨亚辉.大学正从社会边缘走向社会中心[J].西北民族大学学报(哲学社会科学版),2007(5):81-88.
④ 余立.现代教育思想论纲[M].杭州:浙江教育出版社,1988:122.

高等教育是一种投资而不是消费的观念深受政府认可,于是,法国政府进一步提升高等教育经费在国家预算中的比例,高等教育经费从1950年占政府预算的6.65%提升到了1961年的12.6%,在校大学生数由1945年的97 007人增加到了1970年的661 792人[1],高等教育毛入学率则由1960年的7.44%增至1979年的25%[2]。当然,法国高等教育规模的快速增长带来的直接问题就是大学毕业生就业难带来了社会的不稳定。20世纪60年代末,法国更是出现了大规模的学生运动,从而催生了1968年的《高等教育方向指导法》,对高等教育进行了系统的改革,提出要"以最高水平和最佳进度发展"[3]。20世纪80年代,法国高等教育的国际竞争力较低,人们认为落后的、低质量的高等教育是造成这一结果的原因之一,从而引发了社会各界对高等教育的不满。1984年,法国颁布了新的《高等教育法》,将提升质量作为高等教育改革发展的核心目标。为实现这一目标,法国采取了许多具体措施,如在高校办学中引入竞争机制,提升高校办学活力;调整专业设置与课程体系,使之进一步满足社会发展需求;打破学科隔绝的状态,促进学科之间的交融渗透,尤其是基础学科和应用学科的相互作用;加强政府对高校质量的审核评估;建立高质量的师资队伍等[4]。

经过二战后的多次调整,法国高等教育结构出现了显著的变化:一是学科结构多样化,应用学科大量增加。二是形式结构多样化,在原有大学与大学校的基础上新建了大学技术学院,专门开展短期高等

---

[1] 李彬彬,杨晓萍.高等教育规模与经济增长的相关性研究:基于西北五省(区)高校扩招后的分析[J].国家教育行政学院学报,2005(1):36-41.
[2] 刘卫萍,马美茹.美国高等教育大众化发展历程[J].河北师范大学学报(教育科学版),2008(9):50-53.
[3] 易然.法国高等教育改革的哲学推动研究:以1968年高等教育改革为例[D].重庆:西南大学,2015:68.
[4] 尚紫薇.21世纪初越南高等教育发展的法律保障:解读越南《高等教育法》[J].东南亚纵横,2012(4):26-30.

职业技术教育。三是层次结构多元化,改革后的法国高等教育形成了三个层级的教育结构,其中,第一层级是基础的学业文凭教育,为期两年;第二层级是学士或硕士学位教育,同样为期两年;第三层级是最高级别的博士学位教育。这些结构方面的改革满足了社会经济发展的需求,进一步确立了法国大学在新时期的合法性,促进了法国大学的发展。

(1) 百科全书式的课程设置模式

作为启蒙运动的发源地,法国大学的课程深受文艺复兴和人文主义时期教育理念的影响。在法国大学看来,大学的课程应囊括人类的所有知识,人类生存、生活的环境都可以作为课程资源,学习者可以随时随地学习。由此,法国大部分大学确立了"百科全书式"的课程体系,围绕学科群进行课程设置,每一学科群都设置基础课程组、认识和选择其他专业课程组、大学学习方法课程组等三个课程组[①]。分组实施的课程赋予了学生专业自主权和选择权,使学生根据自己的兴趣爱好选择专业,满足学生的个性发展需求。以法国昂热大学为例,"1 200多种专业,向学生提供240多种文凭和学位课程,其中包括50多种职业教育课程。每一个专业都有规定的必修课程,必修课一般为主课,此外还有实践课和辅导课,大学提供公共必修课主干课程和各种选修课程,实行理论和实践相结合的教育方法。理论课和小组辅导交替进行,周课时在15—25小时之间。学生通过平时小考和学年大考获得学分。"[②]

1794年,被誉为法国"公共教育事业最壮丽的学府"的巴黎理工学校诞生,为适应社会变革与发展的需要,其课程设置从"数学领先"转变为"科学与文化融合的多科性课程体系",主要包括科学基础理论教育、应

---

① 李硕豪,魏昌廷.美、法、英大学课程管理比较[J].现代教育管理,2011(2):117-121.
② 李硕豪,魏昌廷.美、法、英大学课程管理比较[J].现代教育管理,2011(2):117-121.

用技术科学教育、"非技术"教育和实践性教育四部分内容[①]。不同部分采取不同的课程设置和教学方法。其中,作为人才培养基础的科学理论教育主要开设基础理论课程,如数学、计算机科学、物理学、经济学等。应用技术科学教育主要开展应用研究,通过"工读交替"的形式组织教学活动,以此培养学生的实践能力。"非技术"教育主要学习人文社会科学,这是专业人员培养中必不可少的重要内容,教学方式以研讨班形式为主,"如普通文化研讨班,内容涉及文学、哲学、经济学、电影学、历史等。为学习外语开设的文化研讨班,主题选有英国文化、德国文化、美国文化、中国文化等,让学生不使用母语而直接接触不同背景民族的多样性文化"[②]。

(2) 学生参与式教学模式

法国大学教育的核心理念是促进学生的个性化、自由化发展,学生自主参与各类教学活动是教学开展的基础和前提。随着数字化、网络化等信息资源在课程教学中的广泛应用,在法国大学中,参与式学习贯穿学生学习生活的始终。学生入学后,可以自由选课;在课堂教学中,学生有更多的自主性和互动性,使课堂教学成为一个学生主动参与的过程;学校图书馆围绕学生需求采取了很多人性化管理措施,突出服务学生的功能。此外,教师特别注重学生平时成绩的评定,学生也会对老师认真评教,学生的评教意见是激励教师提高教学质量的关键因素[③]。与大学相似,在法国的大学科技学院(Institut Universitaire

---

[①] 李兴业.美日法三国名牌大学本科生课程体系改革及启示[J].武汉大学学报(社会科学版),2002(4):502-509.

[②] 李兴业.美日法三国名牌大学本科生课程体系改革及启示[J].武汉大学学报(社会科学版),2002(4):502-509.

[③] 马夏冰.法国大学学生参与式教学模式对中国高等教育教学模式改革的启示[J].科教导刊,2012(7):10-12.

de Technologie,IUT)中,除教授主讲课(Cour Magistral,CM)以教师讲授为主外,指导课(Travaux Diriges,TD)和实践课(Travaux Pratique,TP)都是以学生主动学习、主动探索知识为主。考虑到教师讲授课程课时一般低于整门课程的四分之一,意味着四分之三以上的课时需要学生通过自主学习指导课程与实践课程,教师则采取一对一辅导的方式,解答学生在自我学习和提升过程中遇到的问题。这一学习方式也导致了学生必须自主学习,甚至通过自主学习来自主解决问题[①]。

(3)中央集权式的治理模式

在法国现代高等教育的改革与发展过程中,逐步形成了典型的中央集权式的高等教育管理模式。法国教育部统管全国各级各类教育,其主要职责是:"制定有关高等教育的发展政策;审批建立新的公立高等学校,审批现有公立高等学校建立新的专业,或审批在综合大学内建立新的学院等;制定并监督执行高等教育的学位和文凭制度;保证高等教育发展的经费并监督执行等。"[②]教育部负责制定大学的部分专业教学大纲,但赋予大学在大纲范围内拥有一定程度的教学自主权。法国高校的人事任命权也归总统或教育部。教育部还掌控着公立高校的经费划拨,但大学拥有使用权。在地方层面,学区是地方高等学校的管理机构,学区由上级教育主管部门委派,要对上级教育部门负责,而不受当地政府的管辖,从而在地方层面实现中央政府对高等教育的控制。法国各学区的"学区长由教育部部长推荐,总统任命,作为教育部部长的代表实施对教育部有关政策的执行。同时协调高等学校之间的有关事务,负责地方大学与学校事务中心的工作等"[③]。

---

① 韩伟,于京,刘志男,等.中国与法国 IUT 高等职业教育比较研究[J].职业教育研究,2018(8):86-91.
② 张沉香.外语教育政策的反思与构建[M].长沙:湖南师范大学出版社,2012:182.
③ 张沉香.外语教育政策的反思与构建[M].长沙:湖南师范大学出版社,2012:182.

自二战结束到20世纪90年代前,法国在高等教育体制改革上做了多次尝试,但始终没有消除高度集权模式带来的各种弊端。1999年签署的"博洛尼亚进程"开启了欧洲高等教育的一体化进程,迫使法国将高等教育治理体系的改革提上了议事日程,促进高等教育机构的自治、开启新的研究思路和适应欧洲与世界标准等成为核心议题。2007年,法国议会通过了《综合大学自由与责任法》(亦称《贝克莱斯法》),"该法的核心是进一步推动大学自治,赋予综合大学最大限度的自主权,推进综合大学的现代化,以法律手段保障高等教育改革的顺利推进"[①],为构建新的高等教育治理体系提供了法律保障。

"法国大学理事会作为最高权力机构,由教学、科研、学生和校外人员组成,其中高级教学人员占教学人员的60%;校外人员在校级理事会中的席位应占1/6—1/3。一般情况下,大学理事会约有80位成员,其中,20名高级教学人员,12名初级教学人员,4名研究人员,25名学生,5名行政和技术人员,14名校外人员。"[②]根据1968年颁布的法国《高等教育方向法》,法国大学理事会的职责为:"制定学校大政方针,通过学校的经费预算与决算,规定学校各单位的工作,授权校长采取法律手段批准校长签署的协定和合同,在法律允许的范围内批准校长借款、投资、开设分校等以及接受外界馈赠等,理事会还可把自己的某些职权委托给校长行使,它类似一种校级立法机构。"[③]

1.2.1.2 英国高等教育模式

在英国,由于牛津、剑桥等古典大学过于保守,为满足工业革命的需

[①] 胡瀚.危机与变革:当代法国高等教育法的发展与启示[J].陕西理工学院学报(社会科学版),2014(4):74—78.

[②] 赵俊芳.大学学术权力结构及制控力分析[J].长春工业大学学报(高教研究版),2007(3):15—18.

[③] 赵俊芳.大学学术权力结构及制控力分析[J].长春工业大学学报(高教研究版),2007(3):15—18.

求,只能通过建立新学校的形式。19世纪初期,伦敦大学和一大批城市大学(Civic University)等新型高等教育机构相继建立①,在课程结构和教学内容等方面更强调地方性和应用性。1826年建立的伦敦大学在此后发展历程中,始终将科学课程的设置与发展视为大学的命脉,伦敦大学不设神学系,而增设了理科系、工程系,理科系开设应用数学、机械学、物理、地理、物学、化学、植物学、动物学等课程;工学系开设工程学、电机工程学、卫生学和公共健康、地质学等课程②。在第一次世界大战之前,"伦敦大学对英国工业科学的贡献远远大于其他各类高等教育机构","伦敦大学以及以伦敦大学为模式建立的各类技术性工科院校已与英国的工业发展形成伙伴关系"③。但伦敦大学并未完全抛弃古典的人文主义传统,相反它的课程体系中依然保留了大部分的人文社会学科的内容,以传承人文主义和自由教育的传统。

伦敦大学建立不久,英国各地又相继建立了为区域工商业发展服务的新型高等教育机构,后来发展成为城市大学。其具体特点表现为:一是学生经过两三年学习后只能获得毕业文凭或是能力、资格证书,且不为传统大学所认可,绝大多数大学都不能获得与传统大学或伦敦大学同等的学位授予权;二是课程设置反映了各地工商业发展的不同特色,如"欧文斯学院以化学著称","纽卡松学院的工程教育闻名遐迩","谢菲尔德费思学院的教学则以采矿为主"④。城市大学的职业教育色彩比19世纪初期新建的新型高等教育机构更为浓厚,与区域经济发展的联系更为紧密。

---

① 黄福涛.欧洲高等教育近代化:法、英、德近代高等教育制度的形成[M].厦门:厦门大学出版社,1998:110-114.
② 黄福涛.欧洲高等教育近代化:法、英、德近代高等教育制度的形成[M].厦门:厦门大学出版社,1998:110.
③ 黄福涛.欧洲高等教育近代化:法、英、德近代高等教育制度的形成[M].厦门:厦门大学出版社,1998:112,113.
④ 黄福涛.欧洲高等教育近代化:法、英、德近代高等教育制度的形成[M].厦门:厦门大学出版社,1998:116.

二战后至20世纪70年代中期,英国发表了一系列与高等教育结构调整有关的报告,其中最有影响力的当属《波西报告》《教育白皮书》《罗宾斯报告》等。在这些报告的影响下,英国高等教育结构做出了重大调整,调整方式主要有三种:一是将部分原有的高级技术学院和城市学院升级为大学,赋予其学位授予权;二是由政府出资主持兴办新的综合性大学;三是组建多科技术学院和高等教育学院,以更好地满足工业需求。除线下大学外,英国还积极利用信息技术变革教育模式,主要开展线上教学的开放大学于1969年正式成立,使更多的人有机会享有高等教育资源。通过这些改革,英国高等教育结构日益完善,满足了社会对各级各类人才的需求,极大地推动了社会的进步。

在优化结构的同时,这一时期的英国政府也十分注重高等教育规模的扩张。1955年,以艾伦·巴罗爵士为首的委员会正式发布报告,要求扩大高等教育规模、增加科技人力资源数量。1963年发布的《罗宾斯报告》也提出类似的建议[1]。为实现规模的扩张,英国政府加大了对高等教育的投入[2]。其结果是,英国高等教育进入了一个相对快速的规模增长期。"1946—1947学年英国在校大学生本科生数是6.5万人,超过战前5万人的最高纪录。1971年在校大学生(包括大学和多科技术学院的全日制与非全日制学生)数达到57.7万人。1954年的适龄青年入学率(全日制大学)是5.8%,1960年是6.9%,1970年达到14.4%,1979年增至18.8%。"[3]1970年末,随着保守党执政,其削减公共开支政策的直接结果就是高等教育财政经费大幅降低,迫使英国开始改变财政拨款机制。迫于压力,1988年颁布的《教育改革法》改变了传统上政府对高等教育的资

---

[1] 蒋春洋.英国课程硕士研究生教育探析[J].研究生教育研究,2012(4):91-95.
[2] 林似非.美国、英国、韩国高等教育大众化的演变模式及其启示[J].理工高教研究,2007(6):43-45.
[3] 朱国仁.20世纪的历程:欧洲高等教育百年回眸[J].清华大学教育研究,2000(1):22-32.

助模式,大学直接获得政府资助的时代一去不复返,而必须以合同的形式有条件地争取政府资助。与新资助模式相适应,英国成立大学基金委员会以取代原来的大学拨款委员会,专门负责政府对高校的资助工作[①]。为求得生存与发展,高校不得不与企业进行广泛的合作,主要合作方式有科技成果转化、教师参与企业研发、为企业提供培训、校企人员互聘以及创建科技园等。与此同时,为了持续提高高等教育质量,英国于1985年发布了《20世纪90年代英国高等教育的发展》(被称为绿皮书),要求高等教育面向社会办学,以培养对社会有用的各类专门人才为目标[②]。随后,1987年又相继颁布了《高等教育——迎接新的挑战》(又称白皮书),这份报告主要探讨提高高等教育的质量与效率问题,并明确规定要加强对高等教育的监督与评估,全面提升学生培养质量和科学研究水平[③]。1969年,经皇家特许令批准,英国建立开放大学,即世界上第一所有权颁授本科及研究生学位的远程教育大学。英国开放大学以伦敦大学体系为模板,建立了以校本部课程研发与管理体系为核心,以多地区和学习中心支持系统为支撑的教育运行模式[④]。诚如雷迪所言:"由于对传统大学治理方式应用自如,加之管理者不愿尝试未经验证的结构变革,在进行开放大学权力结构建设时,人们可以清晰地看到传统大学的影响。"[⑤]

(1) 重视操作性能力的课程设置模式

英国精英教育、自由教育的传统十分深厚,大学的课程主要以知识为中心进行设置,注重学生学术能力的培养。但自20世纪80年代以来,这一课程设置模式日益与社会需求相抵牾,于是英国政府开始强力

---

① 李博.基于成本和绩效的高等教育财政拨款机制研究[D].天津:天津大学,2016:5.
② 刘尧,刘岩.我国高等教育发展的现状、问题与趋势[J].教育与现代化,2009(1):62-69.
③ 刘稳丰,陈坤杰.英国高等教育财政资源配置的做法与启示[J].财政科学,2018(2):60-65.
④ 张曼,胡钦晓.解析印度国立开放大学:模式移植的视角[J].中国电化教育,2013(9):47-52.
⑤ Reddy G R. Open Universities: The Ivory Towers Thrown Open[M]. New Delhi: Sterling Publishers, 1988: 11.

介入大学课程改革,使大学的课程观发生了重大转变:从以往的对学术性能力的强调转向对操作性能力的强调,大学课程努力在课程和工作之间建立紧密联系。1987年,英国就业部培训署启动了高等教育企业精神(Enterprise in Higher Education,EHE)试验。EHE鼓励大学发展大学生的企业精神,引导学生培养适应工商业企业发展需要的能力,积累真实工作场所的经验,获得可迁移的技能,以能够胜任更为宽泛的工作任务。1979年,英国皇家文科协会还颁布了《能力教育宣言》,认为在培养学术精英人才传统教育思想的影响下,中、高等教育日益专业化,但实际上却没有"教育"也没有"训练"学生具备从事实际工作的技能,致使学生知识有余而能力不足,并且指出:"平衡的教育应该包括创造性技能的训练,承担和完成任务的能力,应付日常生活的能力,与别人合作的能力。"[①]

经过一系列改革,目前英国大学的课程设置呈现出新的特点:一是课程体系层次合理,衔接有序。英国大学十分注重课程的层级顺序与前后衔接,课程设置由博到专、逐步递进,对先行课程和并行课程作出明确的规定,以使各年级的课程前后连贯、平稳过渡。一年级以基础课程为主,二年级开始增设选修课,课程由广、博转向专、深;二是课程设置与职业生涯发展紧密结合,重视学生实践能力培养,"如剑桥大学工程专业设置工程师语言计划课程:提供法语、德语和日语的课程,培养学生以后在世界范围的市场取得成功所需的语言能力和文化意识"[②]。为解决就业问题,"课程设计重视发展学生专业知识、经验和技能,加强与企业联系。如开设基于工作坊的(workshop-based)课程、基于工业现场的(industry-based)课程、现场作业课程(industrial placement)、三文治模式课程(the

---

① 杨春梅.当代英国大学课程改革研究[J].比较教育研究,2004(4):16-21.
② 陈彩燕.当代英国大学课程改革与启示[J].高教探索,2010(2):65-69.

sandwichmode)等等"①,都致力于在真实场所中培养学生的能力与技能。三是重视发挥活动课程的作用。英国各大学网站主页或入学指南上面都有关于"学校生活"的栏目,主要介绍大学的地理环境与校园环境等②,其目的在于实现传统学院的文化作用,即"一所学院如果不能在学术要求之外为本科生提供丰富而有活力的生活,它就失去存在的价值。学院理念的核心是学院是一个各种兴趣交融的社团。……总之,学院在学生的学术生活之外,为学生提供富有激励的、文明的影响,丰富学生的生活"③。

(2) 工作本位学习的教学模式

为了确保大学教育为毕业生的职业生涯做好准备,以德比大学为代表的英国部分大学制定了"工作本位学习计划"。2005年,德比大学"成立了新的'灵活性与合作学习学院',专门致力于工作本位学习的组织和推广"④,其主要具有以下几个特征:一是类工作性。工作本位的学习以工作为依托,围绕工作开展学习活动,学生的学习场所得以改变与扩展,除课堂这一传统的学习场所外,工作本位学习将工作现场改造为教学场所,在工作中学习,在学习中工作,工作与学习任务相辅相成,从而使工作学习成为有机的统一体。"工作本位学习"的近义词是"与任务相关的"(task-related)学习,这是一种"做中学"的学习模式,在这一学习模式下,学生拥有学习者与雇员的双重身份。二是高层次性。"工作本位学习"的课程是从工作体系中派生而来,是一种基于工作经验和学习者需求的高层次学习,通过对学生当前的学习情况进行系统分析制定工作学

---

① 陈彩燕.当代英国大学课程改革与启示[J].高教探索,2010(2):65-69.
② 陈彩燕.当代英国大学课程改革与启示[J].高教探索,2010(2):65-69.
③ 陈彩燕.当代英国大学课程改革与启示[J].高教探索,2010(2):65-69.
④ 周志群,许明.从学校本位学习到工作本位学习:近年来英国大学本科教学模式的创新[J].福建师范大学学报(哲学社会科学版),2008(4):153-158.

习的起点。三是合作性。在实施主体上,高校和工商企业等部门多方参与,共同构成工作本位学习的主体,在学习计划、经费支持和教学评价等方面各利益相关者密切合作。在学习过程中,高校与外部机构建立某种契约关系,外部机构会参与大学学习计划的制定[①]。

(3) 兼顾政府公共责任与大学自治的治理模式

在英国现代高等教育建立的过程中,逐步形成了兼顾政府公共责任与大学自治的管理模式。英国大学素有大学自治、学术自由的传统,如牛津、剑桥大学等都是经由皇家特许的独立法人,享有极大的自治权利。但这一特权也使英国的传统大学过于保守,漠视社会责任。一战后,由于教育发展开支上涨、经济危机等原因,自1919年起,英国建立了大学拨款委员会,开始负责对具有大学地位的高等学校的经费拨付管理工作。其后,随着政府对大学拨款的增加,政府对大学如何使用拨款提出了更多要求,1988年颁布的《教育改革法》明确政府可以规定大学使用政府拨款的具体要求,大学与基金会以合同形式确定拨款使用的条件,从法律上要求大学承担社会责任。该法还要将大学拨款委员会改组为大学基金委员会。大学基金委员会的组成人员也不再只是来自大学,而且包括了社会其他行业的人员,并且由教育科学部大臣任命。此外,1988年前大学和多科技术学院分别由中央和地方管理的体制也发生了变化,非大学系统也逐渐脱离地方,取得与大学基本相同的地位,为此政府建立了多科技术学院高等教育机构基金委员会,专门负责向多科技术学院等高等教育机构提供经费。1992年,政府合并了两个基金委员会,建立了高等教育拨款委员会,负责对大学及多科技术学院等高等教育机构的拨款管理。

---

① 周志群,许明.从学校本位学习到工作本位学习:近年来英国大学本科教学模式的创新[J].福建师范大学学报(哲学社会科学版),2008(4):153-158.

20世纪80年代后,随着保守党政府开始推行新自由主义经济政策和新公共管理改革,以大学自治为核心、政府间接管理为特征的英国高等教育治理体系开始发生变化,政府以质量保证与监督等手段进一步加强对高等教育的监管。一方面,政府积极推进高等教育的市场化改革,主要是收取学费、改革拨款机制、引入竞争机制、推进大学与企业合作等;另一方面,政府于1997年建立了一个独立的非营利组织——高等教育质量保证署(Quality Assurance Agency in Higher Education,QAA),致力于建立统一的高等教育质量准则和质量保障体系。2017年4月,英国颁布《高等教育与研究法》,进一步加强和改进政府对高等教育市场化的监管,要求在确保"系统的质量和可持续发展"基础上建立更高标准的高等教育质量保证措施,并成立新的监管机构——学生办公室(the Office for Students),赋予其监督、敦促高等教育机构的权力,包括信息公开与竞争、办学质量与教学水平、经费分配与投入、风险防控等。

在大学层面,权力主要由校务委员会和理事会、评议会和副校长分享。校务委员会和理事会掌握大学的行政权力,但校务委员会仅是形式上的最高权力机构,而大学理事会则是实际执行机构,几乎拥有制定大学政策的全部权力。评议会掌握着学术权力,是大学的学术管理机构,地位稍微低于前者。副校长是大学教学和行政的最高领导人,由理事会和评议会协商产生,负责行使学术权力和行政权力并协调理事会和评议会的关系[①]。理事会主要由校内的教师、学生、行政人员和校外人士组成。理事会的规模从50—600人不等,平均250人。评议会通常由大学的全体教授、非教授系主任和某些当然成员以及若干非教授代表组成,

---

① 湛中乐,马梦芸.论英国私立高校的内部权力结构[J].国家教育行政学院学报,2015(3):85-91.

规模 50—200 人不等①。两个机构每年大概组织 6—10 次会议,通过常设一个执行委员会来完成它的大部分工作。

1.2.1.3 德国高等教育模式

17 世纪末,哈勒大学掀起了德国的新大学运动,开启了德国大学的改革历程。但直到 1810 年洪堡等人创办柏林大学,德国近代大学才最终形成。与旧大学神学居于至高无上的地位不同,新大学中哲学取代神学跃居首位。伴随地位上升的是课程内容的极大丰富,除神、法、医之外的所有高级学问几乎都被囊括到了哲学部,到 19 世纪末,其课程已经多达 70 门②。哲学学部地位的上升,标示着古典、世俗和近代科学内容开始在新大学中居于支配地位③。

在将科学研究确立为大学核心任务的同时,为了实现教学与科研的统一,洪堡在大学中创造性地建立了各种形式的研讨班和研究所④。"研讨班包括语言研讨班、古代史研究所、哲学研讨班和心理学研究所等;研究所包括物理学研究所、数学研讨班、植物学研究所、地理研究所、动物研究所、海洋研究所和气象研究所等。研讨班和研究所多设于哲学学部,分为人文科学和自然科学两类。"⑤教学与研究的有机结合标志着德国近代大学的形成,也是现代大学效仿的典范,时至今日,教学与研究相结合依然是研究型大学提倡的一项办学原则。然而,需要注意的是,柏林大学的教学与研究是较纯粹意义的,而不是实用和功利性的,一些工科课程在柏林大学并无立足之地。为了满足社会发展对工程技术人才

---

① 李春梅.我国大学学术管理组织改革研究[D].武汉:华中师范大学,2004:11.
② 李晓波,陈何芳.论近代高等教育的发展概况与特点[J].黑龙江高教研究,2008(5):4-7.
③ 肖绍聪.大学的哲学性格与哲学自觉[D].长沙:湖南师范大学,2010:66.
④ 黄福涛.欧洲高等教育近代化:法、英、德近代高等教育制度的形成[M].厦门:厦门大学出版社,1998:126.
⑤ 黄福涛.外国高等教育史话(三):欧洲高等教育近代化[J].教育史研究,1997(3):88-93.

的需求,德国采取了类似英国的策略,于19世纪中期开始新建一批工科大学和专门学院,开设机械学、地质学、食品学和农业技术等实用课程,面向社会培养实用型人才[①]。经过半个多世纪的发展,这些新兴学校的地位日益提高,并最终成为德国现代高等教育体系的重要组成部分[②]。

二战后,德国政府开始直接介入高等教育的发展,一方面通过建立新型学校服务于社会经济建设;另一方面,将原来的工程学校升格为高等专科学校,以培养社会需要的各类工程技术人才。1974年,德国建立哈根遥授大学,为在职的成人提供高等函授教育[③]。20世纪70年代以后,德国高等教育规模的快速增长也带来了质量上的问题,集中体现在大学生的就业问题上,大学毕业生失业率持续上升,从1980年的1.8%增加到了1985年的5%[④]。为解决大学生就业问题,1976年德国颁布《高等教育总法》,"规定加强高等教育与社会职业的联系,要求高等学校的教学与科研从纯学术的象牙塔中走出,直接适应现实职业和社会的需要"[⑤]。进入80年代后,高校开始致力于促进经济发展和科技进步,在推广科研成果、进行科技咨询等方面为工业界提供服务,高校与工业界联合建立的科技中心也开始出现。联邦政府大力提倡高校积极开展校企合作,积极承接企业委托的横向研究项目,修订后的《高等学校总纲法》中规定:"在不妨碍自身任务完成的情况下,高等学校可以接受企业委托的研究任务,并列进学校研究计划中,无需特殊审批。"[⑥]

[①] 徐初阳,张明旭,聂容春.关于矿物资源工程学科专业发展战略的思考[J].安徽理工大学学报(社会科学版),2005(2):90-92.

[②] 李立国.工业4.0时代的高等教育人才培养模式[J].清华大学教育研究,2016(1):6-15.

[③] 李建华.湖北省普通高校函授教育基本情况调查[J].高等函授学报(哲学社会科学版),2007(3):22-25.

[④] 邹菊萍.我国大学毕业生失业现象原因的探析[J].教育教学论坛,2014(41):3-5.

[⑤] 朱国仁.挑战与创新:构建新经济时代的中国高等教育[M].南京:南京师范大学出版社,2001:163.

[⑥] 朱国仁.挑战与创新:构建新经济时代的中国高等教育[M].南京:南京师范大学出版社,2001:158.

(1) 双元制的课程设置模式

为拓宽学生的知识面,提升人才培养质量,德国大学开设了许多交叉学科选修课,并将经典理论与新技术相结合。与此同时,出于融合双元制高等教育体系,大学较为强调学习和工作实践的形式,并由此衍生出了不同的课程结构类型:第一类是大学理论学习和职业教育相互融合,其入学要求是具备高中毕业证书,学生毕业时可同时获得本科文凭和相关职业教育结业证明,双证书制保证了学生的培养质量,提升了毕业生的就业竞争力。这类课程主要设置在应用科技大学、少数综合性大学和职业学院。第二类是大学理论学习和企业实践相互融合,其学制一般为三年或三年半,入学要求与上述课程相同,但在毕业时,学生只可获得大学本科证书,而不能获得相关的职业教育结业证明。在这种课程体系中,实践课程的比例比传统课程至少高出50%,从而有助于实践和理论的紧密结合。第三类是大学理论学习和职业相互融合,在取得学校和工作单位双方的同意后,学生采取半脱产的方式学习。这种模式有助于学生将学习和工作有机结合起来。第四类是理论学习和职业并行,与上一类型不同之处是学生是全职的,而不是半脱产学习,学校课程集中在一天进行,因此这种双元制课程带有浓厚的自学性质[①]。

(2) 产学研紧密合作的教学模式

德国大学的教学方式较为多元,为培养学生的探究精神和沟通表达能力,小组讨论式教学方法被广泛采用。德国大学还十分重视实践教学环节,特别是在应用科学技术大学的理工科学士培养过程中,广泛采用产学研紧密合作的教学模式。在这一模式中,企业扮演了重要的角色:一是企业为学生提供实习岗位,视接受和指导学生实习培训为己任,并

---

① 陈莹.德国双元制高等教育体系研究[J].外国教育研究,2015(6):119-128.

将其看作企业人力资源开发的重要途径。二是企业在整个实践教学过程中发挥着主导作用,按照企业岗位需求来培养职工,学生在企业以学徒的身份进行实践操作培训,现场有企业导师的详细指导,借此过程学生可以直观了解企业的运行状况与所需技能,最后由企业来负责对学生的实践成绩进行考核评定。三是实践教学中科研的选题全部源自企业需求,以便为企业服务[1]。与此同时,应用科技大学也通过科研解决企业在产品开发、工艺改革和技术攻关上的种种难题,利用科研成果为企业提供直接服务[2]。

(3) 分权与集权结合的治理模式

二战后,德国一度仿效美国,尝试完全由各州管理高等教育。20 世纪 70 年代后,随着政府日益重视高等教育对经济主张、科技创新的作用,开始采取立法、资助政策的调整来加强对高等教育的管理,逐步形成了新的高等教育治理体系。1957 年,联邦政府建立科学委员会,作为咨询机构为联邦政府发展高等教育提供政策建议,包括高校建设、学术与科研机构的内涵建设与结构调整,包括科研机构(大学、专科高校和校外研究机构)的结构、效率、发展与经费问题,关于科研体制包括研究与教学的结构,以及各专业领域的规划、评价和调控等重要问题。1976 年,联邦议会通过了《德意志联邦共和国高等学校总法》,在高等教育的组织管理、招生、课程改革,教学人员以及学校的各类成员参加高校管理等方面都做出了规定。依据《德国联邦宪法》和《德国高等教育总法》等法律的规定,联邦政府与州政府对大学实施间接管理与监督,其中政府拨款具有导向作用,在保障基础资金的稳定性从而保护大学的自治的基础上,

---

[1] 陈裕先.德国应用科技大学实践教学模式及其对我国应用型本科教育的启示[J].国家教育行政学院学报,2015(5):84-89.
[2] 陈裕先.德国应用科技大学实践教学模式及其对我国应用型本科教育的启示[J].国家教育行政学院学报,2015(5):84-89.

通过创建竞争性、事后奖惩、绩效导向和引导有针对性的激励、促进战略、"创新＋卓越"事前资助的拨款机制，引导大学不断提升教学、科研和产学研合作的质量。当然，州政府作为地方高等教育的举办者，是高等教育管理活动的主体，它拥有较大的决策自主权并以满足地方社会发展需要为立足点，高等学校必须对州政府承担责任。同时，基于德国宪法保障学术自由的基本理念，大学实行教授治校，校长和院长基本上从教授中产生。在大学的治理结构中，理事会或校董会主要承担决策职能，校长办公会则行使行政职能，校评议会或校务委员会负责大学的立法，学院（faculty）同样实行民主管理，院务委员会既承担重大事务的决策，也监督学院院长的日常管理工作。

在大学层面，根据1976年的《高等院校总法》规定，大学在校一级设立评议会和校务委员会两个委员会，评议会相当于我国的教代会，校务委员会相当于我国的党委会。评议会主要负责选举校长，由教授组成，是大学的最高权力机构。校务委员会主要由全体教授、助教、科学助手、其他职工和学生代表组成，是大学的立法机构[①]。"校务委员会的职责是就学校的日常重大问题作出决定，如学校发展、预算、招生数量、建立新的系或科研单位、年轻人的培养、审议硕士、博士考试等。有些大学还在评议会下设置咨询性的委员会，如：科研委员会、教学委员会、基建财政委员会。"[②]

1.2.1.4 欧洲高等教育一体化

20世纪90年代尤其是冷战结束以后，欧洲一体化进程开始加快。1997年，欧盟委员会发表了《2000年议程》和《走向知识化欧洲》两份文

[①] 范德格拉夫.学术权力：七国高等教育管理体制研究[M].王承绪，等译.北京：人民教育出版社，1997：296.

[②] 刘兴凤.我国大学学术权力研究[D].武汉：武汉理工大学，2008：18.

件,明确提出将知识化放在优先发展地位,并强调提高欧盟的教育、培训和人才培养质量。为迎接新时代的挑战,欧洲主要国家开始致力于推进高等教育的一体化进程,通过高等教育的合作提升其教育质量和国际影响力[①]。

1998年,法、英、德、意四国教育部长在巴黎发表《索邦宣言》,倡导促进高等教育的合作,从而在促进欧洲合作与建设方面发挥中心作用。此后,各成员国间致力于提高高等教育的透明度和包容性,促进成员国高校间师生的自由流动。此外,《索邦宣言》提出要改革各国的教育体制,统一设立三级学位文凭:即3年的学士文凭、2年的硕士文凭和3年的博士文凭。这一建议引发了欧洲其他国家的重视,并纷纷准备效仿。1999年6月,欧盟15国及其他13个入盟候选国教育部长在布达佩斯进一步探讨建设欧洲教育大厦的议题[②]。

同年,欧洲29个国家在意大利博洛尼亚举行会议,会议提出的高等教育改革目标是消除欧洲各个国家之间学生流动的障碍、提高欧洲高等教育在全世界范围内的吸引力、确定欧洲范围内的高等教育系统的共同框架并在这个框架之内建立本科和研究生两个阶段的高等教育结构。会议签署的《博洛尼亚宣言》明确提出到2010年建立"欧洲高等教育区"(European Higher Education Area),从而正式启动了推进欧洲高等教育一体化的"博洛尼亚进程"(Bologna Process)。作为欧洲高等教育一体化进程的重要内容之一,博洛尼亚进程提出到2010年每一个签约国的大学毕业生的毕业证书和成绩在签约各国都能够被承认,毕业生可以毫无障碍地在各签约国申请学习硕士阶段的课程或者寻找就业机会。

此后,为持续推进博洛尼亚进程,欧洲各国确定了双年会的推进机

---

① 朱国仁.迎接知识经济挑战的欧洲高等教育[J].教学研究,2000(4):297-301.
② 朱国仁.迎接知识经济挑战的欧洲高等教育[J].教学研究,2000(4):297-301.

制,通过双年会来确定博洛尼亚进程各项任务的实施进度、策略,解决存在的问题。自2001年至2009年,先后在布拉格、柏林、柏根、伦敦、鲁汶召开了五次双年度评价会议,分别通过了《布拉格公告》《柏林公告》《柏根宣言》《伦敦公告》和《鲁汶宣言》,致力于逐步实现博洛尼亚进程提出的目标和任务。时至今日,伴随着博洛尼亚进程的稳步推进,欧洲高等教育一体化初具雏形,欧洲各国名校林立,各类在校大学生有1 100万人,对欧盟一体化进程建设发挥了基础性的作用与价值。

1.2.2 美国高等教育模式

美国高等教育模式是在移植与改进欧洲高等教育模式的基础上逐渐形成的。阿特巴赫曾言:"美国高等教育的发展有两个来源和三种成分,一种是来自英国的文雅绅士教育,一种来自德国大学的科学研究,除了这两个来源带来的两种成分外,还有一种是为社会服务的美国本身特有因素。"[①]时至今日,美国构建了一套类型多样、层次分明、衔接有序的高等教育体系。这套体系使美国成为世界高等教育的中心,不仅是一流人才培养的基地,也是卓越研究成果的中心。

1.2.2.1 从殖民地学院到高等教育的美国模式

(1)殖民地时期的学院模式

1636年正式成立的哈佛学院是殖民地时期的第一所学院,以培养清教牧师为主要目的,最初规模很小,但其地位却很高,许多英国清教徒的领袖都把孩子送往哈佛学院读书。1693年,圣公会效仿英国牛津大学女王学院创办了威廉·玛丽学院,致力于培养国教牧师。自1701年至1769年,殖民地又陆续兴建了7所学院,分别是耶鲁学院、新泽西学院、

---

① 杜驰.从哈佛学院到社区学院:美国高等教育模式演进历程浅析[J].教学研究,2004(1):4-6.

金斯学院、费城学院、罗得岛学院、女王学院和达特茅斯学院。这些学院均由宗教教派创建,核心目的是培养教士,当然也培养世俗社会需要的专业人才和公职人员。17、18世纪建立的殖民地学院课程设置模式深受英国的影响,认为古典课程有助于培养社会精英,课程以古希腊罗马的语文和文学为主,此外也开设伦理学、政治学、物理学、数学、植物学和神学等。殖民地学院授予学士和硕士两级学位。哈佛学院1646年的校规规定:"学士学位候选人能够以拉丁文读出新约全书和旧约全书原文,并能逻辑地解答其中的问题,在公开答辩中经过董事会、教师的认可,就可被授予第一级学位(学士)。硕士候选人必须提交一份书面纲要(synopsis),阐述逻辑学、自然和伦理哲学、算术、几何和天文学的要义,做好论文答辩准备,熟练掌握上述学科的原著,通过公开答辩后,就可以获得第二级学位——'艺术硕士'(Mater of Arts)。"①与此同时,美国学院不同于欧洲大学实行学者自治。由于其主要是由非学者社群创立的,而非学者社群与其他社会力量联系密切,也就形成了美国大学由校外非教育行业人士进行控制与管理的传统。这也为后来美国高校发展出为社会服务的职能奠定了基础。

(2) 美国高等教育模式的形成

美国独立后,为实现自由、民主、平等的建国理想,开始致力于建立公立教育体系,其中建立公立高等教育体系也提上了议事日程。1817年的达特茅斯事件,以达特茅斯学院胜诉的结果,挫败了州政府试图将其改为州立并为国家服务、接受州政府管理的尝试,私立学院的办学自由得到保护,使得发展公立高等教育势成必行。在这一背景下,1819年,托马斯·杰斐逊创立了第一所真正的州立大学——弗吉尼亚大学。"在借鉴德国大

---

① 王廷芳.美国高等教育史[M].福州:福建教育出版社,1995:85.

学学术自由的思想与实践基础上,弗吉尼亚大学兼容学术自由思想和功利主义思想,课程设置世俗化且特别重视实用课程的开设,实行允许学生在不同院系选修课程。此后,各地相继建立州立大学,到南北战争时,美国27个州中有25个州建立了州立大学。"①弗吉尼亚大学的世俗化改革则进一步促进了大学专业教育和工程技术教育的发展,推动了专门学院的建立。1824年,美国第一所专门的技术学院——伦塞勒多科技术学院建立,采用实验室教学法来培养从事农业技术教育的教师。随后相继新增了建筑、采矿、地形测量工程等实用专业。大学也开始在校内增设工程学院和系科:"1845年联合学院建立了市政工程系,1847年哈佛建立了劳伦斯理学院,同年耶鲁建立了科学技术系并发展成为著名的谢菲尔德理学院,1852年达特茅斯学院建立了钱德勒理学院,同年布朗大学组建了实用科学系。"②1855年以后宾夕法尼亚大学创设了矿藏、艺术和工业制造系③。不过,这一时期美国新旧高等教育模式之间的冲突非常激烈,高等教育模式的演进并非一帆风顺。两种模式斗争中最有影响的是耶鲁大学于1828年发布的《耶鲁报告》,坚守了古典自由教育的理想,主张把"精修古代语文"作为课程的唯一依据,对后来美国大学通识教育的发展影响深远。

南北战争期间,社会发展对高等教育提出了新需求,1862和1890年美国相继出台了《莫里尔法案》(Morrill Land-Grant Acts)和《第二莫里尔法案》(Agricultural College Act of 1890)。"正是在《1862年赠地学院法案》及其后相关法案的支持下,美国公立性质的赠地学院、大学得以确立合法地位,美国公立高等教育也在此基础上得以蓬勃发展。通过《1862年赠地学院法案》以及其后包括《1887年哈奇法案》《1890年赠地

---

① 杜驰.从哈佛学院到社区学院:美国高等教育模式演进历程浅析[J].教学研究,2004(1):4-6.
② 杜驰.从哈佛学院到社区学院:美国高等教育模式演进历程浅析[J].教学研究,2004(1):4-6.
③ 陈学飞.美国高等教育发展史[M].成都:四川大学出版社,1989:35.

学院法案》等在内的一系列联邦法案的颁布实施,1 743 万英亩(其中,1862 年法案的实际售出的赠地是 1 105 万英亩)的联邦土地被出售,用以支持赠地学院的教学和研究。在联邦赠地支持下,美国各州陆续建立了 75 所赠地学院,包括第二个《赠地学院法案》后建立的 17 所黑人学院。1994 年,又有 29 所民族学院加入赠地学院行列,从而使得赠地学院的总数达到了 104 所。在赠地学院、大学发展的基础上,美国各州相继建立了各自的州立高等教育教育系统,使得由公立大学、学院构成的美国公立高等教育成为美国高等教育的重要基石,如加州在作为赠地学院的加州大学的基础上,逐步形成了由 10 所加州大学分校(University of California,UC)、24 所加州州立大学(California State University,USC)和 119 所社区学院(California Community College,CCC)构成的庞大的高等教育系统,纽约州立大学则拥有包括大学(University Centers)、四年制大学(University Colleges)、技术学院(Technology Colleges)、社区学院(Community Colleges)在内的 64 个校区,在校生达到 45 万,全职教工 8 万余,是全球最大的综合性教育系统。"[1]

  与此同时,通过借鉴德国大学模式,美国大学开启了建立研究型大学的历程。与德国新人文主义强调献身"纯科学研究"的理想不同,美国大学的科学研究深受实用主义哲学和功利主义思想的影响,在移植改进欧洲高等教育模式的同时逐渐形成了具有美国特色的研究型大学模式。约翰·霍普金斯大学是美国第一所研究型大学,其首任校长吉尔曼就在就职演说中阐释了开设约翰·霍普金斯大学的办学思想:"最慷慨地促进一切有用知识的发展;鼓励研究;促进青年人的成长,促进那些依靠其

---

[1] 荀渊.《1862 年赠地学院法案》的缘起及其对美国社会的影响[J].全球教育展望,2013(6):119-128.

能力而献身科学进步的学者们的成长。"①与此同时,约翰·霍普金斯大学注重将专业学院和专业研究生院建立在人文学院的基础之上,通过本科生院为研究生院培养优秀人才。此后,约翰·霍普金斯大学模式就成为美国研究型大学模式的典范,哈佛、耶鲁、哥伦比亚、威斯康星等传统大学相继开设了研究生院,不但提高了美国高等教育整体水平,也直接促进了美国社会与经济的发展。

进入20世纪,美国经济和中等教育的高速发展给高等教育造成了巨大压力。为应对这一压力,美国新建了初级学院,专门为本科高年级学生提供基础课程。公立初级学院主要起源于公立高中,如1901年建立的美国第一所公立初级学院——乔利埃特初级学院就是由乔利埃特高级中学演变而来,"开设与四年制本科学院头两年普通课相平行的课程,以便为学生转入本科学院高年级打下基础"②。此后,美国经济发展需要更多的具备专业技能的技术人才和熟练劳动力,为满足这一需求,一些初级学院开始增设职业技术课程,如商业、文秘、实验室技术、医疗卫生、教育和工程预科等,为学生提供各种职业性或预备性质的训练。此后,初级学院相继更名为社区学院,成为社区的文化教育中心,其职能也由原来的转学预备教育扩充到职业技术教育、继续教育、补习教育和社区服务等多方面。社区学院的出现进一步强化了美国高等教育服务社会的世俗化特征。至此,美国高等教育已经形成了由社区学院、本科生院和研究生院组成的综合连贯、层次分明的结构体系,可以培养各种层次各种类型的人才,基本上满足了国家对各级各类专门人才的需求。

---

① 王廷芳.美国高等教育史[M].福州:福建教育出版社,1995:175.
② 杜驰.从哈佛学院到社区学院:美国高等教育模式演进历程浅析[J].教学研究,2004(1):4-6.

1.2.2.2 美国高等教育的教学组织与管理

（1）整合性的课程设置模式

美国殖民地时期的大学课程秉承的是英国学院的自由教育传统，以古典的人文课程为主，旨在培养社会精英。随着对实用知识需求的不断增长，美国一些大学开始注重开设实用型课程。此举遭到了传统大学的竭力抵制，如作为古典大学代表的耶鲁大学就于1828年颁发了《耶鲁报告》，大力宣扬古典学科的重要性。在为古典课程进行辩护的同时，强调统一课程对发展每个学生的全部心智的重要性，坚持将人文课程作为本科学院的核心课程，排斥带有职业训练性质的课程[1]。《耶鲁报告》蕴含的人文精神对美国高等教育产生了持久的影响，在很长一段时间内，美国大学依然将古典课程作为课程设置的标准模式。然而，美国自诞生以来就建立了自由、民主、多样的国家体制，这一体制成为美国高等教育发展的动力源泉。"在美国随后的高等教育发展中，伴随着德国大学模式的影响日盛，美国殖民地时期建立的学院和独立后逐步建立的公立大学，相继建立了以学科分殊化为前提的大学结构。约翰·霍普金斯大学则在学院之上创办研究生院，带动了美国的传统大学开始其现代大学转型的历程。大学学科的专业化使科学进步了，而科学的进步又再一次促使大学的各个学科更细分更趋专业化。"[2]在德国大学的影响下，许多美国大学认同了学习自由的理念，并制定了选修制和学分制将其制度化。从自由选课制到"集中与分配制"，尽管以通识教育的形式保留了古典课程在大学中的地位，但古典课程因难敌实用性课程的冲击而逐渐丧失其优势地位。正是在这种背景下，美国兴起了长达30年之久的"通识教育运动"。1945年，哈佛大学发布《自由社会中的通识教育》，标志着通识教

---

[1] 罗宾.现代大学的形成[M].尚九玉，译.贵阳：贵州教育出版社，2004：27.
[2] 荀渊.知识·学科·课程：大学教学的组织与管理[M].上海：华东师范大学出版社，2013：57.

育运动的开始。"1943年,哈佛大学第23任校长詹姆士·科南特(James B. Connat)任命了分别来自文学院、理学院和教育学院的13位专家教授,并组成了一个专门委员会,研究'自由社会中的通识教育的目标'。1945年,该委员会发表了题为《自由社会中的通识教育》(General Education in a Free Society)的报告书。"①《自由社会的通识教育》的导言中指出:"通识教育的核心问题,是使自由和人道的传统持续不断,单单获得知识,发展专门技能与专门能力,并不能为理解奠定宽广的基础,而理解恰恰是维护我们的文明的基本要素。"②报告认为:"现在的一个问题变得越来越突出:在一种以培养各种不同的人为目的的特殊的培养方式和一种以培养同样的人为目的的培养方式之间,什么样的关系才是最合适的? 通识教育的背景涉及到两个问题:一是如何才能努力地实现普及的自由的中等教育,二是这种来自外部席卷整个院校的复杂的潮流究竟是什么?"③1949年3月,《自由社会中的通识教育》所提出的通识教育计划正式在哈佛大学付诸实施。"按照该教育计划,课程设置主要按学科进行分类,每位学生除学习本专业的课程外,还需学习通识教育课程。其中,必修课程包括三门,分别是'文学名著''西方思想与制度',以及从物理学或生物学中选择一门课程。此外,再从人文科学、社会科学和自然科学三个领域中各选修一门全年课程。经过五年的尝试,1949年,哈佛大学正式推行通识教育计划。"④"按照通识教育计划规定,第一,一、二年级的学生要从自己所在系中选修6门专业课;再从人文、社会、自然三大类别的通识教育课程中各选一门;另外还须从其他系的课程中至少选

---

① 张凤娟."通识教育"在美国大学课程设置中的发展历程[J].教育发展研究,2003(9):92-95.
② CONANT J B. General Education in a Free Society[M]. Boston, MA: Harvard University Press, 1962: Introduction ⅷ.
③ CONANT J B. General Education in a Free Society[M]. Boston, MA: Harvard University Press, 1962: 5-6.
④ 王雅芳.通识教育在哈佛大学的发展历程及启示[J].继续教育研究,2007(6):115-116.

3门。第二、三、四年级也设有通识教育课程,没有学过一、二年级的通识教育课程者,不得选修三、四年级的通识教育课程。第三,攻读硕士和博士学位的学生可以选修一部分三、四年级的通识教育课程,但是考试的要求不同。第四,学生不得选修属于同一考试组的两门课程。"[1]如此一来,美国大学将通识教育与专业教育紧密结合在一起,吸取了以前的课程制度的优点并加以综合,形成了以通识教育为基础、以集中与分配为指导的自由选修制度。该教育计划在美国各高校掀起了进行通识教育改革的浪潮,美国研究型大学纷纷开启了通识教育改革。

如今,美国大学依然十分注重课程的完整性和连贯性,认为系统完备的课程体系才是理想的课程体系,大学课程应有助于促进专业教育和通识教育的融合。由此,美国大学注重综合性教育,通过构建一套完整系统的课程体系平衡学生、课程和社会三者的关系,将专业教育课程和通识教育课程相联结。目前较有影响力的"顶点课程"(Capstone Course)就是美国高校开设的一种让学生整合、拓展、批判和应用在学科领域的学习中所获得的知识、技能和态度等的新型课程,"其目的是为临近毕业的学生提供一个对片段性学科知识整合、生成的机会,旨在重塑学生知识结构,培养学生发现问题、应用知识和技能解决问题的能力、批判性思维和团队合作的能力,从而达到连接社会和提高学生综合素质能力的作用"[2]。

(2) 研讨与项目式的教学模式

美国高校普遍开设新生研讨课,2006年开展的一项调查显示:"42.5%的新生研讨课为1学分,32.7%的课程为3学分,12.6%的课程为2学分,36.9%的新生研讨课学生人数为16—20人,29.8%的课程学生人

---

[1] 张凤娟."通识教育"在美国大学课程设置中的发展历程[J].教育发展研究,2003(9):92-95.
[2] 邱德玉,王云儿.美国大学课程思想的演进及借鉴[J].中国高等教育,2011(23):60-62.

数为21—25人,18.2%的学生人数为10—15人。"①在新生研讨课中,教师被称为促进者(facilitator)而非导师(coach tutor)或讲师(lecturer),这不同于传统的导师制或讲授制中的教师角色。研讨课体现了"以学生为中心"的教学理念,一堂新生研讨课通常为1—1.5个小时,但在整个教学过程中,教师讲得很少,而是把更多的时间留给学生思考和分析,教师以助学者的姿态帮助、引导学生学习。"在美国新生研讨课中,除了少量的物理、计算机和医学知识外,大部分都是人文类的研讨课程,体现了对通识教育的注重。同时,很多研讨课都是用特定的学科方法和材料对微观层面进行研究,引导学生分析社会问题、解决问题的能力及传递人文的精神和价值。"②此外,项目教学在美国大学开展得较为普遍,基于建构主义学习理论,强调学习具有情境性,学习是由学生主动建构的。项目教学通过师生共同完成一个完整的项目而进行教学活动,"通常先由教师对项目进行分解,并作必要的示范性指导;然后让学生分组围绕各自的子项目进行讨论、协作、实践、探究性学习;最后以共同完成项目的情况来评价学生是否达到教学目的。所有教学活动都是围绕真实的项目展开的"③。

(3) 分权共治的治理模式

在美国高等教育的发展演变进程中,逐步形成了典型的分权型高等教育管理模式。在这一模式中,管理组织分联邦政府、州政府和地方教育委员会三级,各自的职责和权力不尽相同。教育管理权属于州政府,州政府直接管理高等教育,联邦教育部最初只作为一般性的指导咨询机

---

① Preliminary summary of results from the 2006 national survey on first year seminars[EB/OL]. (2009 - 11 - 04)[2019 - 03 - 01]. http://sc.edu/fye/research/surveyfindings/surveys/survey06.html.
② 唐铁.美国研究型大学新生研讨课教学模式研究[J].北京林业大学学报(社会科学版),2009(S1): 44 - 46.
③ 陈文彦,王栓宏.体验美国大学的教学模式[J].中国大学教学,2013(5): 94 - 96.

构存在,主要职能是管理联邦政府对高等教育的资助工作、调研全国教育发展状况、研究教育领域中的问题并向联邦政府提出改革建议。美国于1950年开始在州政府层面设置独立的高等教育管理机构,负责全州的高等教育管理工作,特别是立法工作,其主要职能包括:"高校建立的资质审批、注册登记;管理辖区内高校培养计划审定,教学质量监控,教师培训、监督与考核;高校财政投入,资产管理;学校与学生权益保障;学生注册,毕业证书印制;信息交流,教育技术支持等等。"[1]需要注意的是,联邦教育部和州高等教育管理机构没有行政隶属关系,因而有助于分权制衡的实现。学区高等教育管理部门的职能主要集中在日常管理层面,一般没有各类审批权。与此同时,美国高等学校作为独立的法人实体,在招生录取、教师招聘、学科专业设立与调整、课程设置和科研及社会服务等方面有很大的自主权。特别是私立高校由于办学经费很少依赖政府,因此形成了其独特的自我管理机制。这一管理模式增强了高等教育的适应性和灵活性,有助于美国高等教育多样化发展,体现了美国高校面向社会自主办学的特色。

美国高等教育治理体系的核心理念是分权与共治。分权制衡旨在建立一个分化而又制衡的高等教育权力结构,纵向的权力主体是联邦政府和州政府,横向的权力主体是政府、社会、市场和高校。共治则是"国家—大学—社会"的动态治理结构,其中非政府组织承担重要的角色。20世纪90年代以来,私营部门、第三部门及各种社会组织开始介入美国高等教育治理,就共同关心的问题采取集体行动,使得高等教育治理成为一种以公共利益为目标的社会合作过程[2]。美国大学也形成了分权与

---

[1] 阎国华.自由与控制:美国分权型高等教育管理体制的形成与调适[J].高教探索,2015(8):56-59.
[2] 左崇良,潘懋元.美国高等教育治理的核心要义与内外格局[J].江苏高教,2016(6):24-30.

共治的治理结构。其最高权力机构是董事会,其中公立大学的董事会由公民投票选举产生,州长和议会任命(但并不听命于州长),其成员多是政府官员、社会名流、企业首脑等,一些院校的校长也可做董事会成员,甚至可任主席。董事会一般设主席一人,副主席一人或若干人、书记和司库。董事会的规模少则七八名,多则七八十名。私立大学董事会则或由校友会推荐产生,或由在任董事推举,董事会的规模往往较大。董事会的权限由批准建校的特许或立法来决定,一般来说,董事会负责批准本校的大政方针、长期规划、挑选和任命大学校长、财务预算、基建计划、在校长推荐基础上任命终身教授和行政人员、专业设置、招生规模及收费标准,以及处理学校与社会各界的关系。学术评议会一般是经董事会授权的由大学校长、教师代表组成的学术管理机构。作为学术管理的主要机构,学术评议会的管理范围相当广泛,涉及的学术事务主要包括制定全校的学术政策、学科建设和发展、教师的聘用、考核和晋升、本科生和研究生的教学、课程设置、学位事项、对外学术交流活动等。同时,一般每个大学的学院也会设立院级的学术评议会管理本学院的学术事务。

1.2.3　从移植到发展:亚洲四国的高等教育模式

由于从中世纪大学到现代大学的高等教育历史变革轨迹主要发生在欧洲,包括美国高等教育都是移植欧洲高等教育模式后逐步发展出独特的美国模式。高等教育后发国家基本上都是沿着从模式移植到自我发展的道路,将西方发达国家高等教育模式与本土历史文化传统、社会现实需要结合后,发展出适应本国国情的高等教育模式,以便实现本国高等教育的快速崛起。由此,中国、印度、以色列和日本四个国家的高等教育走出了不同的发展道路,典型地体现了高等教育模式从移植到发展的路径特征。

1.2.3.1 中国高等教育的转型与发展

近代中国高等教育转型,从清末的传统形态一变而为以德、日为参照对象的现代形态,到民国后转而学习与借鉴美国高等教育模式,在短短数十年间发生了急剧变化,以至于看不到明显的连续性,但却并非没有一个一贯可循的轨迹。如清末京师大学堂分科大学,延续至民初就是单科大学的设置;清末京师大学堂正斋、备斋、专斋的设置转变为癸卯学制中大学堂预科、分科大学的设置等。而1949年后中国高等教育,以苏联高等教育为蓝本进行的改革,在一定程度上则忽视了高等教育发展的连续性:院系调整虽顺应了当时社会、经济发展的需要,但却使民国时期高等教育发展多样化的状况,一变而为单一模式一统天下,以至于20世纪80年代又不得不再次修正,重新走上学习与借鉴西方发达国家高等教育发展经验的路径。

(1) 清末民国现代中国高等教育模式的初创

鸦片战争以后,西方帝国主义国家加快了侵略中国的步伐,清政府的封建统治危在旦夕,为了巩固封建政权,统治阶级内部的先进分子(如曾国藩、李鸿章、张之洞等人)主张办"洋务"、兴"西学",洋务派采取的主要措施是兴办学习洋文、洋枪、洋炮和洋机器的专科学校,即所谓的"西文西艺"。在西文教育方面,兴建的学校有:京师同文馆、上海广方言馆、广州同文馆、湖北自强学堂等;在西艺教育方面,兴建的学校有:福建船政学堂、天津水师学堂、天津武备学堂、广东陆师学堂、南京陆军学堂等[1]。这些新式学校的教学内容除了传授传统学科外,还扩充了近代科学技术和外语教学内容,教学方法也做了较大改进,是对传统封建教育的重大变革,对创建中国近代高等教育,培养科学技术人才发挥了积极

---

[1] 熊明安.中国高等教育史[M].重庆:重庆出版社,1988:372-375.

作用。但这些新式学校依然反映的是封建统治阶级的利益。随后,维新派顺应时代发展需要,主张学习西方资产阶级的教育模式,兴办西学。维新派的领导人亲自办学,如康有为创办的"万木草堂",梁启超和谭嗣同创办的"时务学堂",陈芝昌创办的"时敏学堂"等。维新派的教育改革计划得到了光绪皇帝的支持,光绪发布了几十条改革命令,其中最突出的就是筹办了京师大学堂(北京大学的前身),这是中国近代最早的中国官办大学之一。京师大学堂以"中学为体,西学为用"为办学原则,主张"以西学为学堂之一门,不以西学为学堂之全体;以西文为西学之发凡,不以西文为西学之究竟"①。维新派进一步深化了高等教育学科的系统性和务实性,反映了中国民族资产阶级对人才的进步要求。虽然这一时期的教育还带有封建主义教育的性质,但已经具备了近代大学的一些特点。"这一时期的外国高教体制移植,主要出自政府的主张和操作,在整个过程中并没有很好地研究和结合当时的中国国情。从教学内容到教育体制,甚至包括学校内部的管理措施等,都照搬了国外模式。因此,这一阶段的中国高等教育发展,表现了依附国外现有模式的特点。"②

　　辛亥革命后,中国进入民国时期。民国元年,在蔡元培的主持下对旧有的教育制度进行大力改革。1913年公布了《壬子学制》,随后不久又陆续公布了《大学令》《专门学校令》《师范教育令》《大学教育规程》等。因这些法令中的一些内容与《壬子学制》有出入,1914年,遂将各项法令综合起来改成为《壬子癸卯学制》。其中,《大学令》规定:"大学以'教授高深学术,养成硕学闳材,应国家需要'为宗旨。大学分文、理、法、商、医、农、工七科。大学设预科及本科,预科修业三年,本科修业年限按各

---

　　① 熊明安.中国高等教育史[M].重庆:重庆出版社,1988:382.
　　② 张珏.百年来中国高等教育依附式发展的反思:谈学习国外高等教育的基本经验[J].现代大学教育,2002(3):67-70.

科性质,三年或四年不等。本科毕业称学士。大学另设大学院,培养研究生。大学设校长一人及各科学长一人;教师分教授、助教授及讲师三种;各科设讲座。大学设评议会,由各科学长及各科教授组成,负责评议大学的一切重大问题。"①从这些规定可以看出,这一时期我国高等教育制度的改革完全照搬日本,而日本又从欧洲学习而来。除教育制度的改革外,蔡元培还借鉴德国大学模式对北京大学进行了大刀阔斧的改革。1917年,时任北京大学校长的蔡元培提出了"思想自由,兼容并包"的改革方针。在其主政期间,蔡元培聘请了多位新派人物担任教师。如陈独秀、李大钊、鲁迅、胡适、钱玄同、刘半农等人。他还"调整科系设置,实行'选修制',规定本科学生学满80单元(每用1学时,学完全年为1单元)就可以毕业。把'门'改为'系',全校设14个系,系主任由教授选举"②。在管理机构上,蔡元培设立了评议会和教授会,主张实行"教授治校",并主张男女同校,招收女生入学,主张学生自治。蔡元培的北大改革对中国高等教育产生了重大影响,成为中国大学日后办学模式的重要参照。这一时期的高等教育发展模式较为多元,对国外的移植借鉴并不局限于单一国家。在蔡元培仿效德国对北大进行改革的同时,留学博士郭秉文仿照美国大学模式对东南大学进行改革,延揽了一批留学学生到东南大学任教,从管理体制、系科设置、课程教学内容和经费筹措等多方面全面学习美国,其改革声誉日隆,与北京大学南北呼应,成为中国高等教育的又一重镇③。

(2) 社会主义高等教育模式的建立与变革

中华人民共和国成立以后,中国高等教育进入了一个新的发展阶

---

① 顾明远.中国高等教育传统的演变和形成[J].高等教育研究,2001(22):9-16.
② 顾明远.中国高等教育传统的演变和形成[J].高等教育研究,2001(22):9-16.
③ 田正平,张彬.模式的转换与传统的调适:关于中国高等教育现代化的两点思考[J].高等教育研究,2001(2):94-101.

段。受当时特定政治环境的影响,中国高等教育开始学习苏联经验,全盘挪用苏联高等教育模式。"从1952年起,教育部规定大学从一年级开始采用苏联教学计划和教学大纲。组织教师翻译苏联教材,成立教研室。1952年下半年开始在全国范围内进行了院系调整,经过调整,高等学校由1949年的129所调整为143所,综合大学由49所调整为14所,工业院校由28所增加到38所,农业院校由18所增加到29所,医药院校由22所增加到29所,师范院校由12所增加到33所,1958年又建立了一批新的工业院校,如航空学院、邮电学院、钢铁学院、石油学院、地质学院等。"[①]院系调整促进了我国高等教育的发展,为新中国建设培养了大批人才。但这种调整也导致了学校规模小、效益低、重复设置严重等问题,极大地制约了我国高等教育的进一步发展。1957年以后,由于中苏关系恶化和国际国内政治形势的变化,中国高等教育摒弃了苏联等一切外国的模式,开始复归传统道路,即用中国共产党在根据地举办高等教育的经验指导高等教育改革。自此一直到改革开放的20年内,中国高等教育经历了"大跃进""文化大革命"的冲击,几近走到崩溃的边缘。

1978年以后,我国实行改革开放的基本国策,高等教育也开始重新面向世界。进入20世纪90年代,我国政府陆续制定颁布了一系列法规,如《中华人民共和国高等教育法》《面向21世纪教育振兴行动计划》《关于深化教育改革全面推进素质教育的决定》,持续推进建立与社会主义市场经济体制相适应的高等教育体制改革。为建立与社会主义市场经济体制相适应的高等教育体系与制度,体制改革始终是高等教育改革发展的重中之重。为了改变以中央政府为主高度集中的管理体制,党和

---

① 葛盈辉,朱之平.高等教育的国际移植与变革[J].浙江社会科学,2006(2):109-112.

政府通过多种形式的权力下放,持续扩大省级政府的管理权限和高校的办学自主权,逐步形成了中央政府放管结合、省级政府统筹为主和高校自主办学相结合的新体制。从"文革"结束到1985年,高等教育体制改革的重点是恢复、重建"文革"前"统一领导、分级管理"的高等教育管理体制,在中央与地方高等教育权限和扩大高校办学自主权上做了初步的探索。1985年5月颁布实施的《中共中央关于教育体制改革的决定》全面启动了高等教育体制改革的宏伟进程,开始推行中央、省(自治区、直辖市)、中心城市三级办学体制,逐步扩大了省级政府的高等教育管理权限和高校办学自主权,并开始在全国试点高校校长负责制。1993年至1999年,以《中国教育改革和发展纲要》颁布实施为契机,确立了中央与省(自治区、直辖市)分级管理、分级负责的管理体制,进一步扩大高等学校的办学自主权,逐步确立和全面实施党委领导下的校长负责制。1999年至2010年,以《高等教育法》的实施为标志,确立了中央和省级人民政府两级管理、以省级人民政府管理为主的新体制,对高校的法人地位作出了明确的规定,对高校的办学自主权进行了详细说明,从法律层面保证了高等学校办学自主权的有效落实。2010年至今,开始深入推进管办评分离、扩大省级政府教育统筹权,以行政审批权下发为抓手突出地方政府对高校的统筹管理,强调在高等教育管理过程中的管办评分离与放管服结合,高校办学自主权进一步扩大,初步构建起了以章程建设与实施为核心的现代大学制度,确立了高校面向社会自主办学的基本格局。与之伴随的是政府管理高等教育方式的变革,强调政府的宏观管理和通过立法、评估、监督等手段的间接管理;高等学校办学法人地位得以确立,积极推进以高校章程为核心的现代大学制度建设,推进高校治理体系与治理能力的现代化。同时,高校招生、就业与国际化等领域都发生了与之相适应的变革,高校拥有更多的办学自主权,在自主招生、国际合作办学、汉语国际推广等方面取得了显著的成绩①。进入21世纪,伴随知识经济时代的到来,我国高等教育出现了一些新特征:一是从大众化迈向普及化;二是办学主体多元化;三是办学形式多样化;四是办学模式国际化;五是办学手段信息化;六是高校内部治理科学化、民主化②。

(3)中国高等教育的课程、教学与管理

计划经济时代,中央政府直接控制大学的课程体系设置,各大学的课程体系极具统一性,直到1957年才取消了全国统一的教学计划。1999年颁发的《中华人民共和国高等教育法》第三十四条明确规定:"高等学校根据教学需要,自主制定教学计划、选编教材、组织实施教学活动。"自此,我国大学自主设置课程的权力有了法律保障。课程体系的统一性日渐减弱,校本性不断增强。所谓校本性即各大学依据本校实际自主确定本大学的课程体系,仅在思想政治教育、计算机、英语课程等方面保持统一。改革开放以来,我国积极学习西方发达国家的高等教育模式,不断改革计划经济时代形成的专而窄的课程体系,加强课程体系的宽博性,如北京大学2001年开始实施元培计划,改革本科阶段的课程体系,借鉴哈佛大学的核心课程,面向全校学生开设通选课,"包括数学与自然科学、社会科学、哲学与心理学、历史学、语言学、文学与艺术五个基本领域,学生必须修读通选课16学分,且每个领域不少于2学分。从2000年至2005年,北京大学共开设了320余门通选课程"③。在高等教育全球化时代,目前我国大学的课程体系正朝着国际化的方向发展,特别是加入世界贸易组织后,高等教育如何应对全球化的挑战,如何与国际接轨,如何培养具备国际化视野的人才,更好地服务于我国社会经济

---

① 荀渊,刘信阳.从高度集中到放管结合:高等教育变革之路[M].上海:华东师范大学出版社,2018:前言.
② 刘尧,刘岩.我国高等教育发展的现状、问题与趋势[J].教育与现代化,2009(1):62-69.
③ 胡建华.中国大学课程体系改革分析[J].南京师大学报(社会科学版),2007(3):76-81.

发展,已成当务之急。在相关政策的推动下,我国大学双语课程门数剧增,"如南京大学组织各院系对 2 000 多门专业课程与美、德、英等 20 多个国家和地区 100 多所高校的 4 000 余门课程作了比较分析,并在此基础上新增和更新课程 1 000 多门,建设双语教学课程 300 余门。"①

在教学组织上,"我国大学教学的传统倾向于强调集体性教学并注重知识的客观性,基本上是传授-接受式教学","教学过程中,教师占据中心地位,重教轻学,师生缺乏互动,在教学评价时,重结果轻过程,重量轻质"②。这些教学模式的弊端对我国人才培养质量造成了极大的负面影响。在高等教育进入内涵式发展的今天,为了提高人才培养质量,我国大学纷纷开展了许多教学模式改革,如南京大学将通识教育和个性化教育相结合,推出了"三三制"本科教学模式,该模式分为三个培养阶段,采取三条发展途径:"第一个三体现在三个培养阶段。我们把本科四年分成三个阶段,第一个阶段是通识教育培养阶段,主要由新生研讨课程计划和通识教育课程计划这两部分组成;第二个阶段是专业培养阶段,由学科大类平台课程计划和专业领域课程计划两部分组成;第三个阶段是多元培养阶段,执行的是个性化的课程计划。在多元培养阶段,学生可以在专业学术类、跨专业学术类和就业创业类这三个方向上进行选择。这三条发展途径的选择,就体现出了'三三制'的第二个'三'。"③

(4) 钱伟长教育思想的实践成果:上海大学"三制"教学管理模式

1922 年,中国共产党和中国国民党合作建立上海大学,校长为国民党人于右任,共产党人邓中夏任总务长,瞿秋白任社会学系主任,还有不少中国共产党早期领导人和著名学者在该校任职任教。1927 年,以蒋介

---

① 胡建华.中国大学课程国际化发展分析[J].中国高教研究,2007(9):60-71.
② 韩洪文,田汉族,袁东.我国大学教学模式同质化的表征、原因与对策[J].教育研究,2012(9):67-72.
③ 陈骏.推行"三三制" 创新本科教学模式[J].中国高等教育,2010(11):12-14.

石为首的国民党右派发动反革命政变,强行关闭了该校。该校学风严谨、革命气息浓厚,虽然建校历史很短,但却为中国人民的解放事业和民族振兴输送了一大批仁人志士。1994年5月,新上海大学在合并上海工业大学(1960年)、上海科技大学(1958年)、上海科技高等专科学校(1959年)和原上海大学(1983年)基础上组建而成。2002年5月,"211工程"一期建设验收专家组在验收报告中提出,上海大学在校党委和钱伟长校长的领导下,坚持贯彻党的教育方针,"在培养创新型人才过程中,形成独特的教育理念。在全国率先推行学分制,并形成了以学分制、选课制、短学期制为核心的独特的教学管理模式"。

  作为一位著名的科学家、教育家和社会活动家,钱伟长校长在领导上海大学教育教学改革的进程中曾经提出要"做前人没有做过的工作,要超越时代的水平","高等学校要转变教育思想,培养全面发展的人才","高等教育要适应经济发展的需要,必须进行改革"[①],"教学就要改革,改革就要实践,在实践中不断提高"[②]。1984年钱伟长校长在访问美国麻省理工学院回国后就在原上海工业大学倡导实行学分制,他指出:"要研究一下必修课、选修课如何改成学分制,规定必修的学分、选修的学分。"在经过一段试验的基础上,1993年5月3日,钱伟长校长在原上海工业大学毅然作出了"废除学时,实行学分制"的决定[③],拉开了上海大学推行教学管理模式创新的序幕。在钱伟长校长教育思想和教改方针的指引下,上海大学坚持全面贯党的教育方针、遵循高等教育的规律,牢牢树立教学的基础地位和主体地位,以提高教学质量为目标,遵循"自强不息"的校训,奋力"拆除四堵墙",率先实行并持续推进"三制"教学管理

[①] 钱伟长.教育和教学问题的思考[M].上海:上海大学出版社,2000.
[②] 钱伟长.钱伟长文选[M].上海:上海大学出版社,2004.
[③] 钱伟长.教育和教学问题的思考[M].上海:上海大学出版社,2000.

模式,并在多年的改革实践中取得了一系列的突破。

第一,实施学分制,开展以学生为本的教育教学实践。

20世纪80年代中期,钱伟长校长指出:"高等教育要适应经济发展的需要,必须进行改革,诸项改革的关键问题是废除学时制,实行学分制。""没有竞争的体制是一种死的体制,没有竞争机制就难提高质量。学分制的一大特点就是有竞争。"他又指出:"我认为这种竞争非常好,有利于调动学生的学习积极性,有利于提高教学质量。""把学时制改为学分制非常重要"、"学分制的好处可以因材施教,好的学生可以多学一些"。"因材施教是我们国家历来提倡的,可是过去的制度没办法实行,都是一个样的要求,这是学分制的优点。"①

1986年,原上海工业大学率先试点了"学分制",一直到1994年新上海大学组建以后,至今已建构了较为完善的学分制体系。在实行学分制的实践中,学校遵循钱伟长校长的教导,以坚持改革的办法解决出现的问题,以重在建设的思路,解决面临的困难,从来没有倒退和停顿,义无反顾地迎接挑战,探索前进。时至今日,在中国式的学分制探索进程中,着重做了以下几方面的工作:一是实现了学生自主安排学习进程,从而淡化了"学制"的概念,倡导修满学分随时毕业;二是强化了学生对课程的选择,在同一个专业的条件下不同的学生可以根据自身特点完成不同轨迹的学习进程,从而淡化了"规格统一"的概念,倡导学生学习自由、个性发展;三是同班不同学,同学不同班,鼓励了学生融入流动群体大家庭,从而淡化了"班级"的概念,倡导文理渗透、适度竞争;四是实行了按不同学科和所修学分收费,从而淡化了"计划学费"的概念,倡导按需修读,分担教育成本;五是设计了免修和免考制度,从而淡化了"人人一律"

---

① 钱伟长.教育和教学问题的思考[M].上海:上海大学出版社,2000.

的概念,倡导个性教育、扬长教育;六是推行了不及格课程重新选读,从而淡化了"必修"的概念,倡导严格标准,因材施教;七是促进了优秀教师优先授课,从而淡化了"因人设课",倡导教师队伍按"市场"需求优胜劣汰。

第二,实施选课制,把学习的主动权交给学生。

20世纪80年代中期,钱伟长校长在学校中实行了与学分制相应的"选课制"。他明确指出:"选课制不是一种简单的事情、它意味着竞争,只有竞争才能出成果、出人才、出水平","学得特别好的学生,可以多学些,因为选课制,完全可以多选课","选课制的优点可使学生得到更多的自由度、更多的学习自主权。"并且他还对选课制中出现的学生"跳槽"听课、跨年级选课、先修课与后修课如何衔接、必修课和选修课如何协调等一系列问题提出了行之有效的解决办法。当时,上海工业大学"全面实行选课制是全国独一无二的"①。

选课制是和学分制相互关联、互为配套的教学模式之一。学校推出的选课制改革经过多年磨合渐进,目前已实现全面放开选课。学生可以根据自己的特点构造自己的知识结构,自主选择专业、课程、任课教师,以及提前毕业或推迟毕业等,做到教师"人尽其才",学生"学择其好"。选课制推动了专业调整、课程体系改革和教师素质的提高。

在实行选课制的实践中,上海大学做到了:学生首轮选课实现无限量入选以体现公平;根据上学期学习绩点的高低进行容量筛选以体现政策;全体连续排课(每天13节),伸展时空条件,以体现可能;实施三轮选课,让学生得以调整选课构成体系,以体现个性;安排重修学生专门选课,以体现对弱势群体的照顾;不断改善选课系统并更充分实现信息对

---

① 钱伟长.教育和教学问题的思考[M].上海:上海大学出版社,2000.

称以体现效率;后勤保障"全天候"服务以体现服务的配套。

在"选课制"的设计上,体现了在公平公正基础上教学资源向学习优秀学生优先配置的政策,激励学生努力上进,同时在资源允许的前提下适当照顾差生。根据选课信息,构建快速反应机制,及时调整课程、教师和教室等资源,满足学生的需要。

在课程资源上,逐年增加课程总量并通过对课程体系的改革,构建公共基础和学科基础两层平台课程,专业课全部设置为选修课,同时在各个阶段增加选修课学分比重,大量增开选修课、循环课,运用短学期形成少学时多课程的课程体系,初步建立了根据选课需求及时调整课程资源的灵活反应机制。

制订和实施了指导性的柔性教学计划,灵活反映市场对人才的新要求,各专业可按规定程序变更教学计划,淘汰旧课开新课,大量增开选修课,扩大选修范围,全面放开选课。使学校在面上实现了同专业的学生具有不同的复合知识结构,并实现了运作上的可行与制度上的保证。

第三,实施短学期制,加快培养节奏,强化实践环节。

钱伟长校长还在原上海工业大学期间,把每一学年划分为三个十周的理论教学学期和一个五周的教学实践学期,称之为"短学期制",这在全国堪称创举。他指出:"三学期就是为推行学分制创造条件。"

三学期中教学实践和暑假,可以让大学有更多的时间作准备,把科研、教学内容作些更新、把自己课程的逻辑性加强。"我们用短学期来克服学生负担过重的问题。"[①]实行三学期后,学期短了,授课时间少了,从而促使教师精简课程内容,既减轻了学生学业负担,又增强了学生的学习时间紧迫感,改变了两学期制时学生前半学期混、后半学期赶的前松

---

① 钱伟长.教育和教学问题的思考[M].上海:上海大学出版社,2000.

后紧现象,提高了教学效果和教学质量。同时,因教学实践学期和暑假加起有13周,使教师有了更充分的时间备课和进行科研、也使学生有了充分的时间自学和社会调查及到工厂企业去实践,其优点和好处在实行当初就开始显现出来。

目前的短学期制,就是把每一个学年分"秋、冬、春"三个理论教学学期和一个实践教学学期,即"夏季学期"。学校实行短学期制的优点在于:一是缩短理论课程教学周期,从制度上造就减少课程学时的环境,促进了更新教学内容与教材,改革教学方式与手段。使教师精简理论教学内容,少讲精讲,解决课业重点、难点;二是加快教与学的节奏,增强了学生学习的紧迫感,激励学生自学,有利于建立良好的学习习惯,转变学习风气;三是增加教学学期数,从总体上实现了少课时多课程,有利于选修课、循环课的开设,提高学生选课的自由度;四是增加实践教学时间的比重,有利于学生理论联系实际,培养学生的实践能力、适应社会能力和创新能力;五是设置实践学期使实践教学环节可以集中安排、对于不参与实践教学工作的教师有相对集中的时间进行教学和科学研究。

短学期制的实施,从制度上推动了学校更新教学内容与教材、改革教学方式与手段,使得教师在教学改革上能够有较多的投入,研究教材和教学内容,改革考试方式。同时也引导学生思考和学会在大学里应该怎样生活、怎样学习。

1.2.3.2 印度高等教育模式

英国对印度的殖民长达两百年之久,印度社会各个方面自然深受英属时期的影响,高等教育也带有英属时期的特点。印度在独立后仍是英联邦成员,英国高等教育的影响也就继续存在。其中大学附属制就是19世纪末殖民地时期的印度效仿伦敦大学的办学模式的结果,并且延续至今。印度大学主要有两种类型:一是中央直属大学;二是邦立大学。由中央政府和邦政府管理高等学校、制定教育规划、审定专业教学大纲。中央直属大学校长由总统、副总统、总理或高级大法官兼任，而邦立大学校长由各邦邦长担任。不过，大学的实际决策者是副校长，校长一般是荣誉性的。印度的单一制大学主要包括43所中央大学、497所邦立大学，同时近4万所学院几乎都各自附属于某个大学，成为其附属学院，并且容纳了近90%的全印高校在校生。附属大学或学院一般挂靠在大学并由"大学组织考试、颁发学位，大学本身只是管理机构，而不是办学实体，仅负责制定并审核附属学院的教学计划与大纲，组织附属大学或学院的学生考试，制定学位标准并颁发学位"①。从20世纪50年代开始，印度开始模仿美国麻省理工学院陆续建立起6所印度理工学院。1984年，拉吉夫·甘地上台以后，把电子工业视为"国家的神经"，制定了一系列鼓励、支持计算机软件出口、开发和培训的政策，提出要通过发展计算机软件"把印度带入21世纪"。

（1）印度高等教育的课程、教学与管理

作为英国曾经的殖民地，印度的课程设置深受英国的影响，在重视文学和科学教育的同时，也非常重视职业教育。印度独立后，多届国家教委主导了课程编制和修订工作。其中，《学校教育国家课程大纲》明确了规定了17种课程内容，并赋予了课程极为丰富的意义，"课程应当引导教育减少不平等，响应学习者的社会、文化和经济内容，促进优秀……并且与国家的社会、经济、政治发展相和谐，与全球化环境中的变化和发展相顺应"②。作为世界一流的高等工程大学——印度理工学院德里分校（IITDelhi）——借鉴国际高等教育的课程改革经验改革其课程体系，

---

① Ministry of Human Resource Development. Statistics[EB/OL]. (2017-06-12)[2019-09-03]. http://mhrd.gov.in/sites/upload files/mhrd/files/statistics/ESG2016_0.pdf.
② 费尔南迪斯.印度课程：走向复兴[J].骆淑丽,田文华,译.全球教育展望,2004(2)：15-19.

使其设置的课程与国际接轨。其课程演变轨迹呈现出以下特征：一是重视基础。IITDelhi 的基础课程在整个课程体系中占据重要位置，IITDelhi 规定本科生需要修满 180 个学分，其中核心课程为 111 学分、选修课程为 69 学分，基础课学分占核心课程学分的 36%、占总学分的 22%，可见 IITDelhi 对基础知识的重视[1]。二是多学科交叉与综合。为有效利用学校办学资源，早在 10 年前，IITDelhi 就通过学科重组和资源整合成立了 11 个多学科中心，学校设立了交叉学科计划和拓展类课程鼓励学生跨学科、跨专业修读，从而打破传统学科之间封闭的边界，提高了学科边界的渗透性，有助于促进各学科之间的互动交流。三是实践化与能力化。IITDelhi 十分重视实践教学，规定实践教学学分不得低于 37 学分，其中核心课程实验实践教学达 26 学分以上，各类选修课以及暑期社会实践等实验实践达 11 学分以上[2]。四是课程修读的弹性化。除了核心课程模块之外，IITDelhi 规定本科生一般需要修读 69 个选修课程学分。其中，系选修课程不得少于 20 学分、人文社会科学及管理类选修课不得少于 14 学分，拓展类选修课不得少于 25 学分。学生可以在学分下限的基础上自由选择课程，组合成个性化、定制化的模块课程[3]。

（2）印度国立开放大学模式移植的策略

为满足本国民众对教育的需求，1985 年，借鉴英国开放大学模式，英迪拉·甘地国立开放大学应运而生，并逐渐成为印度远程教育的典范。英迪拉·甘地国立开放大学的目标是："1. 向社会的各个领域提供高等教育；2. 向学习者提供其所需的各类高质量的教育资源；3. 向全国弱势

---

[1] 夏仕武,张松青.印度理工学院德里分校的课程设置特征及其启示[J].高教探索,2010(5):37-49.

[2] 夏仕武,张松青.印度理工学院德里分校的课程设置特征及其启示[J].高教探索,2010(5):37-49.

[3] 夏仕武,张松青.印度理工学院德里分校的课程设置特征及其启示[J].高教探索,2010(5):37-49.

群体提供费用开支小的学习项目;4.促进、协调和规范印度远程教育的标准;5.利用各种多媒体及新兴技术实施教育,力图实现遍及社会各阶层的职业继续教育与培养。"①目前,英迪拉·甘地国立开放大学设有21个学院,学习支持系统网络包括58个地区中心、1 804个学习中心以及46个海外中心②。共有专业125个,提供各类课程1 000余种,16个博士点,20个硕士点,注册学生数占印度的十分之一,自称"世界上最大的大学",开设"普通教育各专业的学士学位课程或证书课程,也有计算机应用的证书课程、远程教育的硕士学位课程、人力资源开发的证书课程等专业范围广泛的学位与证书课程"③。

英迪拉·甘地国立开放大学的管理委员会是监管主体,"在IGNOU的组织结构中,由国家总统担任观察员,直接负责管理委员会。管理委员会又分为计划委员会、学术委员会、远程教育委员会和财务委员会"④,四个分委员会在管理委员会的领导下各司其职、相辅相成,为学校发展献计献策。其中,远程教育委员会负责远程教育的统筹、协调与认证评估等。在国家评估与认定委员会通过制定的共同质量标准的前提下,远程教育委员会具体制定关于远程教育课程的评估标准以提升各个开放院校的教育水平,使开放院校得到人们的认可,从而将远程教育纳入国家的高等教育体系内,印度法律赋予了IGNOU制定国内开放大学和远程教育标准的权力。除此之外,远程教育委员会还可在全国范围内远程教育推广开放提供设备师资支持及专业化咨询帮助,促进相互间的合作

---

① 李宜芯.英迪拉·甘地国立开放大学(IGNOU)发展述评[J].高等继续教育学报,2015(3):70-74.
② 张曼,胡钦晓.解析印度国立开放大学:模式移植的视角[J].中国电化教育,2013(9):47-52.
③ 安双宏.印度国立开放大学的发展及其启示[J].比较教育研究,2007(12):76-79.
④ 张晓梅,钟志贤.开放大学的组织结构比较分析:以英、印、澳、美四国为例[J].电化教育研究,2013(1):47-56.

和资源的优化配置①。

在课程与教学的实施上,"IGNOU 的教学工作以本校教师队伍为主,少量地聘任校外学者作为临时教师。在校本部的教学人员中,教授约占 20%,副教授(同一级职称的还有"选择级讲师",Selected Lecturer)约占 35%,讲师约占 40%,其余的为更低级别的教师"②。同时,IGNOU 十分重视师资培训,专门成立了师资培训与研究所,负责远程教育师资和行政人员的培训工作。据研究,"它不仅承担全印远程教育的师资培训及相关的研究工作,更是面向亚欧地区开设远程教育专业的学位课程。目前,该研究所已成功培训了大批远程教育界的优秀师资,并在远程教育专业研究方面取得了显著成绩"③。

在高等教育治理体系上,印度中央政府对大学的管理主要通过大学拨款委员会来实施,主要是协调和决定大学的教学、考试、研究标准,以及决定新大学的建立,大学则在课程设置、教学计划、专业设置、招生计划、学位证书授予等方面享有自主权。

1.2.3.3 以色列高等教育的移植与发展

20 世纪 20 年代,以色列高等教育体系建设开始起步,它沿袭了犹太人重视教育的传统,借鉴德国等发达国家的办学模式改革本国教育。建国以来,以色列以"教育强国"的思想指导高等教育体系建设,逐步从欧式精英教育模式转向美国大众化高等教育模式④。

(1) 以色列对欧洲精英教育模式的移植

以色列高等教育一直是犹太人领导者们高度重视的一项事业。不

---

① 张曼,胡钦晓.解析印度国立开放大学:模式移植的视角[J].中国电化教育,2013(9):47-52.
② 安双宏.印度国立开放大学的发展及其启示[J].比较教育研究,2007(12):76-79.
③ 张曼,胡钦晓.解析印度国立开放大学:模式移植的视角[J].中国电化教育,2013(9):47-52.
④ 饶本忠.论以色列对西方高等教育模式的移植[J].现代大学教育,2010(3):62-66.

过,到 1924 年、1925 年建立以色列理工学院和希伯来大学,以色列才出现了现代意义上的大学,加上 1934 年建立的魏兹曼科学研究院,它们是以色列建国前的三所大学,为以色列培养了大量优秀人才,构建起了欧洲式的精英高等教育体系。建国后的 20 年间,以色列相继建立了巴尔-伊兰大学、特拉维夫大学等四所大学,新建的大学都仿效德国实行精英化教育模式。其中,希伯来大学、魏兹曼科学研究院完整移植了柏林大学模式,建校伊始就确立了致力于科学研究的办学目标。希伯来大学在建校后的 25 年间只授予研究生学位,授予学士学位始于 1950 年。与希伯来大学不同,时至今日魏兹曼科学研究院依然只招研究生,而不招本科生。随着高等教育规模的扩大,如今的以色列已经进入高等教育大众化阶段,但大学精英化教育观念可以说依然根深蒂固[①]。在高等教育大众化进程中,以色列高等教育理事会不断扩大本科教育规模,而这一任务主要由数量众多的社区学院、教师进修学院和开放大学来完成,上述成立较早的大学只是适量扩大了本科招生规模,严格控制师生比例,不断提高学科发展水平,并按照科学研究的需要来调整招生数量。如希伯来大学的本科生由 1990 年的 10 060 人到 2000 年后的 12 000 人,1%的增长率远远低于 20 世纪 90 年代以来以色列本科生年均 8.9%的增长率。同时,以色列还借鉴了德国高等教育研究型大学与工科院校并列的模式。如希伯来大学是一所研究型大学,偏重理论研究,其发展理念十分接近德国的柏林大学;与之不同,以色列理工学院则以工程和应用科学为主,沿着不同于研究型大学的德国工科大学的建设路径去发展。

(2)以色列对美国大众化教育模式的移植

建国后的以色列,实现了高等教育模式从精英化向大众化的转变。

---

① 饶本忠.论以色列对西方高等教育模式的移植[J].现代大学教育,2010(3):62-66.

20世纪50年代,以色列高等教育将美国模式视为实现教育大众化的成功典范进行推广,开始大力移植美国模式。首先是扩大高等教育的规模,到1965年以色列大学入学率已超过15%,达到20.04%,正式踏入大众化阶段。与英国、德国、美国相同,以色列采取新建大学的方式实现了高等教育的大众化,20世纪五六十年代以色列先后创办了4所大学。进入20世纪70年代,以色列高等教育开始进入一个多样化发展的新格局。首先是创办以色列开放大学,开展远程教育。开放大学主要面向普通社会人士开展高等教育,其入学政策相对开放,教学方式也较为灵活[①]。其次是建立了遍布全国的地区学院、专业学院、教师进修学院以及私立学院。其中,地区学院通过聘任大学的教师,并在大学的帮助下提供学术课程,履行成人教育中心职能并授予大学的学位。在20世纪最后10年间,以色列高等教育阶段在校学生数由1990年度的6.3万人增加至2001年度的20.7万人,攻读学位人数增长了数倍。同时,有25所海外高等教育机构得到以色列高等教育理事会批准,可以在以色列境内独立办学。

当然,以色列高等教育模式的建立离不开对欧美国家的学习,但其并非简单移植,而是经过了适当的本土化改造与创新。"在高等教育发展中,它非常重视高等教育与民族传统、自己的国情相结合,注意精英大学、目标大学、地区学院等协调发展,强调大学教育精英化模式的连续性,注重实用主义理念在专业设置和学生培养中的应用,并且自始至终都重视海外犹太人的支持。"[②]正是通过移植与创新,以色列才最终建立了现在具有民族特色的高等教育模式。

(3) 以色列高等教育的课程、教学与管理

为丰富学生的学习资源,以色列大学重视校园课程与网络课程的整

---

① 饶本忠.论以色列对西方高等教育模式的移植[J].现代大学教育,2010(3):62-66.
② 饶本忠.论以色列对西方高等教育模式的移植[J].现代大学教育,2010(3):62-66.

合,尤以 Waterloo 大学为典型代表。Waterloo 大学教师采用任务活动型教学模式,并在这一基础上发展出了一套 T5(task,tools,tutorials,topics,teamwork)设计模式,实现线下课程与线上教学的有机结合,以丰富学生的学习资源。这种方式也大大方便了教师们开展网上教学,其最大特点就是教师们能一边学习信息技术,一边把平时的线下课程传送到网上开展交互的网上教学活动①。

以色列专门建立了内外结合的质量保障体系以保障人才培养质量。以色列高等教育理事会(CHE)于 2003 年专门成立了高等教育质量评估委员会,其主要职责有以下三个方面:"首先,提高以色列高等教育质量。其次,加强评估过程中的质量意识,并改善高等教育机构的内部机制建设。再次,确保以色列学术系统融入到世界范围内的学术体系当中。"②高等教育理事会制定了详细的质量评估政策,分为以下三个流程:第一,高校建立自我评价机构开展自评并准备自我评估报告,自我评估报告包括执行摘要、学校概况、学习或研究项目介绍、自我评估过程、总结与结论、附录等几部分内容;第二,由外部评估委员对高等教育机构的质量进行评估与监督,外部评估委员对高校出具的自评报告进行审阅,并在现场检查之后,向高等教育理事会提供一份关于该校的总评报告;第三,高等教育理事会对总评报告进行讨论并作出决策;第四,出版高等教育理事会决议③。

同时,以色列以国家项目为重要抓手培养创新人才,2011 年,以色列政府投资 13.5 亿谢克尔(约合 3.6 亿美元)实施创造未来工程,创建 20 多个尖端研究中心,为以色列未来教育科技创新建立了里程碑式的战略

---

① 金建生,王利.基于校园课程与网络课程整合的任务活动型教学模式:以色列 Waterloo 大学的经验介绍[J].教育信息化,2005(12):44-49.
② 赵慧杰,施枫.以色列高等教育发展的现状、问题及启示[J].中国电力教育,2013(16):7-9.
③ 赵慧杰,施枫.以色列高等教育发展的现状、问题及启示[J].中国电力教育,2013(16):7-9.

平台①。以色列还非常重视科研成果的转移转化,大多数高校都成立了自己的校办企业,许多大学附近还建立了以高科技产业为方向的工业园,如魏茨曼科学工业园、阿蒂迪姆科学园等。大学内部设有负责科研成果转化的专门机构,帮助学生和科研人员申请专利。国家项目为培养创新人才提供了项目依托,科研成果转移机制的建立进一步促进了创新人才作出实用性的科技成果,激发了其从事科学研究的热情。

(4) 以色列高等教育治理体系

1958年,以色列颁布了《高等教育法》(Council for Higher Education Law),赋予了高等教育享有学术与管理自治的权力,并享受完全的公共资助。根据《高等教育法》的要求,以色列成立一个独立的高等教育委员会(Council for Higher Education,CHE),负责高等教育相关事务的管理,包括制定高等教育政策及其他相关议题。1972年,以色列建立了计划和预算委员会,以加强对高等教育的干预和控制。不过,尽管大学财政预算高达60%以上直接来自政府,但如何使用预算经费大学均享有高度自主权②。由于借鉴德国大学模式,尊重学术自由的思想也成为以色列高等教育机构的一项重要特征。以色列的大学都成立了大学理事会负责处理包括学术、行政等校内事务,理事会成员都来自学者群体并需要通过选举以保证民主性。大学还建立了负责不同事务的委员会,如学术委员会、学术政策委员会等。为了实现学术自由的目标,学校鼓励大学教师进入大学学术、行政机构,教师在执行委员会的成员占比能够达到1/3,在校内事务中发表意见以维护教师权益③。

---

① 张彩云,毕诚.以色列创新人才培养战略及其启示[J].中国教育学刊,2013(12):6-10.
② 黄海刚.20世纪90年代以来以色列高等教育的变革[J].中国高教研究,2017(9):67-73.
③ IRAM Y, SCHMIDA M. The educational system of Israel[M]. Westport, Conn. and London: Greenwood Press, 1998:63.

1.2.3.4 日本高等教育模式

日本高等教育家天野郁夫说:"日本是以西方大学为样板而建立起自己的高等教育系统的。"①自明治维新时期至今,日本在外部强加与自愿引进的基础上变革本国的高等教育,吸纳了德国、美国、瑞士等不同国家的高等教育模式,结合本国教育传统加以调整改造,经过多年的逐渐探索,日本终于形成了传统与现代特色兼备的高等教育模式。

(1) 日本高等教育模式形成的历程

纵观日本高等教育模式的形成过程,以 1868 年的"明治维新"为起点,以"博采众长,为我所用"为改革原则,以海归精英为主要改革力量,仿照德国大学模式建构适合日本发展的高等教育体系。日本高等教育改革是明治政府实施"文明开化"政策的一部分。福泽谕吉是日本文明论的总代表,他第一个明确提出"文明开化"的主张。文明开化的目的是通过学习西方国家先进的教育方式、先进的科学和现代的生活方式,改造日本落后的封建文化和思想。明治政府一成立,就把教育纳入"文明开化"政策之中,在国家领导下依据西方经验着手建立新的教育体制,以启蒙近代文明。为达成这一目标,1871 年 7 月,日本成立了文部省,其成立后采取的首要措施就是整顿开设学校:把东京的昌平学校更名为大学本校;把开成学校更名为大学南校;把兵学校、医学校更名为大学东校,直辖文部省。"20 世纪 30 年代,日本逐渐形成了初步的高等教育体系,这一体系的构建对日本的国家发展发挥了重要的作用,在某种意义上,大学,尤其是东京大学等著名学府成了日本了解世界科学研究和技术发展的窗口,同时她也为日本实现现代化培养了一大批新官僚。"②此后,日

---

① 克拉克.高等教育系统:学术组织的跨国研究[M].王承绪,等译.杭州:杭州大学出版社,1994:256.
② 于颖,申福广,高益民.浅析日本高等教育模式的形成及特点[J].北京化工大学学报(社会科学版),2012(3):82-85.

本的高等教育成为实现日本强国和现代化的重要推动力量,明治维新时期的改革为大学开展科学研究营造了良好的氛围,使日本大学的科研色彩日益浓厚,从而为日本做出杰出的科研成果创造了优越的条件。

二战后,美国高等教育跃居世界主导地位,日本转而学习美国,出现了与美国社区学院类似的短期大学。短期大学是高等教育规模扩张的主要场所,短期大学的出现推动了日本高等教育向大众化的转型,对日本战后的经济复苏与社会发展起到了重要的促进作用[①]。20世纪70年代以来,日本开始重点发展高等教育和终身教育,教育研究中心在各大学如雨后春笋般纷纷设立,并成立了筑波大学等新式大学。文教政策重心的调整是日本形成具有本国特色的高等教育模式的良机。20世纪80年代后,随着临时教育审议会的成立,日本第三次教育改革的序幕得以拉开。此后,日本陆续出台了一系列研究生院重点化政策和留学生吸引政策。进入21世纪,在全球化的背景下,伴随第三者评价制度的引入、国立大学法人化的最终实行、"21世纪COE计划"的实施等,日本高等教育在政府主导下,在保存原有优良传统的基础上,对曾经"欧洲化、德国化、美国化"的日本高等教育进行了多次改革与调整。目前,日本高等教育已经逐渐形成了由四年制大学、短期大学、高等专门学校等构成的多层次、多类型的高等教育结构,其中四年制大学中的私立大学依然占据庞大比例,文部科学省依然具有强大权力。

(2)日本大学的课程与教学

一是"四年一贯"的课程设置模式。20世纪90年代初,日本文部省修订了《大学设置基准》,开启了第三次高等教育改革的序幕。课程设置由传统的"二二分段"转为"四年一贯"制。"所谓'二二分段'是指一般教

---

① 于颖,申福广,高益民.浅析日本高等教育模式的形成及特点[J].北京化工大学学报(社会科学版),2012(3):82-85.

育课程与专门教育课程分别集中编排在大学本科的前两年与后两年,学生入学后不分学科首先进入专事一般教育的教养部,学习两年的一般教育课程与外语、保健体育课程,修满规定的一般教育学分后再到各自的学部学习后两年的专门教育课程。"①"二二分段"制的课程设置模式规避了大学教育过分专门化的问题,但也造成了一般教育与专门教育之间的割裂,割断了两者的有机联系。鉴于此,日本借此次改革之机,以"四年一贯"模式取代"二二分段"模式,以弥补过去普通教育与专业教育割裂的不足,将两者有机结合起来。课程设置模式的变革主要体现在课程内容和课程结构的变化方面,课程内容根据学科发展和社会发展需要以及学生需求加以组织安排,大幅提高综合性课程的比重,根据课程性质将课程分为共同课程、基础课程和主要课程三大类,以提高课程体系的综合性与适应性②。

二是"以学生为中心"的课堂教学模式。日本秉持"以学生为中心"的教育理念,重视小班化教学和研讨式教学,以充分调动学生学习积极性,满足学生的个性化学习需求。从名古屋大学教学文件对文科基础研讨课的描述中可以管窥其教学理念与教学模式,文件规定"基础课堂研讨是以新生为对象、采取小班形式的必修课程,在四年一贯课程体系中具有与其他学科不同的鲜明的特色。这门课的主要作用在于培养学生的发表意见能力、讨论能力、文章写作能力、阅读理解能力、发现问题能力等各学科所需的共同的基础能力,为学生学习专门课程做好准备"③。在注重学生通用能力培养的同时,日本大学还根据高中学生特点采取因人施教的教学模式,以最大限度地照顾到学生的个体差异,促进每位学

---

① 胡建华.日本大学教学改革的启示[J].江苏高教,2001(6):108-110.
② 陈俊英.战后日本大学的课程设置与教育内容改革[J].外国教育研究,2004(10):44-47.
③ 胡建华.日本大学教学改革的启示[J].江苏高教,2001(6):108-110.

生的成长。

三是自主探究性的学习模式。日本大学的课堂教学十分注重学生的积极参与和自主探究,主要采取两种教学方式:其一是启发式教学,以问题引发学生思考,鼓励学生积极发表意见,教师听取发言后对学生进行总结指导;其二是演习课的教学方式,先由教师提出研究课题,然后学生围绕教师提出的研究课题开展研究,可以是个人独立研究,也可以是小组合作研究的形式,最后由学生汇报研究成果,教师点评。在整个研究报告过程中,教师只扮演听众的角色,演习课完全体现了学生的主体作用,通过课堂发言和演习课,可以提高学生的表达能力和研究能力①。

(3) 注重多元参与的教育管理模式

自明治维新到二战前,日本高等教育治理一直采取中央集权的管理模式,二战后仿照美国逐步开始建立中央与地方协同治理的模式,国立大学归文部省管理,公立、私立大学归地方管理。2004年,日本开启了国立大学法人化改革,逐步形成了多元主体参与的高等教育治理体系,日经盟、经济企划厅、经济审议会、中央教育审议、科学技术会议等均参与政府政策的制定并对其产生过重大影响②。国立大学法人化后,校董会(Board of Directors)成为大学最高决策机构,负责从制定中长期规划到执行预算、人事聘任与考核的大学所有事务的决策。"校董会由5位主管组成,其中校长由校长遴选委员会(由文部科学省代表、校外人士、校内教授代表组成)选出,其他4位校董则由校长自行聘任,协助校长治理校务。4位校董分别负责学校管理(management section)、一般事务(general affairs)、计划(planning)、学生事务(student affairs division)。另有

---

① 杨颉.我看日本大学的教学制度和教育方法[J].高等教育研究,2000(1):109-111.
② 杨聚鹏,苏君阳.经济视阈中的日本高等教育改革研究及经验借鉴[J].研究生教育研究,2012(1):78-84.

两位督导(superintendents)分别负责全校财务稽核(Financial Audit)和全校管理审计(Management Audit)。"①法人化改革后的国立大学校长兼具法人代表和校长的双重角色,肩负双重职责。2004年颁发的《东京大学基本组织规则》规定:"校长,在代表大学法人总理其业务的同时,根据《学校教育法》的相关规定,作为大学法人设置的东京大学之长操持校务,统辖所属职员。"②法人化改革后日本大学的权限有所增加,但也受到法律和大学政策的牵制。《东京大学基本组织规则》在对校长权力作出规定的同时也对其权力进行了限定,如强调:"校长在决定大学法人的经营或有关东京大学教育研究的重要事项时,依据《国立大学法人法》须分别经过经营协议会或教育研究评议会的审议。"③换言之,法人化之后的校长集权是一种校长治校和教授治学有机结合的治理体制,这一治理体系的变革固然削弱了大学内部的民主程度,但就外部而言,国立大学的自主权得到提升,对提升学校的生存发展能力有一定的积极意义④。

1.3 本章小结

从全球高等教育的发展轨迹看,中世纪大学是拉丁欧洲的大学,欧洲各地的青年纷纷慕名到博洛尼亚大学、巴黎大学这些原型大学去学习人文七艺和法学、医学、神学等专业知识。进入中世纪中晚期,伴随着人文主义从意大利向欧洲腹地的扩展,诸多大学如布拉格大学、维也纳大

---

① 谈毅.新管理主义视域中日本高等教育治理政策的改革与反思[J].比较教育研究,2015(6):83-90.
② 东京大学基本组织规则[EB/OL].(2005-10-09)[2019-09-03]. http://www.u-tokyo.ac.jp/gen01/reiki_int/reiki_honbun/u0740593001.html.
③ 东京大学基本组织规则[EB/OL].(2005-10-09)[2019-09-03]. http://www.u-tokyo.ac.jp/gen01/reiki_int/reiki_honbun/u0740593001.html.
④ 郭丽.日本国立大学校长角色的历史演变述论[J].比较教育研究,2007(7):41-45.

学、哥德堡大学等,在继承原型大学的结构特征的同时,日渐呈现出一种民族化、地区化的特征。从哈勒大学、耶拿大学、哥廷根大学相继支持科学的发展,最终以柏林大学的建立为标志,科学占据主导的具有全球意义的现代大学模式得以确立,从而在全球范围内形成了高等教育的模式迁移:一是以民族国家为主体的、以柏林大学和随后发展起来的应用型高等教育机构为主的欧美现代高等教育体系的建立;二是欧美大学与高等教育模式在曾为欧美国家殖民地的发展中国家的移植与本土化发展。从这个角度讲,不管是中国现代高等教育模式的发展与变革,还是以色列高等教育模式的移植,其最初的形态都是欧洲高等教育或者美国高等教育的模式,进而以民族化、本土化的形式进行改造,呈现出与其原型高等教育模式不同的特征。二战后,以美国研究型大学为代表的新型高等教育模式席卷全球,大学与社会经济发展特别是工业领域的直接合作,既催生了高等教育全球化的进程,也使得高等教育前所未有地融入社会与经济发展进程之中,使得大学成为知识创新的源头和经济形态转型的助推器。即使是孕育了中世纪大学、现代大学和现代高等教育的欧洲各国,也都纷纷学习借鉴美国研究型大学的模式,以各种形式推进研究型大学与高等教育更多地关注社会与经济发展的需求,推进科技的创新与应用。

第二章 科学技术与高等教育的相互作用

18世纪中期,蒸汽机的发明驱动了第一次工业革命;19世纪中后期,流水线作业和电力的使用引发了第二次工业革命;20世纪50年代,半导体、计算机、互联网的发明和应用催生了第三次工业革命;进入21世纪,第四次工业革命的进程又开始了。以信息技术革命为标志的第四次工业革命,将数字技术、物理技术、生物技术有机地融合在一起,可植入技术、数字化身份、物联网、3D打印、无人驾驶、人工智能、机器人、区块链、大数据、智能城市等技术变革,将对现代世界、国家和社会产生深远而不可预估的影响。

在人类经历的前三次工业革命推进进程中,最初是大学接着是整个高等教育体系与三次工业革命、科技发展与创新之间的关系呈现出一种渐进式的从疏离到合作再到相互融合的发展历程。在第一次工业革命期间,由于大学是孤悬于社会之上的象牙塔,不但对于最初由技术变革引发的工业革命并未发挥实际的作用,而且将知识的应用和实用知识的发展视为末流,使得自然科学在大学中能够获得一席之地主要得益于自然哲学的发展。第二次工业革命期间，得益于德国柏林大学将科学研究确定为大学的首要任务，自然科学各领域得以快速发展，强调实用知识与科技、工程的新型高等教育机构的出现，大学的科技创新成果开始成为推动工业革命的重要力量，在美国威斯康星大学提出的为社会服务的办学理念成为一种滥觞后，大学、各种高等教育机构与工业、企业的合作开始成为一种同时助推工业革命与高等教育发展的重要力量。二战后，伴随着美国研究型大学的迅速崛起，以半导体技术为核心的第三次工业革命孕育于硅谷这一世界科技创新的缘起地，从而助推世界各国纷纷建立研究型大学，通过与工商业企业开展形式多样的各种合作，在提升科技创新水平与能力的同时，深度融入推动第三次工业革命的科技革命历程之中，大学与高等教育甚至被视为主导第三次工业革命与科技革命的助推器和发动机。进入21世纪，人类进入以人工智能技术为代表的第四次工业革命，大学与整个高等教育体系将扮演更加重要的角色，不仅是人力资本的源泉和新技术、新发明的孵化器，而且将与信息技术实现更加广泛的深度融合，从而彻底改变人类知识传播、创新的模式，乃至人类的生存与生活方式[①]。

2.1 第一次工业革命与高等教育模式的变革

第一次工业革命或称产业革命爆发于18世纪60年代的英国，以蒸汽机的发明与广泛使用为标志，人类社会由手工劳动进入了机器生产时代。第一次工业革命不仅是技术发展史上的一次巨大革命，同样也是一场深刻的社会变革[②]。随着跨学科经济学史研究路径的开拓，经济学界

---

① 施瓦布.第四次工业革命[M].李菁,译.北京：中信出版社,2016：3-6.
② 人民教育出版社历史室.世界近代现代史[M]北京：人民教育出版社,2000：66.

将工业革命视为一种持续的现象或者是中世纪晚期以来一系列渐进性变革积累的结果,是 18 世纪之前 700 年间历史变革的最后阶段①。在扬·卢滕·范赞登(Jan Luiten van Zanden)看来,工业革命产生的驱动力固然是 16 世纪出现的世界市场,使得英国、荷兰等工业革命发源地通过赢得更大的国际贸易、运输、金融与关键出口工业品的份额,促进了工业生产,进而在内在激励、经济结构、知识积累和人力资本之间建立了有效的互动,但英国、荷兰之所以能够做到这一点,主要还是因为其拥有高效的制度,促使其产生高利率、大量熟练或非熟练劳动力供给以及持续地提升人力资本的水平。这一制度从宏观层面而言是仿效中世纪城邦国家建立的、使用武力扩大商业精英利益的新型国家,在中观层面是公共社团、行会、大学在社会运行、知识发展、人力资本供给等方面的作用,微观层面则是家庭、婚姻制度在劳动力供给等方面的重要性。工业革命与持续的经济增长则是在这一以民主为核心的制度结构、逐渐增加的人力资本与科学知识的技术化的共同作用下实现的②。

2.1.1 科技发展与大学的变革

第一次工业革命之前,人类处于农业社会阶段,以手工业劳动为主,技术发展水平较低。这一时期,技术和科学理论知识还处于截然分离的状态,实践经验是这一时期推动技术发展的主要力量③。科学理论知识尚未对技术进步产生过推动作用,技术人员的培养主要以学徒制的模式在实际生产过程中进行,教学内容主要是实践经验,教学场所主要是工

---

① 范赞登.通往工业革命的漫长道路:全球视野下的欧洲经济(1000—1800 年)[M].隋福明,译.杭州:浙江大学出版社,2016:中文版序,13.
② 范赞登.通往工业革命的漫长道路:全球视野下的欧洲经济(1000—1800 年)[M].隋福明,译.杭州:浙江大学出版社,2016:343-348.
③ 史旦旦,马洁虹.第一次工业革命对职业教育之影响:基于技术视角的诠释[J].职业时空,2010(2):51-53.

作现场,科学技术教育尚未纳入正式的学校教育之中。文艺复兴时期建立起来的古典人文主义课程在大学占据主导地位,人文教育和自由教育统治了欧洲长达几百年,直至18世纪下半叶,大学课程的性质依然是古典人文主义教育,科学难以在大学中立足。正如学者们所批判的,这一时期,"大学对自然科学的态度是轻视的……大学当局不愿把生理、化学、地质等列入考试中……"①"不能期望各大学对此有什么作为,在18世纪已经陷入空前严重的懒惰、无知和顽固的深渊中"②。事实上,直到19世纪初,英国高等教育领域依然由牛津、剑桥两所古典名校垄断,这一时期牛津、剑桥大学的职能、组织结构、课程设置和招生政策与它们刚诞生时没有什么不同:褊狭、保守、排外、封闭③。马杰里·利物斯在评论这一时期牛津、剑桥大学的教育时指出:"传统大学的功能是为国家服务,而不是创造新的学术气候。"④

第一次工业革命之后,人类由农业社会进入了工业社会,机械化生产取代手工业生产,生产模式的变革使工业技术取代农业技术成为这一时期的主要技术力量,技术日益科学化,推动技术进步的主要力量由实践经验转变为科学理论知识。因此,传统的在工作现场通过观摩和练习的学徒制教学模式不再适应新的技术发展要求,科学技术开始进入大学,正规的学校教育开始取代学徒制成为培养技术人才的主要模式。但因为传统大学保守僵化,不愿开设实用性课程,各国不得不创办新式学校开展技术教育。

---

① 万秀兰.欧美近代大学科技教育的发展历程[J].湖北大学学报(哲学社会科学版),1994(3):18-20.
② 王建华.大学与学科规训:以教育学为例[J].南京师大学报(社会科学版),2008(1):65-72.
③ 李霄翔,舒小昀.从自由放任走向适度干预:英国工业革命时期国家的教育政策[J].学海,2015(1):85-89.
④ REEVES M. The European University from Medieval Times [M]//NIBLETT W R. Higher education: demand and response. [s.l.]: Travistock Publication,1969:80.

19世纪之前,以牛津、剑桥大学为代表的传统大学拒斥自然科学课程,自然科学课程在传统大学中只能处于十分边缘的地位。阿什比(Ashby)评价道:"直到本世纪初,牛津大学依然采取传统的方式对18岁的年轻男子进行教育。由于强调文学部的自由教育,高级学部中的专业教育则停滞僵化。"[1]为响应社会发展需求,1826年,英国创立了伦敦大学,旨在面向社会培养专业实用人才,从而打破了传统大学垄断英国高等教育的历史[2]。与牛津、剑桥两所传统大学相比,伦敦大学的课程设置较为世俗化,在取消神学系的同时增设理学、工学系,开设了大量近代自然科学和技术工程方面的课程[3]。

为满足工业革命的需求,维护和巩固资产阶级政权的利益,1793年开始,法国各地创建了一系列专门学院。"专门学院是按照'传授一门科学、一门技术或一门专业'的方针设置的高等教育机构,基本上是根据一两门主要学科或专业设立,围绕该学科或专业传授相关实用科目。"[4]改革初期新设立的专门学院多是军事、机械、农业、医学等院校,课程也以近代新兴实用性学科为主[5]。为培养近代科学人才,1794年法国对传统的工兵学院和路桥学院进行了改革,在此基础上创立了综合理工学院,课程设置以科学与技术课程为主。综合理工学院首次在课程中引进近代科学内容,倡导学习实用技术须以科学理论为基础,强调理论学习与实践学习相结合[6]。"自综合理工学院开始,以画法几何学和近代科学为基础的近代工科教育开始形成,近代科学首次以一种正规和系统的课程

---

[1] 王怡.中英大学理念之差异及其启示[J].理工高教研究,2008(6):92-94.
[2] 胡庆平.英国现代大学发展对我国高等职业教育的启示[J].北京教育(高教),2017(1):90-92.
[3] 姚小萍.大学人才培养类型的历史演变及其特点[J].现代教育科学,2016(1):81-85.
[4] 冯爽.论法国近代高等教育发展及对我国的启示[J].中外交流,2016(17):19-19.
[5] 朱文富,周敏娟.法国大学校早期发展及其影响[J].河北大学学报(哲学社会科学版),2015(3):1-8.
[6] 李晓波,陈何芳.论近代高等教育的发展概况与特点[J].黑龙江高教研究,2008(5):4-7.

形式在高等教育机构中得到传授和学习。"①

18世纪以后,在一些民主主义思想家和教育家的大力倡导下,美国试图打破传统大学崇尚"自由教育"、以古典语言文学为全部必修课程的保守局面,美国大学开始增设数学、自然科学、现代语言及农业、商业等实用课程②。1715年,耶鲁学院从丹默(Dummer)那儿得到一批包括牛顿自然科学知识在内的书籍。这批书籍对当时的美国大学产生了巨大的冲击。"当时耶鲁的一位教师后来成为约翰·霍普金斯学院院长的萨缪尔·约翰逊(Samuel Johnson)感到以牛顿力学为代表的科学理论对人们的震撼效果就'如同一个人从昏暗的微光中突然进入光天化日之中'。"③但直到18世纪初,耶鲁仍然拒绝接受牛顿、笛卡尔等人的科学学说,认为这些学说会玷污人纯洁的信仰。又经过半个多世纪,也即到18世纪中叶这一现象才开始有所改观,美国学院引入了一些近代自然科学课程和技术科目,如航海、测量科目等。"殖民地学院最早设立的一批教授讲座就包括了数学与自然哲学讲座。比如,哈佛学院于1728年设立了霍利斯(Hollis)数学和自然哲学讲座。在教学中,经常使用科学实验仪器。霍利斯讲座教授的教学任务之一就是向学生演示实验过程。"④此外,耶鲁学院、费城学院和威廉·玛丽学院也在推动自然科学教学方面发挥了重要作用。如18世纪耶鲁学院的托马斯·克拉普(Thomas Clap)和埃兹拉·斯泰尔斯(Ezra Stiles)两位校长都十分重视科学。克拉普不仅讲授牛顿的自然科学课程,还制作了太阳系仪供演示用。克拉普创建了美国哲学学会,大力推动耶鲁学院开展科学研究。本杰明·富

---

① 黄福涛.外国高等教育史[M].上海:上海教育出版社,2008:90-91.
② 王廷芳.美国高等教育史[M].福州:福建教育出版社,1995:115.
③ 许云昭.超越差距:中美高等教育课程比较[M].长沙:湖南教育出版社,2012:3.
④ 许云昭.超越差距:中美高等教育课程比较[M].长沙:湖南教育出版社,2012:4.

兰克林曾倡导实用的教学计划,他聘请威廉·史密斯担任费城学院的教务长,史密斯根据其在《关于米拉尼亚学院的设想》一书中所设想的学校对费城学院进行了重大改革,改革后费城学院的课程涵盖了殖民地学院最广泛的学科科目,"在费城学院中,传统的拉丁文、希腊文课程占课程总量的 1/3;数学、自然科学(农业、化学、测量学、机械、航海等实用学科)1/3;逻辑、伦理、'形而上学'也占 1/3"①。1779 年,时任美国第三任总统的托马斯·杰弗逊(Thomas Jefferson)成为威廉·玛丽学院的董事会成员,开始着手对威廉·玛丽学院进行大刀阔斧的改革。"自然哲学、自然历史与数学合为一个讲座;化学与解剖学和医学合为一个讲座。课程中增加了现代外语、政治学、经济学、法学及其它实用科目。"②这一时期,专业教育和技术教育在美国高等学校开始占有一席之地,正规的专业学校教育取代了传统的学徒制成为职业人才的主要培养途径,完全世俗的学校在这一时期得以创立,著名的有弗吉尼亚大学、美国军事学院等③。

然而,这一时期西方大学的科技教育改革只是一个开端,仍有许多不足:第一,科技课程零星分散,尚不能自成体系。"1875 年英国科学委员会考察 128 所受国家资助的高等学校,发现一半以上没有开设任何科学课程。当时牛津和剑桥的 461 名考生中,其中有 438 名考拉丁语,433 名考希腊语,455 名考初等数学,305 名考历史;只有 21 名考力学,28 名考化学,6 名考植物学,15 名考自然地理。这种课程结构,基本上代表了 19 世纪以前法国、德国、美国大学的情况。"④第二,从大学的整个课程体系来看,这一时期开设的科技课程在总课时中所占的比例相当少。以哈

---

① 夏琍.托马斯·杰斐逊大学思想研究[D].芜湖:安徽师范大学,2005:14.
② 王廷芳.美国高等教育史[M].福州:福建教育出版社,1995:83.
③ 黄福涛.外国高等教育史[M].上海:上海教育出版社,2008:140.
④ 万秀兰.欧美近代大学科技教育的发展历程[J].湖北大学学报(哲学社会科学版),1994(3):18-20.

佛大学天文学为例,虽然哈佛大学开设了天文学课程,但这一课程无论是授课时长还是面向的学生群体都是极少的,哈佛大学明文规定"天文学课程只面向毕业班学生,在夏季学期的每周六下午授课,每次授课时长仅有1小时。1875年英国128所学校中只有10所在1周内的科学教学时间超过了4小时"[1]。第三,一些改革计划并未得到持续完全的贯彻实施,如美国国王学院1754年的改革计划因学院院长的更换而搁置,甚至到独立革命之后,国王学院的课程依然没有显著进步。同样命运的还有费列德菲亚学校院长于1756年草拟的"通才教育计划"。第四,这一时期大学科技教育的教学方法深受古典人文主义课程教学方法的影响,以理论性和描述性为主,尚未形成并推广适合自然科学科目的教学方法,如实验法很少采用,教学方法的简单沿用也凸显了科技教育改革的局限。直到19世纪以后,欧美大学科技教育才迎来了大发展时期。"17和18两个世纪,哈佛大学总共才开设了天文、物理、化学、地理、数学和医学等几门科学课程,而且课时相当少。19世纪以后,仅1825年就增设了博物学、电学、磁学、力学、光学、矿物学、地质学等独立课程。"[2]

19世纪以前,大学科技教育发展迟缓,大学与工业革命的关联并不大。其原因有三:一是科技对当时生产力的推动作用较小。古代的生产生活主要依凭经验,科技虽然也起到一定的推动作用,但总体而言非常有限,不足以引起人们的重视。近代初期的百年间,科学虽然推进了封建制的灭亡和资本主义的产生,但对当时的生产生活依然作用有限。"18世纪,基本的技术形式还是手工的,生产过程还不是科学的应用过程。哥白尼之后的一系列发现和创造在16、17世纪主要地还只是发挥

---

[1] 万秀兰.欧美近代大学科技教育的发展历程[J].湖北大学学报(哲学社会科学版),1994(3):18-20.

[2] 万秀兰.欧美近代大学科技教育的发展历程[J].湖北大学学报(哲学社会科学版),1994(3):18-20.

着资产阶级革命的精神武器的作用。至 19 世纪上半叶,科学对技术的影响依然甚微,而纯粹的初等技术教育可以在生产过程中靠师徒形式进行。"[1]因此,在这一时期,大学并没有开展科学教育的迫切需求。二是培养教士是这一时期大学的主要目标。17 至 18 世纪末,高达一半以上的剑桥大学毕业生和三分之二牛津大学毕业生从事教会工作。甚至到 18 世纪中叶,美国耶鲁学院仍有 50% 的毕业生选择教会工作。由此可见,这一时期牧师依然是精英最为向往的职业,而医生、律师等其他职业则处于次要地位。三是传统教育势力与理论影响巨大。神学院位居中世纪大学的首位,神学课程是最高级的课程,并对其他学科的课程具有深远影响,文艺复兴运动固然在教育中弘扬了人的价值,但也滋生了复古主义和形式主义。"源于官能心理学的形式教育理论禁锢了人们对课程改革的热情。直到 19 世纪前期,著名的耶鲁报告还坚持古典人文学科凌驾于科技课程之上,这是一个明显的例证。"[2]

2.1.2 大学对工业领域自身技术革命方面的贡献

第一次工业革命时代开展的高等教育变革虽然深度不足,广度有限,但其意义却是十分深远的。变革后的欧洲大学焕然一新,"大学不再是与世隔绝的独立王国,而是日益与国家需要和社会现实紧密相连;大学不再是国际主义或世界主义的组织,而是各国民族主义的复兴基地;大学不再是由教会所独揽、由贵族所独享的特权机构,而成为日益世俗化、普及化的大众机构,妇女也获得了进入大学学习的权利;大学不再是传播神学和古典学科的殿堂,而成为科学研究和教学的中心。正是经历

---

[1] 万秀兰.欧美近代大学科技教育的发展历程[J].湖北大学学报(哲学社会科学版),1994(3):18-20.
[2] 万秀兰.欧美近代大学科技教育的发展历程[J].湖北大学学报(哲学社会科学版),1994(3):18-20.

了工业革命变迁的欧洲大学,对世界各地产生了强有力的影响"[1]。

第一次工业革命期间,英格兰大学与工业界保持疏远的姿态,而苏格兰大学却与工业界联系紧密,成为科技创新的主导力量[2]。这一时期,苏格兰大学做出了许多科学发明与创新成果,有影响的有"约瑟夫-布莱克(Joseph Black)引进的土耳其红色染料以及他对潜热的发现、瓦特的蒸汽机、罗巴克(Roebuck)的硫酸、詹姆斯-克尔(James Keir)的苛性碱等"[3],这些成果都极大地推动了英国工业革命的发展。苏格兰大学与工业界联系的主阵地是格拉斯哥大学。该大学的威廉·汤姆森(William Thomson)教授也称开尔文(Kelvin)勋爵积极与工业界开展合作活动。1846年,汤姆森继任了格拉斯哥大学自然哲学教授席位,为其与工业界开展合作奠定了基础。1853年,汤姆森在热力学的研究成果基础上发展出了"电子振荡理论",为未来发明无线电报技术奠定了理论基础。除了理论研究成果,他还与工业界成功合作了"大西洋电缆的铺设"项目,汤姆森担任这一合作项目的指挥者和顾问发明者。1867年,汤姆森被王室封爵,以奖励其作出的突出贡献。此后,他陆续承担了"法国大西洋电缆工程"和"印度洋到红海的电缆工程"等国际项目。除了电缆工程外,汤姆森在造船业也作出了重大贡献,他既是罗盘针和探测仪的发明者,也是这些仪器的生产者。在发明出这些仪器后,他还组建了自己的公司生产这些仪器,集发明家与企业家于一身。英国电子工业的兴起进一步促进了汤姆森与工业界的合作,通过这些合作汤姆森取得了大量的专利成果。"从1881—1896年,他1881年为著名的法拉弟发明了'之'字形的

---

　　[1] 贺国庆.外国教育专题研究文集[M].保定:河北大学出版社,2001:18-25.
　　[2] 张薇.18、19世纪的苏格兰大学及其影响[J].河北师范大学学报(教育科学版),2007(4):47-51.
　　[3] 徐继宁.英国传统大学与工业关系发展研究[D].苏州:苏州大学,2011:50.

交流发电机;为 Swan 公司和 D. H. Stearn 公司担任顾问,该公司曾为 Swan 设计出真空玻璃灯泡;还在英国 Westinghouse 担任顾问,成为 Kodak 公司的副主席。"①

除格拉斯哥大学外,爱丁堡大学也为工业革命作出了杰出的贡献。该校的自然哲学教授泰德(P.G.Tait)对灯塔和浓雾信号展开了深入研究,这些研究成果在理论上促进了微积分的发展,并为电学研究奠定了理论基础,这些理论又进一步在实践上指导促进了电子工业的发展②。爱丁堡大学著名化学教授卡伦(William Cullen)和布莱克(Joseph Black)将他们所提出的新原理应用于工农业实践,在工业革命中发挥了重要作用。爱丁堡大学医学院的学生达尔文提出进化论思想③。苏格兰大学因其对工业革命作出的突出贡献而成为享誉世界的知名学府,尤以科学和医学最为著名。但在 19 世纪中后期,随着英格兰、德国等的科技教育的兴起,苏格兰大学的影响力日渐式微,科技教育中心移至他地。

2.2 第二次工业革命与高等教育模式的变革

19 世纪 60 年代后期,人类社会开始了第二次工业革命,以电力的发明和广泛应用为标志,人类进入了电气时代。这一时期,随着柏林大学的建立及其办学模式在世界范围的广泛推广,大学日益重视科学研究,与产业之间的互动逐渐深入。

2.2.1 科技在大学的迅速扩张

"传统大学是神学和古典学科的世袭领地,科学和技术学科难登大

---

① 徐继宁.英国传统大学与工业关系发展研究[D].苏州:苏州大学,2011:50-51.
② 徐继宁.英国传统大学与工业关系发展研究[D].苏州:苏州大学,2011:50-51.
③ 徐继宁.英国传统大学与工业关系发展研究[D].苏州:苏州大学,2011:50-51.

雅之堂；大学的主要职能是传授已有的知识，科学研究不是大学工作的一部分。"①第二次工业革命时期，科学技术的迅猛发展迫切要求大学更新课程内容，以拓宽学生的知识视野。虽然，法德两国早在法国大革命之前就设有技术学院，但直到18世纪90年代才诞生了第一批真正与现代科学和工业发展密切相关的学院，其中最为有名的是巴黎多科工艺学院，瑞士、荷兰等欧洲国家兴办技术学院均受其影响。比巴黎多科工艺学院建校更早的是成立于1793年的巴黎高等师范学校，拉普拉斯、蒙日和拉格朗日等著名科学家都曾在该校任教②。与此同时，1810年创立的柏林大学也取得了巨大成功，并成为世界各国开展现代大学改革的样板。

在拿破仑时期出现了许多新式教育机构，如国立农学院、物理学及工业化学学院、高等商学院等，这些新式机构均奉行功利主义，强调教育要为国家利益服务。"19世纪60年代后期，拿破仑三世的教育部长迪律伊（Victor Duruy）创办高级研究和实验学校，作为数学、自然科学和社会科学的研究及教学中心。新学校鼓励学者进行科学研究，是最早在法国引入德国研究班（Seminar）制度的机构。"③1870年，普法战争的失败激发了法国改革高等教育的热情，学者们将战争的失败归因于教育，认为正是德国大学的成功促成了德国战争的胜利，要振兴法国就必须改革法国的高等教育。在这一共识下，1883年，第三共和国总理费里（Jules Ferry）主张效仿德国改革法国大学，他提议在法国大学中引入研究职能，通过将独立的学院合并为省立大学，解决法国长期存在的教学与科研割裂的问题。费里的这一提议得到了教授们的支持，1896年，经过各

---

① 宋伟.论大学组织学术权力生成的逻辑[J].自然辩证法研究,2006(3)：75-79.
② 贺国庆.外国教育专题研究文集[M].保定：河北大学出版社,2001：18.
③ 贺国庆.外国教育专题研究文集[M].保定：河北大学出版社,2001：19.

学院的重新联合,法国共组建了 17 所大学,古老的巴黎大学斩获新生,云集了拉维斯(Ernest Lavisse)、索绪尔(Albert Sorel)、涂尔干(E. Durkheim)等许多一流的学者[①]。利阿尔德(Louis Liard)作为当时法国最著名的高等教育改革专家之一,激动地赞赏道:"新生的巴黎大学'是共和国最漂亮的工作成就之一'。"[②]

19 世纪,随着柏林大学的创立与发展,传统德国大学日益重视科学研究。当代史学家梅尔茨(Theodore Merz)认为:"大学制度一言以蔽之,不仅传授知识,而且首要的是从事研究。此乃其引以自豪和获得名望的根基。"[③]这表明,这一时期科学研究正式进入了大学,成为继人才培养之后的另一职能,自此大学广泛开展科学研究,科技教育在大学终于站稳了脚跟。在科学教学领域最显著的变化是现代科学实验室的出现。与早期的教学实验室不同,德国大学将实验室的研究与教学过程相适应,提倡教学与科研的统一。19 世纪 30 年代,著名化学家李比希(Justusvon Liebig)在吉森大学发展起来的实验室是其典型代表,德国许多大学仿效吉森实验室进行改革。这一时期,德国大多数卓越的科学家也是大学教员,研究者与教学者身份合二为一,在这一群体中声誉显赫的有"数学家高斯、生理学家米勒、物理学家韦伯以及后来的生理学家杜布瓦-雷蒙、亥姆霍兹、病理学家菲尔绍和细菌学家科赫等人"[④]。杰出的科学研究逐渐为德国大学赢得了世界声誉,美国、英国、法国、日本等世界各地的学生慕名前来学习。据统计,"20 世纪初,外国学生几乎占德国大学总的招生人数的 9%,德国大学成为各国效法的榜样"[⑤]。

[①] 贺国庆.外国教育专题研究文集[M].保定:河北大学出版社,2001:20.
[②] 贺国庆.外国教育专题研究文集[M].保定:河北大学出版社,2001:20.
[③] 贺国庆.外国教育专题研究文集[M].保定:河北大学出版社,2001:20.
[④] 贺国庆.外国教育专题研究文集[M].保定:河北大学出版社,2001:21.
[⑤] 贺国庆.外国教育专题研究文集[M].保定:河北大学出版社,2001:21.

虽然英国是最早爆发工业革命的国家,但其技术水平和科学教育的发展却落后于德法等国。为提升英国的科技水平,"19世纪30年代,新成立的英国科学促进会发动了一场强有力的促使大学承认科学的运动。许多重要人物投身到此项事业之中,如维多利亚女王的丈夫艾伯特(Prince Albert)利用他的影响和声望推动了这项事业的发展"[①]。英国产品在水晶宫博览会和巴黎博览会等世界性博览会上的表现并不理想,当时英国产品在巴黎仅赢得12个奖项,这一结果使英国大众深感震惊,英国公民意识到虽然英国最早开始工业革命,但工业技术却已落后于欧洲大陆的国家。由于牛津、剑桥大学过于固守古典教育传统而反对变革,英国只能在新成立的伦敦大学和皇家化学学院中推行大学课程现代化改革。这一时期,对推动英国大学科技教育革新作出最大贡献的人是普莱费尔(Lyon Playfair)。他曾跟随李比希在吉森实验室学习,熟悉德国的科学教学法,于是将其引入英国,使英国人了解了德国的学术生活方式。1845年,英国聘任德国化学家霍夫曼(August Wilhelm von Hofmann)担任英国皇家化学学院首任院长,霍夫曼是李比希的学生,他效仿吉森大学进行课程改革,并将德国大学的研究方法引入英国[②]。从19世纪中叶起,实用主义大学观在英国颇具影响,英国部分大工业家纷纷在一些工业发达的城市投资兴办新型大学。这些大学初期以学院的形式设置,随后获准成为独立的大学。比较著名的有:曼彻斯特欧文斯学院(1880年获准为曼彻斯特大学)、里兹的约克郡理工学院(1904年改称里兹大学)、伯明翰梅逊学院(1900年改为伯明翰大学)、布里斯托尔大学学院(1909年改为布里斯托尔大学)以及谢菲尔德大学学院(1905年改称谢菲尔德大学)等。这些城市大学以为地方工业发展服务为宗旨,主要开设工

---

① 贺国庆.外国教育专题研究文集[M].保定:河北大学出版社,2001:21-22.
② 贺国庆.外国教育专题研究文集[M].保定:河北大学出版社,2001:22.

程、机械、纺织和酿造等实用课程,重视实用科学研究和技术革新与发明。城市大学打破了单一的传统大学模式,为大学与社会的融合探索了新的路径,既丰富了高等教育的类型,也极大地推动了地方的经济发展。

然而,此时牛津、剑桥两校的科学技术教育依然远远落后于时代要求。据1850年皇家调查委员会的调查:"牛津几乎无视知识的进展。虽然采取了一些消除古典主义影响的措施,但步子是缓慢的。……科学课程仍缺乏传统课程的声望。'牛津与剑桥两大学虽然已经是高等普通教育的不可比拟的学府,但仍然没有具备大陆上的研究精神'。"[1]这激起了一部分人尤其是具有德国留学经历的英国人的不满,19世纪60年代,从德国学习归国的英国人自发成立了学术研究机构协会,牛津大学林肯学院的帕蒂森(Mark Pattison)也加入了该协会,并号召按照德国模式改革英国大学。他倡导将科学研究引入英国传统大学,重视培养学生的科学态度,而不应仅仅让学生死记硬背以应付考试。他的努力取得了一定成效,根据1877年牛津和剑桥大学法规定,"今后学院收入的一部分将用于加强和发展自然科学课程。两所大学统一了入学要求,准许大学生在其他学院自由听课。大学研究员不再是被迫保持独身生活的人,同时还设立了许多新的临时研究员的职位"[2]。"1855—1860年间,牛津建立了许多现代科学实验室。1871年德文郡公爵资助剑桥建立了驰名世界的卡文迪什实验室,一些著名的物理学家曾在该实验室工作,使英国的实验物理学执世界之牛耳。到19世纪80年代,科学研究之风已盛行于牛桥两校。"[3]

第二次工业革命期间,美国高等教育呈现出两种发展路向:"一是向德国学习,建立以科学研究和研究生教育为主要任务的研究型大学;二

---

[1] 贺国庆.外国教育专题研究文集[M].保定:河北大学出版社,2001:23.
[2] 贺国庆.外国教育专题研究文集[M].保定:河北大学出版社,2001:24.
[3] 贺国庆.外国教育专题研究文集[M].保定:河北大学出版社,2001:24.

是通过土地赠予法案,建立农工大学(或州立大学),为国家经济社会发展服务。"①这两种路向共同促进了美国大学科技教育的发展。1876年,美国成立了第一所研究型大学——约翰·霍普金斯大学,它使美国大学首次把培养研究生放在第一位,首次将教学和研究创造性地结合起来。该校的成功有力地促进了哈佛、耶鲁等传统大学和州立大学的现代化改造,提升了科学教育的地位。1862年《莫里尔法案》的颁发,使美国掀起了赠地学院运动,加速了农业、机械等技术类课程进入大学的步伐,并刺激了传统大学的改革。这一时期,哈佛大学建立了几个理工科院系,耶鲁大学成立了工程学院,随后又将化学和工程两专业与新设的冶金、分析化学、工业机械学专业组成了耶鲁理学院,进入20世纪又成立了耶鲁林学院和护理学院。"1867年,康乃尔大学一建立就实行完全的自由选修制,极其偏重科技学科及其课程,'完成了这一阶段科学普遍输入高等教育的运动',从而形成了大学科技教育大发展的高潮。"②此后尤其是第二次世界大战之后,随着科学技术对经济发展、军备强大和国家强盛的重要推动作用的显现,"科技是第一生产力"的观念深入人心,科技教育逐渐在大学占据主导地位并日益巩固。

2.2.2 大学在技术革新方面对社会与经济发展的贡献

第二次工业革命时期,大学对社会经济发展的贡献既有技术上的支持,更有人才方面的支持。大学对人才的支持主要有三种方式:"为各产业部门提供优秀的毕业生,特别是研究生;大学教师通过咨询服务、技术顾问、合作创业等方式为本地区作贡献;实施推广教育计划,为企业员工

---

① 黄福涛.外国高等教育史[M].上海:上海教育出版社,2003:185.
② 万秀兰.欧美近代大学科技教育的发展历程[J].湖北大学学报(哲学社会科学版),1994(3):18-20.

提供参加教育和培训的机会。"①大学教师是促进社会经济发展的重要人力资源,他们通过与工业企业建立正式与非正式的合作关系,促进知识的流动与转移,进而推动社会经济的发展。以学术为志业的学者们是社会发展的智囊团,他们通常以企业顾问、政府顾问的身份为社会提供服务,也通过与行业企业成员的非正式交流实现知识溢出,并借此了解本学科领域在实际应用中的问题,通过对实际问题的深入研究促进社会的发展。此外,明星教授等杰出的研究人员可以产生虹吸效应,吸引其他优秀的教师和学生来本地工作、求学。"外地公司、风险资本家、实验室和研究所为了能够充分利用大学的人才和基础设施,纷纷集中到大学周围创业,大大提高了大学周围房地产的价格和经济发展水平。"②

伴随着科学、工程学院的兴起,大学对工农业与科技的促进作用更加凸显。以美国为例,1862年《莫里尔法案》颁布实施后,一些州立大学和学院也开始附设农业和机械工程学院③。其主要服务方式有两种:一是通过开办冬季短期课、补习班和函授等方式向所在地区的农场经营人员进行农业知识教育和技术培训;二是与所在地方建立农业研究与推广合作关系。"1875年,康涅狄格州的威斯莱扬大学与米德尔顿的农业部门合作创建了美国第一座农业实验站。"④该站是在威斯莱扬大学阿特沃特教授的指导下创建起来的,经费主要由州政府拨款。"纽约和新泽西等州也建立了同类的农业实验站。"⑤这些实验站通过校企合作开展农业技术研究与推广,取得了极大的成就。为进一步促进农业教育和科研事

---

① 郄海霞.美国研究型大学对城市经济和产业的贡献[J].清华大学教育研究,2007(28):70-79.
② 郄海霞.美国研究型大学对城市经济和产业的贡献[J].清华大学教育研究,2007(28):70-79.
③ 徐继宁.赠地学院:美国高等农业职业教育的开拓者[J].职业技术教育,2008(22):85-89.
④ 樊彩萍.赠地学院及其对我国高等教育的启示[J].淮南师范学院学报,2004(2):96-99.
⑤ 王更生,汤德元.美国高等农业院校在农业发展中的作用及启示[J].世界农业,2009(1):63-65.

业的发展,美国国会于1887年颁发了《海奇法令》(Hatch Act),"该法令要求各州遍设农业实验站,广泛吸收农业院系的科技力量参与实验站的工作,使美国农业教育、农业科学研究和技术推广工作进一步结合起来"①。"至1893年,全美共建立了56个农业实验站,后增加至66个。每个州至少设立一个实验站。"②1892年,曾留学英、德的雅可布·G.舒尔曼(Jocob G. Schurman)教授出任康奈尔大学校长,着力加强该校与纽约州农业部门的联系,"该校与农业企业从共同培训农业技术人员开始,到合办纽约州立兽医药学院和林学院,逐渐形成一方负责经费,一方负责教育,共同举办'契约性学院'的合作模式"③。这既为纽约州农业发展培养了人才,又充实了大学的财政,加强了各专业、系、院的发展。

大学在工业领域的科技贡献同样值得称道。仍以美国为例,1863年建立的伊利诺伊工业大学首任校长约翰·M.格力高(John M. Gregory)十分强调教育与生产劳动的结合,于1780年设立了机械系,兴办工程教育。该系在S.W.鲁滨逊(S. W. Robinson)教授的指导下,积极从事科技研究。鲁滨逊教授一人就获40多项发明,而且建立了木工厂和金工厂,将科学技术的发明应用于企业的生产实际。该系工厂不仅制造了各种设备和仪器,而且承接了校外的加工任务。这既发展了科学技术,又服务了当地的企业,还增加了学校的收入。同年,致力于促进整个国家工业发展与科学进步的麻省理工学院得以建立,"其目标是培养机械师、土木工程师、建筑师、矿冶工程和实用化学师,以促进整个国家的工业发展与科学进步"④。"19

---

① 李素敏.美国赠地学院发展研究[M].保定:河北大学出版社,2004:55.
② 樊彩萍.赠地学院及其对我国高等教育的启示[J].淮南师范学院学报,2004(2):96-99.
③ 邓克英.研究型大学农科重点学科建设研究[D].武汉:华中农业大学,2008:29.
④ 冉育彭.美国赠地学院建设给我们的启示[J].重庆科技学院学报(社会科学版),2012(15):149-151.

世纪70年代,该校在全美首开'电工课程'并进行'电波传声',获得可喜成果。"①1871年,电话发明者亚历山大·格雷厄姆·贝尔(Alexandra Graham Bell)抵达波士顿学院,借助麻省理工学院物理实验室的"海尔姆霍兹"仪器,同该院物理学院教授查尔斯·R.克罗斯合作研究声学。1877年,贝尔在波士顿创办了"贝尔电话公司",由克罗斯教授担任公司的技术顾问,该公司是美国大学创办的第一家公司,首开大学创办公司的先河,是美国高校与企业合作的一大创举②。"1870—1878年,约翰·凡尼尔·伦克尔(John Danial Runkle)教授担任麻省理工学院院长,他借鉴俄国人通过车间劳动培养工程师的制度,在麻省理工学院里创办了一所培养工业技术人员的工程分院,该分院附设了工程车间,利用工厂车间培养学生的劳动习惯"③,并对学生进行工艺技术训练。同时,伦克尔院长还率领4名教授和21名学生沿着横贯北美大陆的铁路参观矿井和冶炼厂,考察并采集了几吨矿物供学院实验室使用,又创办了当时世界上第一批用工厂的生产方法冶炼和提纯矿物的、颇具规模的实验室。他还说服矿厂主们给予帮助和合作。一些工矿企业闻风而动。例如,里维尔铜矿公司经理派其儿子、麻省理工学院校友约瑟夫·W.里维尔帮助选矿学专家罗伯特·A.理查兹教授学习炼铜技术。理查兹教授一生不仅著有精辟论述选矿学的4卷集大作,而且发明了多种矿冶机械,并担任了凯路梅特——亥西西公司和阿拉贡大等著名公司的顾问,为促进美国矿冶学科与矿冶工业的发展做出了不朽的贡献。麻省理工学院的伦克尔院长和教授们将工厂的生产方法引入学院实验室,开启了美国高校与

---

① 黄莺.浅谈国外大学文化与城市文化融合发展的五个特性[J].华北理工大学学报(社会科学版),2017(3):10-14.
② 王变玲,司国安.中外校企关系比较研究[J].长安大学学报(社会科学版),2003(4):43-46.
③ 卢瑜.美国高等工程教育课程政策嬗变研究[D].长沙:中南大学,2012:19.

企业相互合作的新形式。此外,由于麻省理工学院十分强调为社会服务,许多企业都向它求助。如"1895年,美国最老的罐头食品公司——威廉·安德伍德公司创办人的孙子威廉·莱曼·安德伍德为解决食品变质问题,向该院生物系教授、美国细菌学家学会的创始人威廉·T.塞奇威克教授求教。"①二者合作就这一问题开展了多年的研究,终于解决了这一问题,并为现代装罐方法奠定了科学基础②。此举的成功极大地推动了美国工商企业界与高校科学家携手开展合作研究。

2.3 第三次工业革命与高等教育模式的变革

第三次工业革命"以原子能、电子计算机、空间技术和生物工程的发明和应用为主要标志,涉及信息技术、新能源技术、新材料技术、生物技术、空间技术和海洋技术等诸多领域的一场信息控制技术革命"③。进入21世纪以后,第三次工业革命呈现出新的形态,以信息技术驱动的智能化趋势日趋明显,人类社会即将步入一个崭新的智能时代。

第三次工业革命初期,科学研究还处于小科学时代,个人独立开展科学研究与技术发明,研究成果也归个人所有,以个人名义申请专利、发表论文。此时,企业家的知识与技能在知识生产中居于主导地位。"熊彼特将新企业的创立和它们进入市场看作将技术知识引入经济系统的基本模式。在这种模式中,技术知识是通过企业家个人的创造力获得的,企业家发明了生产产品的新方法、新的中间投入、新商品和新市场,并且通过市场评价这些产品的应用范围。由于此时知识和技术的发展

---

① 樊彩萍.赠地学院及其对我国高等教育的启示[J].淮南师范学院学报,2004(2):96-99.
② 樊彩萍.赠地学院及其对我国高等教育的启示[J].淮南师范学院学报,2004(2):96-99.
③ 陈勇,罗俊海,宋晓宁.物联网系统开发及应用实战[M].南京:东南大学出版社,2014:1.

在很大程度上取决于企业家个人的学习和创造能力,知识产业组织发展相对比较缓慢。"[1]20世纪早期,一些规模较大、经济实力较强的企业开始成立自己的研究中心,主要从事新产品和加工技术的研究,这一实践模式催生了"垂直一体化"的知识产业组织的出现,"大企业从它们现有业务中抽出额外的利润,用它们自己的钱资助研究活动,促进了科技创新,避免了由于信息不对称、契约的不完备性而增加的交易费用和交易风险,克服了持怀疑态度的银行家的信贷配给对科学和技术研究的制约,知识的生产和商品的生产得到同步发展。"[2]这种新颖的知识产业组织形式凭借其独特优势在二战后占据了主导地位,其中,尤以美国和英国最为领先,其他国家则主要采取其他方式从事知识生产,如法国和意大利主要依赖于机构多样化,而德国则主要依靠大学的力量。

2.3.1　新科技革命与研究型大学的兴起

在第三次工业革命的发展历程中,硅谷(Silicon Valley)这一世界科技创新中心具有里程碑意义。硅谷坐落于旧金山湾区,依托斯坦福大学、加州大学伯克利分校等大学建立而成。早在20世纪30年代,由斯坦福毕业生创办的瓦里安公司(Varian Associates)就入驻了硅谷所在的圣塔克拉拉县。二战后,随着《退伍军人法案》的实施,美国大学生骤增,为应对这一局面并为毕业生创造就业机会,斯坦福大学采纳了后来称为硅谷之父的弗里德里克·特曼(Frederick Terman)的建议,利用斯坦福大学的闲置空地开辟工业园,允许高技术公司租用其地作为办公用地。1951年,特曼建议成立斯坦福研究园区(Stanford Research Park),使得

---

[1]　杜朝晖,窦现金.知识产业组织发展及其对高等教育改革与发展的影响[J].中国高教研究,2004(4):14-17.
[2]　杜朝晖,窦现金.知识产业组织发展及其对高等教育改革与发展的影响[J].中国高教研究,2004(4):14-17.

硅谷成为第一个位于大学附近的高科技工业园区，并且将一些较小的工业建筑以较低的租金租给那些小型科技公司。1956年，晶体管的发明人威廉·肖克利（William Shockley）在硅谷创立肖克利半导体实验室，尽管1957年肖克利停止了硅晶体管研究，但离开实验室的八位工程师却成功创立了仙童（Fairchild）半导体公司，凭借集成电路技术的发明平步青云[①]。此后，越来越多从事高纯度的硅制造的半导体及电脑相关的企业汇聚于此，加之紧靠圣塔克拉拉谷，硅谷之名便随着1971年美国记者道·霍夫勒在《每周商业》上题为"美国硅谷"的连续报道而传遍全美，并且很快成为世界科技创新的风向标。1972年，在紧挨斯坦福的风沙路（Sand Hill）诞生了第一家风险资本公司，这大大促进了硅谷的成长。硅谷拥有大大小小10 000家以上电子工业公司，生产了占全美1/3和1/6的半导体集成电路和电子计算机。20世纪80年代后，随着生物、空间、海洋、通信、能源材料等新兴技术的研究机构在该地区纷纷出现，硅谷客观上成为美国高新技术的摇篮[②]。

正是在斯坦福大学、加州大学伯克利分校等湾区大学支撑硅谷这一科技创新园区的示范效应推动下，全美掀起了创建研究型大学、依托研究型大学建立科技创新园区的热潮，迅速使美国成为第三次工业革命与科技革命的引领者，并且很快传播到了世界主要发达国家，发展研究型大学、建立科技创新园区成为世界各国应对第三次工业革命与科技革命的重要手段。进入20世纪80年代，美国各州政府纷纷把经济发展战略的重心进一步移向技术革新，通过实施促进高校和工业界伙伴关系的战略性计划，尝试通过提高研究型大学科研和研究生教育的质量来推动高

[①] 李建军.硅谷模式及其产学创新体制[D].北京：中国人民大学，2000：5-6.
[②] 伍皓.产业新区论："中国梦"工厂：新区发展与产业建设[M].北京：世界图书出版公司北京公司，2013：76.

科技企业公司的发展,进而提高其国际竞争力。通过实施本·富兰克林伙伴计划(Ben Franklin Partnership Program,BFP),宾夕法尼亚州依托该州的几所科技大学建立了四个先进技术中心,组建了一个由众多地方性大学和学院以及当地工业所组成的合作网络,目标是"把科技知识当做仓库,以便随时取用"①。"1987年的一项统计,美国工业界每年花在与高校合作培训项目方面的资金几乎达到60亿美元,美国不少公司已经直接开设高等教育课程,并且向学员颁发自己的学位。到1987年为止,已经有18家公司开始独立颁发学位,其中的洛克希德公司(Lockheed)还在公司内部建立了一所'国际研究学院'(International Research Institute),专门吸收外国科学家和工程师去那里学习并研究各种各样的技术。"②欧洲各国高等教育和工业之间的合作已经跨越了国界,如欧洲经济共同体发起了一项"共同体教育和技术培训实施计划"(Community Action Program for Education and Training for Technology,简称"COMETT"),通过设立培训基金来资助工业界人士去共同体内其他国家的大学接受管理和技术方面的培训,目标就是建立欧洲的"工业/大学培训合作网络"③。

在美国研究型大学与工业、企业深度合作的过程中,逐步形成了一些固定的模式。早期的校企合作主要采取大学向公司输送毕业生或教师向公司提供咨询服务与科技成果转化等方式。斯坦福大学美亚技术管理中心主任理查德·达舍博士将这种模式称为线性模式(linear hand-off)④。具体而言:一是大学以教育或培训的形式为企业提供人力资源。"驱动经济增长的科技研发活动归根到底,需要大量经过良好训练的高

---

① FELLER I. The impacts of state technology programmes on American research university [M]//WHISTON T G, GEIGER R L. Research and higher education. Bristol:Open University Press,1922:68.
② 殷企平.英国高等科技教育[M].杭州:杭州大学出版社,1995:174-175.
③ 殷企平.英国高等科技教育[M].杭州:杭州大学出版社,1995:175.
④ 郄海霞.美国研究型大学对城市经济和产业的贡献[J].清华大学教育研究,2007(6):70-79.

级知识劳动力,这只能由高等教育系统才能提供。在美国乃至全世界的高等教育系统,都在努力扩大科学工程教育在研究生层次的招生和培训"①。二是"在创新系统内,由研究型大学与产业部门构成的各种社会网络以及非正式的'契约'促进了知识和信息在不同机构间的流动,激发了各种新思维、新理念的出现"②。三是通过研究型大学的科技成果转化为产业部门服务。科技成果转化既可节省企业的研发成本,推动企业的科技创新与进步,也可激发大学进一步提升其研究能力③。

进入20世纪80年代,各界日益重视推进产学研合作,校企合作的模式也由原来的直接单向模式转为一种更加综合的模式,致力于在大学与产业界间建立双向联系,形成共同的技术市场,通过多种方式将大学的新知识、新技术应用到产业部门。这一模式所采用的主要途径有以下几种:一是技术推广服务。研究型大学仿效赠地大学所采取的农业推广服务形式为产业界提供工程技术推广服务。"马里兰大学于1983年建立了技术推广服务中心(Technology Extension Service,TES),通过多种技术转让途径向中小规模的公司提供技术援助。加州大学圣迭戈分校也筹划建立了类似的技术推广项目——CONNECT,通过整合教师、当地公司、风险资本家的利益以实现共赢。"④二是开展合作研究。借助各自的优势,大学可为产业界提供科研技术成果,产业界则可为大学提供实习实验基地。校企合作研究的形式主要有四种:"(1)由企业发起的合

---

① 赵可,史静寰.研究型大学在美国科技研发中的地位与作用[J].高等教育研究,2006(10):96-103.
② 王志强,闫温乐.从"科学推动"到"技术商业化":美国研究型大学—产业部门合作创新机制的形成[J].高等工程教育研究,2014(1):108-123.
③ 王志强,闫温乐.从"科学推动"到"技术商业化":美国研究型大学—产业部门合作创新机制的形成[J].高等工程教育研究,2014(1):108-123.
④ Mary Lindenstein Walshok. Know ledge without Boundaries:What America's Research Universities Can Do f or the Economy, the Workplace, and the Community[M]. San F rancisco:Jossey-Bass Publishers,1995:49.

同式研究,如数字设备公司 Digital Equipment Corporation(DEC)通过设备津贴、技术专家、教师与 DEC 研究人员之间的交流为大学的计算机研究提供支持。(2)企业附属项目。公司通过支付会员费使用大学实验室的基础研究成果,会员费根据公司规模按比例缴纳,支付全部费用的成员有权使用更大范围的技术转让项目。(3)专门的大学—工业研究协议,如华盛顿大学医学院孟山都(Monsanto)公司的生物医学研究项目。该项目的目标是解决公司面临的一个特殊研究问题,作为回报,孟山都公司在八年半的时间里为研究者提供 6 000 万美元经济支持。(4)协商会、研讨会、讲座、短训班等。这些是大学和企业的科学家们组织的单一目的的交流活动,这些活动既可以与上述三种形式结合进行,也可单独进行。加州非线性科学协调委员会(The California Coordinating Committee for Nonlinear Science,CCCNLS)是加州大学研究人员建立的一个跨越整个大学系统的网络联盟,经常召开研讨会或协商会,并邀请企业界科学家参加。"[1]三是创办非营利组织。进入 20 世纪 90 年代,美国产业界形成了一种新型的"科技市场"(technology marketplace),主要开展技术许可和大学创办非营利组织两种活动。大学作为学术性机构并不直接参与市场活动,为解决这一问题,美国创办了协调大学和产业界关系的非营利组织,其目的是以最低的风险促使校企双方利益最大化。其中,加州能效协会(The California Institute for Energy Efficiency,CIEE)就是一个非营利组织,CIEE 主要从加州公用事业中为学术机构从业者争取研究经费[2]。四是建立孵化器和科技园。大学孵化器和科技园可以衍生出

---

[1] Mary Lindenstein Walshok. Know ledge without Boundaries: What America's Research Universities Can Do f or the Economy, the Workplace, and the Community[M]. San F rancisco: Jossey-Bass Publishers, 1995: 49-50.

[2] Mary Lindenstein Walshok. Know ledge without Boundaries: What America's Research Universities Can Do f or the Economy, the Workplace, and the Community[M]. San F rancisco: Jossey-Bass Publishers, 1995: 50.

新公司,其主要发展动力来自大学的科研成果。"在波士顿地区2001—2002年吸引外部投资新建的50个公司中,有23个(包括前10个)与一所或几所大学有关,它们或者在大学的孵化器中产生,由研究生建立,后来实现了技术的商业化;……最成功的例子是波士顿地区的128高速公路、斯坦福附近的硅谷、北卡罗莱纳州的科研金三角(包括教堂山的北卡罗莱纳大学、达勒姆市的杜克大学和罗利市的北卡罗莱纳州立大学)。"①科技园的发展成熟可以大大促进大学的科学研究,大学的科学研究也有助于科技园的发展壮大,如此两者便建立了一种互惠互利的共生关系,共同推动所在区域社会经济发展壮大。

进入20世纪80年代,建立全球性的科技创新中心是一国创新发展的核心依托,也是一国综合科技实力的集中体现。为应对新一轮科技革命的挑战,提升国家综合实力,各国全力打造全球科技创新中心。就历史经验而言,"无论是硅谷、波士顿(128公路)等新兴地区,还是纽约、伦敦等国际大都市,大多以高水平研究型大学为支撑。具有雄厚科研实力的研究型大学是知识创新、技术创新与人才培养的动力源和扩散级,在全球科技创新中心的建设中发挥引领作用"②。

2.3.2　大学在科技创新驱动方面对社会与经济发展的贡献

"以1946年第一台电子计算机的诞生为开端的第三次科技革命,则以建立在最新科学理论基础上的信息技术、生物技术、新材料技术、新能源技术、空间技术和海洋开发技术等一批高技术群体的发展为标志"③,人类由此进入了信息革命时代。这一时期,大学已经成为知识与科技创

---

①　郄海霞.美国研究型大学对城市经济和产业的贡献[J].清华大学教育研究,2007(6):70-79.
②　苏洋,赵文华.我国研究型大学如何服务全球科技创新中心建设:基于纽约市三所研究型大学的经验[J].教育发展研究,2015(17):1-7.
③　曲钦岳.大学的使命与目标:曲钦岳教育文集[M].南京:南京大学出版社,1994:30-31.

新的源头。"据有关统计,在美国影响人类生活方式的重大科研成果70%诞生于一流研究型大学。……从取得的实际科研成果情况看,研究型大学参与了'阿波罗'登月计划、人造卫星的研制、永久载人、'阿尔法'国际空间站计划、'火星探路者'的发射、原子能的发展、基因组合等重大科研项目,并在宇航事业、电子信息、通信、能源、生命等诸多高科技领域都作出了巨大的贡献。"[1]二战期间,研究型大学主导完成了四个重大国防研究项目:一是雷达研制项目,该项目由罗彻斯特大学李·杜布瑞基教授为实验室主任,以麻省理工学院的实验室为研究基地;二是原子弹研制项目,由芝加哥大学、哥伦比亚大学和加利福尼亚大学伯克利分校的相关研究所合作完成;三是由加州理工学院负责完成的固体燃料火箭研制项目;四是由约翰·霍普金斯大学负责完成的无线电引线雷达研制项目[2]。

作为创新型城市的典范,西雅图依赖研究型大学的力量,发挥产业集群效应,极大地促进了所在地区的科技创新。世界知名的微软与亚马逊公司就坐落于西雅图,这两家公司吸纳了来自世界各地的大批科技人才。微软的创新成就既源于它本身的研究能力,也在很大程度上充分借助了研究型大学的科研力量与科研成果。微软CEO比尔·盖茨曾向华盛顿大学捐赠了大笔资金,并吸引著名基因科学家勒罗伊(Leroy)来到西雅图,勒罗伊凭借自己的专业特长在西雅图创立了系统生态学研究院等多个生物科技公司和研究机构。这些公司和研究机构极大地推动了西雅图生物医药产业的发展,并引发了其他生物医药巨头的关注。通过多个生物医药产业中心的对比,可以发现:"西雅图2014年生物医药产业雇佣率增长了7.1%,是美国生物医药产业发展最快的地区之一。此

---

[1] 邓光平,郑芳.论研究型大学在美国科技创新中的作用[J].黑龙江高教研究,2007(6):78-80.
[2] 沈红.美国研究型大学形成与发展[M].武汉:华中理工大学出版社,1999:59-60.

外,肿瘤免疫疗法的先驱者朱诺(Juno)公司也坐落在这里,使西雅图成为了此次肿瘤治疗技术革命的策源地之一。"①据统计,"西雅图及华盛顿州拥有133家生物科技公司,其中多数是在华盛顿大学、华盛顿州立大学、哈金森癌症研究中心和西北太平洋国家实验室的研究技术基础上建立起来的。目前,在尤宁湖(Lake Union)南侧还建设了一个庞大的生物科技中心,汇聚了福瑞德·哈金森癌症研究中心、艾伦脑科学研究所、西雅图生物科技研究中心以及弗吉利亚梅森医疗中心等众多研发机构"②。"美国国内已形成了波士顿、旧金山、圣迭戈、罗利——达勒姆、西雅图、纽约、费城、洛杉矶和华盛顿——巴尔的摩等多个生物医药创新集群。"③全美四分之三以上的生物医药科技资源集聚在这些地区,而产业集聚又有助于代际优势的维持(见表2.1)。据ARUW世界大学学科排名:"生命科学或医学领域排名全球前50名的美国研究型大学多数都位于上述几大生物医药创新集群。"④

表 2.1 美国主要生物医药集群区及依托研究机构、龙头企业分布情况

序号	生物医药集群区	依托大学及科研机构	大学或科研机构任职的诺贝尔生理学或医学奖获奖者(括号内为获奖年份)	龙头企业
1	波士顿—渥斯特—劳伦斯	哈佛大学;波士顿大学	菲利普·夏普(1993);罗伯特·霍维茨(2002);理查德·阿克塞尔(2004);琳达·巴克(2004);克雷格·梅洛(2006)	百健;千年制药;基因酶

---

① Top 10 Best Cities for Life Science Jobs[EB/OL].(2015 - 8 - 5)[2016 - 3 - 1]. http://www.biospace.com/News/top - 10 - bestcities-for-life-science-jobs/386846/source=TopBreaking.
② 江育恒,赵文华.研究型大学助推创新型城市建设的路径初探:来自华盛顿大学的经验借鉴[J].中国高教研究,2016(7):73 - 79.
③ 江育恒,赵文华.研究型大学在区域创新集群中的作用研究:以美国五大生物医药集聚区为例[J].高等工程教育研究,2017(5):102 - 108.
④ 江育恒,赵文华.研究型大学在区域创新集群中的作用研究:以美国五大生物医药集聚区为例[J].高等工程教育研究,2017(5):102 - 108.

续 表

序号	生物医药集群区	依托大学及科研机构	大学或科研机构任职的诺贝尔生理学或医学奖获奖者(括号内为获奖年份)	龙头企业
2	旧金山—奥克兰—圣何塞	加州大学旧金山分校；加州大学伯克利分校；斯坦福大学	史坦利·布鲁希纳(1997)；伊丽莎白·布莱克本(2009)；山中伸弥(2012)；兰迪·谢克曼(2013)	基因泰克；凯龙
3	圣地亚哥	加州大学圣地亚哥分校	罗纳托·杜尔贝科(1975)	艾迪
4	罗利—达勒姆	杜克大学；北卡罗来纳州立大学罗利分校；北卡罗来纳大学教堂山分校	奥利弗·史密斯(2007)	葛兰素史克；昆泰
5	西雅图—塔柯玛—布雷斯顿	华盛顿大学	唐纳尔·托马斯(1990)；埃德蒙·费希尔(1992)；埃德温·克雷布斯(1992)	环球
6	纽约—北新泽西—长岛	哥伦比亚大学；纽约大学；洛克菲勒大学	罗伯特·佛契哥特(1998)；艾瑞克·坎德尔(2000)；保罗·格林加德(2000)；拉尔夫·斯坦曼(2011)	强生
7	费城—威明顿—大西洋城	宾夕法尼亚大学	巴鲁克·布隆伯格(1976)	诺和诺德
8	洛杉矶—河滨—桔县	加州大学洛杉矶分校	路易斯·路伊格纳洛(1998)	安进
9	华盛顿—巴尔的摩	约翰·霍普金斯大学；马里兰大学；霍华德·休斯医学研究所	卡罗尔·格雷德(2009)；杰克·绍斯塔克(2009)；布鲁斯·巴特勒(2011)	塞莱拉；人类基因组科学公司

资料来源：江育恒,赵文华.研究型大学在区域创新集群中的作用研究：以美国五大生物医药集聚区为例[J].高等工程教育研究,2017(5)：102-108.

研究型大学对科技创新与经济社会发展贡献最为集中地反映在研究型大学为主的技术转移上。西方发达国家均十分重视研究型大学的技术转移工作,颁布了一系列的政策文件推动大学的科技成果转移转化,如美国的《拜杜法案》、日本的《技术转移促进法》等,主要是鼓励学术研究机构设置技术转移机构,促进技术转移[1]。美国高校科技成果转化活动以专利技术许可实施为主要形式。美国布鲁金斯大学技术创新中心的 Walter D. Valdivia 认为,美国高校技术转移办公室应聚焦于培育衍生企业,而非只是对技术进行许可[2]。从表 2.2 可以看出,2011 年 AUTM 调查的 157 所美国高校实现专利许可收入约 14.86 亿美元,平均每所高校获得专利许可收入 946 万美元,成立衍生企业 3.93 家[3]。

表 2.2 美国高校 2006—2011 年专利许可实施情况(单位:百万美元)

年 份	2006	2007	2008	2009	2010	2011
调查高校数	161	161	159	153	155	157
净许可收入	1 322.3	1 898.8	2 127.1	1 474.6	1 480.5	1 486
总许可收入	1 511.6	2 098.8	2 397.2	1 782.1	1 790.1	1 814
付给其他主体的许可收入	67.8	63.7	114.8	153.2	164.4	175.5
补偿专利费用支出	121.5	136.3	155.3	154.3	145.2	152.5
数量(个)						
收到发明披露数量	16 855	17 677	17 694	18 163	18 635	19 732
新美国专利申请书	10 748	10 899	11 197	11 222	11 075	12 090
美国专利授权数	2 895	3 291	2 933	3 088	4 018	4 296

---

[1] 苏竣,陈俊,陈晓红.透析日本东北技术转移联合会衍生企业的运作模式[J].科学学与科学技术管理,2013(11):60-62.

[2] VALDIVIA W. University start-ups: critical for improving technology transfer [M]. Washington: Brookings Institution, 2013: 1-22.

[3] AUTM Licensing Survey, NSF. Science and engineering indicators[R]. 2014: 1-16.

续　表

年　份	2006	2007	2008	2009	2010	2011
新创办衍生企业数	500	510	549	555	613	617
有效许可数	26 070	26 094	26 816	28 763	33 309	33 284
产生收入的许可数	10 733	12 467	13 231	13 927	13 995	14 754
新实施许可数	4 192	4 419	4 416	4 624	4 735	5 398
股权许可数	357	377	382	354	357	387

资料来源：AUTM Licensing Survey，NSF，Science and Engineering Indicators 2014.

相比美国高校，英国高校更侧重于创办衍生企业。从20世纪90年代末开始，英国高校大量创办衍生企业。2002年，英国高校共实施648项专利许可，成立了158家衍生企业。2014年，牛津大学ISIS共成立8家衍生企业，帝国理工学院共成立13家衍生企业[①]。史密斯（Smith）对牛津大学、布鲁克斯大学和政府实验室衍生企业的发展绩效的研究发现，"得益于英国的政策和创业文化，英国大学衍生企业的发展速度和创立效率均高于美国，平均而言，英国每1 500万英镑的研究投入能衍生出一家企业，而美国需要4 000万英镑。"[②]然而，英国政府首席科学顾问兰伯特领导的工作小组对英国产学研进行调查研究后发表了《兰伯特评论》（Lambert review，of business-University Collaboration）报告，报告认为"英国高校将科技成果转化工作重点放在了创办衍生企业而非专利许可上，可能导致大学向企业进行专利许可数量降低，不利于大学与企业的合作。"[③]日本设立了专门机构（即TLO）负责高校科技成果转化工作。

---

① 程如烟，黄军英. 英国产学研合作的经验、教训及对我国的启示[J]. 科技管理研究，2007（9）：40－42.
② 庞文. 国外大学衍生企业研究综述[J]. 科技和产业，2014（10）：47－52.
③ 程如烟，黄军英. 英国产学研合作的经验、教训及对我国的启示[J]. 科技管理研究，2007（9）：40－42.

目前,由日本高校设立并经政府审核认可的 TLO 机构共有 50 家,分为内部组织型和单一外部型或外部独立型两种类型。其中,内部组织型设在大学校内,共有 17 家,单一外部型或外部独立型两种类型设在大学校外,共有 33 家。两种类型的 TLO 组织大致秉持相同的工作流程:"各个 TLO 机构的工作都包括成果的收集登记、技术评估、应用前景与市场需求分析、转化开发、专利申请、技术转移与转让、转化效果反馈等基本环节。"[①]

德国高校科技成果转化主要采用两种方式:一是校企合作,直接进行技术转移。在德国,校企共同开展科研合作是十分普遍的现象,促进经济发展,提升德国的科创水平,政府积极倡导并参与校企合作,德国高校也非常注重与企业建立合作关系,广泛建立校企合作研究中心,有效地推动了学校科研成果的产业化。此种方式有助于实现基础研究与应用研究的有机结合、使两者相互促进,共生共赢。二是高校成立技术转移中心,间接进行技术转移。此种方式与日本类似,通过设立技术转移部门,组建专门的技术转移团队管理高校的技术转移工作。"如柏林工业大学设立了技术转让部,负责管理高校的专利申请、项目评估、市场预测等,宣传高校的技术成果,进行国内外技术合作与交流。学校还建立了一整套开放的数据库,企业如果看准某个项目,就可以直接找到负责教授开展相关技术转移的协商事宜。"[②]

2.4 本章小结

尽管第一次工业革命更多地依赖于工业领域自身的技术革命,但是

---

① 李晓慧,贺德方,彭洁.日本高校科技成果转化模式及启示[J].科技导报,2018(2):8-12.
② 贺艳,许云.北京地区高校和科研机构技术转移模式研究[M].北京:人民出版社,2017:56-68.

毫无疑问，大学自 14 世纪开始逐步地将实验科学、实用技术纳入大学的知识体系及其相应的机构、制度的建设之中，无疑为第一次工业革命提供了一种社会组织与制度上的支持。到了第二次工业革命时期，大学越来越多地直接面对工业领域的需要，往往一个理论的提出都会带来工业领域的革新，从电学、通讯、化学、工程学的兴起到内燃机的广泛应用，都可以看到大学正在改变人类社会与经济发展等方面扮演着重要角色。二战后延续至今的第三次工业革命，则更加体现着大学对推动产业及其技术开发的融合与一体化。随着数字化、网络化、智能化等技术领域的发展，将社会与经济发展推升到一个全新的时代——智能时代。由此，高等教育也必将进入一个智能化的时代，从学习、教学到高等教育的组织、机构等层面都将发生革命性的变革。

第三章 智能时代的社会与经济形态与趋势

第二次工业革命以来,特别是第三次工业革命以来,由于科学的全面发展和技术的加速扩散,推动了社会生产力和人们生活质量的飞跃式提高,如本书第一、二章所述,高等教育模式和社会、经济发展密切相关,与社会、经济发展特别是工业领域的直接合作,催生了高等教育全球化的进程,也使高等教育前所未有地融入社会与经济发展进程之中,使大学成为知识创新的源头和经济形态转型的助推器。高新技术的发展成果不仅是高等教育的重要内容,还与高等教育的方式、模式、相关教学活动有着天然的血缘关系。

从三次工业革命来看,产生了一系列的新理论、新技术和新方法,催生了一批新学科,促进了科技结构的变化,影响了世界科学中心的转移;从经济发展看,工业革命为经济发展提供了新技术和新手段,导致了新产品和新产业的不断涌现,产业结构、就业结构随之变迁,世界经济的主导产业发生了从农业到工业、服务业再到知识产业的转变。从社会变革看,工业革命为社会进步提供了新观念、新生活和新知识,人类生活方式从乡村生活、城市生活到国际化生活,从实体生活到与网络生活的融合,所谓的线下与线上的结合,这些都带来了生产方式的变革、社会阶层的分化,进而直接或间接地影响到社会、经济发展的各个方面。第三次工业革命以来,已经逐渐体现出大学对工业、产业及其技术开发的融合与一体化的趋势,半导体产业的发展,特别是近年来云计算、大数据、物联网、人工智能等新一代信息技术的发展,智能终端、智能医疗、智能机器人等智能产品日益深入大众生活,助推人类迈入智能时代。

人类将继狩猎时代、农耕时代、工业时代之后,进入新的智能时代的初级阶段。人类社会的经济、社会、教育乃至日常生活的方方面面,将呈现出一系列重大变化。人类感知外部世界的能力、传播信息的流量与速度、运算和分析相关数据并进行反馈的能力,都将得到前所未有的提高。人类世界、自然世界、虚拟世界呈现出深度融合的态势,智能技术渗透到经济生产活动,数据成为经济运行的灵魂,生产要素、生产力、生产关系将发生重大改变。社会、政治、环境,包括高等教育在内的人类活动将受到智能化的重大影响,甚至是颠覆性的影响。

3.1 智能时代的总体特征

3.1.1 人工智能驱动社会、经济的变革

科学技术的发展一直影响和改变着人类社会的生产工具和生产方式。人才是科学技术得以发展的第一要素,高素质人才在全球范围内的流动配置,更加广泛的科技合作、知识共享以及人才创新队伍的组织模式的变化,为科学技术与社会、经济的融合与渗透提供了强大的基础和动力。人工智能作为新一轮产业变革的核心驱动力,将进一步释放历次

科技革命和产业变革积蓄的巨大能量,形成从宏观到微观各领域的智能化新需求,逐渐改变人与人、人与环境、环境与环境的原有联系,催生新技术、新产品、新产业、新业态、新模式,使技术创新无处不在、无时不在、无所不在,呈现出专业化、个性化、社会化、网络化、集群化、泛在化的新特征引发经济领域重大变革,实现社会生产力的整体跃升。从每一个劳动者的层面来看,大时代的浪潮正在不可逆转地袭来,这种变革也是对既有知识结构的挑战,只有快速接受、适应引领这一变革的人,才能成为新时代的赢家。劳动者需要不断更新专业技能,跟上最新的科技发展潮流,学习从事人工智能相关职业的技能,练就进行职业变换的本领,具备智能时代的核心竞争能力。

3.1.2 人、机、物交互融合

智能时代将实现物与物、物与人、物与计算机的交互联系,形成人、机、物三元融合的智能社会,"零离线"万物智能,"零错配"协同网络,"零缝隙"数字孪生①成为社会的重要形态。在大数据、物联网、云计算等支撑下,人工智能与智能硬件的结合将使人类与更多的未知领域发生联系,人工智能支撑引领社会的传感、数据、传输与联通方式、分析与模拟的计算方法、用户监测与控制界面等基本技术相互作用与融合,提升人类认知能力,颠覆传统规制,并创造出大量"随手可得"的行业应用。面向未来,人们对人工智能的定位绝不仅仅只是用来解决狭窄的、特定领域的某个简单具体的小任务,而是真正像人类一样,能同时解决不同领域、不同类型的问题,进行判断和决策,也就是所谓的通用人工智能。物、人、机器表现为逐步融合的学习关系,一方面需要人们接受人工智能

---

① 阿里研究院.解构与重组:开启智能经济[R/OL].(2019-01-03)[2019-03-01]. http://i.aliresearch.com/img/20190103/20190103173342.pdf.

方面的高等教育,培训掌握人工智能方面的基本知识;另一方面,也需要机器通过感知学习、认知学习去理解世界;人与世界之间形成交互试错的知识获得、知识优化的循环过程。高等教育则是提高主体的知识积累的丰富程度,提升公民在人工智能领域的掌控能力。

3.1.3 生产关系智能化改造

随着智能化深度提升人类改造世界的能力,生产过程的组织与分工关系、产品的分配关系都进一步产生深入变化,表现更加错综复杂,导致传统生产、分配、交换、消费等经济活动环节发生重构,原先的劳动成果(比如统计数据)将成为新的生产资料,在传统的生产关系中融汇更多的生产要素,实现传统的生产关系的智能化改造,人类世界与智能世界产生映射和角色互换。人类通过信息系统来控制物理系统,以代替人类完成更多的体力劳动。生产关系复杂变化,促使产业结构持续调整,智能产业崛起成为新的、重要的经济增长点,经济发展不断转型升级。与日益复杂的生产关系相对应,人工智能的内涵也已经被大大扩展,涵盖了计算机科学、统计学、脑神经学、社会科学等诸多领域。通过对人工智能的研究,能将它用于模拟和扩展人的智能,辅助甚至代替人们实现多种功能,包括识别、认知、分析、决策等。人工智能在决策和行动的自主性上面正在脱离被动工具的范畴,其判断和行为一定要符合人类的真实意图和价值观、道德观,符合法律规范及伦理规范等[1]。高等教育需要适应人工智能在科技与人文之间的游走趋势,既要在数学、数理逻辑、计算机科学、神经科学等领域讲授人工智能基础理论知识,更需要在哲学、心理学、认知科学、法学、社会学等领

---

[1] 杨雨苍,朱佳佳.人工智能在网络运维优化中的应用探讨[J].邮电设计技术,2018(12):31-34.

域探讨、解惑由于智能化演进而带来的困惑。随着高等教育对人工智能进行多学科、多维度的渗透与内容的延展，其外在表现形式也将发生变化与重构。

3.1.4 人类知识自动化生产

在大数据基础上，人工智能可以有效重建高度复杂的自然现象，也可以批量地深度挖掘科学论文内容。人工智能将巨大的数据集合并在一起，数据集里的知识被设计成网络，其中节点表示概念，而链接表示它们之间的关系。节点之间未被发现的链接将成为科学家的新假设，如食用鱼油和雷诺综合征之间的新奇联系就是这样被发现的[①]。

智能时代的知识交叉融合、迭代更新，冲击着高等教育现有的框架设计。人工智能应用深度学习、强化学习等算法来理解蕴藏于海量数据中的复杂模式，从而产生强大的洞察力，促进医学、材料科学、经济学、社会学等多领域的交叉融合。先进材料科学，特别是纳米材料的突破，有着从工业、能源到医疗的广泛应用价值。合成生物学代表着以工程技术操作遗传物质的生物技术革命，可广泛应用于健康、农业、工业和能源等领域。人类脑科学研究有望描绘出人脑活动图谱和工作机理，极大带动人工智能、复杂网络理论等相关领域的快速发展。量子计算通过叠加原理和量子纠缠等亚原子粒子的特性实现计算能力的指数级突破，将会给物质研究、气候模拟、密码学等研究领域带来飞跃。当前高校的院系、专业、课程分类明确且条块清晰，与智能时代动态变化的知识生产与组合不相匹配，高等教育的内在体制性改变成为一项重要选择。

---

① 许林玉.科学发现能否实现自动化？[J].世界科学，2017(8)：19-20.

国务院印发《新一代人工智能发展规划》(节选)

三、重点任务

(一)构建开放协同的人工智能科技创新体系。

(二)培育高端高效的智能经济。

加快培育具有重大引领带动作用的人工智能产业,促进人工智能与各产业领域深度融合,形成数据驱动、人机协同、跨界融合、共创分享的智能经济形态。数据和知识成为经济增长的第一要素,人机协同成为主流生产和服务方式,跨界融合成为重要经济模式,共创分享成为经济生态基本特征,个性化需求与定制成为消费新潮流,生产率大幅提升,引领产业向价值链高端迈进,有力支撑实体经济发展,全面提升经济发展质量和效益。

1. 大力发展人工智能新兴产业。

加快人工智能关键技术转化应用,促进技术集成与商业模式创新,推动重点领域智能产品创新,积极培育人工智能新兴业态,布局产业链高端,打造具有国际竞争力的人工智能产业集群。智能软硬件。开发面向人工智能的操作系统、数据库、中间件、开发工具等关键基础软件,突破图形处理器等核心硬件,研究图像识别、语音识别、机器翻译、智能交互、知识处理、控制决策等智能系统解决方案,培育壮大面向人工智能应用的基础软硬件产业。智能机器人。攻克智能机器人核心零部件、专用传感器,完善智能机器人硬件接口标准、软件接口协议标准以及安全使用标准。研制智能工业机器人、智能服务机器人,实现大规模应用并进入国际市场。研制和推广空间机器人、海洋机器人、极地机器人等特种智能机器人。建立智能机器人标准体系和安全规则。智能运载工具。发展自动驾驶汽车和轨道交通系统,加强车载感知、自动驾驶、车联网、物联网等技术集成和配套,开发交通智能感知系统,形成我国自主的自动驾驶平台技术体系和产品总成能力,探索自动驾驶汽车共享模式。发展消费类和商用类无人机、无人船,建立试验鉴定、测试、竞技等专业化服务体系,完善空域、水域管理措施。虚拟现实与增强现实。突破高性能软件建模、内容拍摄生成、增强现实与人机交互、集成环境与工具等关键技术,研制虚拟显示器件、光学器件、高性能真三维显示器、开发引擎等产品,建立虚拟现实与增强现实的技术、产品、服务标准和评价体系,推动重点行业融合应用。智能终端。加快智能终端核心技术和产品研发,发展新一代智能手机、车载智能终端等移动智能终端产品和设备,鼓励开发智能手表、智能耳机、智能眼镜等可穿戴终端产品,拓展产品形态和应用服务。物联网基础器件。发展支撑新一代物联网的高灵敏度、高可靠性智能传感器件和芯片,攻克射频识别、近距离机器通信等物联网核心技术和低功耗处理器等关键器件。

2. 加快推进产业智能化升级。

推动人工智能与各行业融合创新,在制造、农业、物流、金融、商务、家居等重点行业和领域开展人工智能应用试点示范,推动人工智能规模化应用,全面提升产业发展智能化水平。智能制造。围绕制造强国重大需求,推进智能制造关键技术装备、核心支撑软件、工业互联网等系统集成应用,研发智能产品及智能互联产品、智能制造使能工具与系统、智能制造云服务平台,推广流程智能制造、离散智能制造、网络化协同制造、远程诊断与运维服务等新型制造模式,建立智能制造标准体系,推进制造全生命周期活动智能化。智能农业。研制农业智能传感与控制系统、智能化农业装备、农机田间作业自主系统等。建立完善天空地一体化的智能农业信息遥感监测网络。建立典型农业大数据智能决策分析系统,开展智能农场、智能化植物工厂、智能牧场、智能渔场、智能果园、农产品加工智能车间、农产品绿色智能供应链等集成应用示范。智能物流。加强智能化装卸搬运、分拣包装、加工配送等智能物流装备研发和推广应用,建设深度感知智能仓储系统,提升仓储运营管理水平和效率。完善智能物流公共信息平台和指挥系统、产品质量认证及追溯系统、智能配货调度体系等。智能金融。建立金融大数据系统,提升金融多媒体数据处理与理解能力。创新智能金融产品和服务,发展金融新业态。鼓励金融行业应用智能客服、智能监控等技术和装备。建立金融风险智能预警与防控系统。智能商务。鼓励跨媒体分析与推理、知识计算引擎与知识服务等新技术在商务领域应用,推广基于人工智能的新型商务服务与决策系统。建设涵盖地理位置、网络媒体和城市基础数据等跨媒体大数据平台,支撑企业开展智能商务。鼓励围绕个人需求、企业管理提供定制化商务智能决策服务。

智能家居。加强人工智能技术与家居建筑系统的融合应用,提升建筑设备及家居产品的智能化水平。研发适应不同应用场景的家庭互联互通协议、接口标准,提升家电、耐用品等家居产品感知和联通能力。支持智能家居企业创新服务模式,提供互联共享解决方案。

3. 大力发展智能企业。

大规模推动企业智能化升级。支持和引导企业在设计、生产、管理、物流和营销等核心业务环节应用人工智能新技术,构建新型企业组织结构和运营方式,形成制造与服务、金融智能化融合的业态模式,发展个性化定制,扩大智能产品供给。鼓励大型互联网企业建设云制造平台和服务平台,面向制造企业在线提供关键工业软件和模型库,开展制造能力外包服务,推动中小企业智能化发展。

推广应用智能工厂。加强智能工厂关键技术和体系方法的应用示范,重点推广生产线重构与动态智能调度、生产装备智能物联与云化数据采集、多维人机物协同与互操作等技术,鼓励和引导企业建设工厂大数据系统、网络化分布式生产设施等,实现生产设备网络化、生产数据可视化、生产过程透明化、生产现场无人化,提升工厂运营管理智能化水平。

加快培育人工智能产业领军企业。在无人机、语音识别、图像识别等优势领域加快打造人工智能全球领军企业和品牌。在智能机器人、智能汽车、可穿戴设备、虚拟现实等新兴领域加快培育一批龙头企业。支持人工智能企业加强专利布局,牵头或参与国际标准制定。推动国内优势企业、行业组织、科研机构、高校等联合组建中国人工智能产业技术创新联盟。支持龙头骨干企业构建开源硬件工厂、开源软件平台,形成集聚各类资源的创新生态,促进人工智能中小微企业发展和各领域应用。支持各类机构和平台面向人工智能企业提供专业化服务。

(三)建设安全便捷的智能社会。

围绕提高人民生活水平和质量的目标,加快人工智能深度应用,形成无时不有、无处不在的智能化环境,全社会的智能化水平大幅提升。越来越多的简单性、重复性、危险性任务由人工智能完成,个体创造力得到极大发挥,形成更多高质量和高舒适度的就业岗位;精准化智能服务更加丰富多样,人们能够最大限度享受高质量服务和便捷生活;社会治理智能化水平大幅提升,社会运行更加安全高效。

1. 发展便捷高效的智能服务。

围绕教育、医疗、养老等迫切民生需求,加快人工智能创新应用,为公众提供个性化、多元化、高品质服务。

智能教育。利用智能技术加快推动人才培养模式、教学方法改革,构建包含智能学习、交互式学习的新型教育体系。开展智能校园建设,推动人工智能在教学、管理、资源建设等全流程应用。开发立体综合教学场、基于大数据智能的在线学习教育平台。开发智能教育助理,建立智能、快速、全面的教育分析系统。建立以学习者为中心的教育环境,提供精准推送的教育服务,实现日常教育和终身教育定制化。

智能医疗。推广应用人工智能治疗新模式新手段,建立快速精准的智能医疗体系。探索智慧医院建设,开发人机协同的手术机器人、智能诊疗助手,研发柔性可穿戴、生物兼容的生理监测系统,研发人机协同临床智能诊疗方案,实现智能影像识别、病理分型和智能多学科会诊。基于人工智能开展大规模基因组识别、蛋白组学、代谢组学等研究和新药研发,推进医药监管智能化。加强流行病智能监测和防控。

智能健康和养老。加强群体智能健康管理,突破健康大数据分析、物联网等关键技术,研发健康管理可穿戴设备和家庭智能健康检测监测设备,推动健康管理实现从点状监测向连续监测、从短流程管理向长流程管理转变。建设智能养老社区和机构,构建安全便捷的智能化养老基础设施体系。加强老年人产品智能化和智能产品适老化,开发视听辅助设备、物理辅助设备等智能家居养老设备,拓展老年人活动空间。开发面向老年人的移动社交和服务平台、情感陪护助手,提升老年人生活质量。

2. 推进社会治理智能化。

围绕行政管理、司法管理、城市管理、环境保护等社会治理的热点难点问题,促进人工智能技术应用,推动社会治理现代化。

智能政务。开发适于政府服务与决策的人工智能平台,研制面向开放环境的决策引擎,在复杂社会问题研判、政策评估、风险预警、应急处置等重大战略决策方面推广应用。加强政务信息资源整合和公共需求精准预测,畅通政府与公众的交互渠道。

智慧法庭。建设集审判、人员、数据应用、司法公开和动态监控于一体的智慧法庭数据平台,促进人工智能在证据收集、案例分析、法律文件阅读与分析中的应用,实现法院审判体系和审判能力智能化。

智慧城市。构建城市智能化基础设施,发展智能建筑,推动地下管廊等市政基础设施智能化改造升级;建设城市大数据平台,构建多元异构数据融合的城市运行管理体系,实现对城市基础设施和城市绿地、湿地等重要生态要素的全面感知以及对城市复杂系统运行的深度认知;研发构建社区公共服务信息系统,促进社区服务系统与居民智能家庭系统协同;推进城市规划、建设、管理、运营全生命周期智能化。

智能交通。研究建立营运车辆自动驾驶与车路协同的技术体系。研发复杂场景下的多维交通信息综合大数据应用平台,实现智能化

> 交通疏导和综合运行协调指挥,建成覆盖地面、轨道、低空和海上的智能交通监控、管理和服务系统。
>
> 智能环保。建立涵盖大气、水、土壤等环境领域的智能监控大数据平台体系,建成陆海统筹、天地一体、上下协同、信息共享的智能环境监测网络和服务平台。研发资源能源消耗、环境污染物排放智能预测模型方法和预警方案。加强京津冀、长江经济带等国家重大战略区域环境保护和突发环境事件智能防控体系建设。
>
> 资料来源:国务院.国务院关于印发新一代人工智能发展规划的通知[EB/OL].(2017-07-20)[2019-09-01].http://www.gov.cn/zhengce/content/2017-07/20/content_5211996.htm.

3.2 智能时代的社会形态与趋势

在社会生活领域,人工智能渗透到各个角落,像网上购物、远程医疗、微博微信等,丰富和改变了人们的生活,扩大了交流空间,改变了生活方式。处在智能化社会,我们必须具备智能化思维,智能化理念必须牢牢扎根于我们的头脑之中,必须具备市场化、国际化、法治化的思维方式,这样才能够驾驭整个社会。

3.2.1 智能机器成为社会新成员

机器从工作和生活两个维度与人类融合协作。有感觉、会思考的机器成为人类的工作伙伴,在工作中与人类进行方方面面的合作与沟通成为不可或缺的重要方面。智能机器擅长于精密、重复性的任务,而人类则善于提出创造性的解决方案,有多样化的体验对人类的创造性富有价值①。有情感、智能化的机器成为各种年龄层级的人们的助手,甚至在生活中保持亲密的关系。这需要对人、机器加强伦理方面的教育与引导。2017年10月26日,沙特阿拉伯授予美国汉森机器人索菲亚公司生产的机器人索菲亚公民身份。作为史上首个获得公民身份的机器人,索菲亚当天在沙特说,它希望用人工智能"帮助人类过上更美好的生活",人类不用害怕机器人,"你们对我好,我也会对你们好"。索菲亚拥有仿生橡胶皮肤,可模拟62种面部表情,其"大脑"采用了人工智能和谷歌语音识别技术,能识别人类面部、理解语言、记住与人类的互动②。

在不久的将来,机器也将被纳入高等教育的对象群体中来,这对当前的教育体系来说,是一个较大的挑战。面向千差万别的机器,高等教育需要作出什么样的改变,教学内容如何设置,如何与机器及其控制者实现无缝对接,是下一步需要深入探讨的课题。

3.2.2　机器成为知识生产主体

人工智能可以突破人类思考能力的局限性,演化扩展的动力来源于环境的新需求,而知识生产在很大程度上是一种对原有知识的组合过程。新的理论和科学发现基本都是对既有知识的关联和融合。人工智能拥有从巨大且复杂的信息源中提取、识别和构建体系的能力,在那些任务目标明确且相关数据丰富的领域,以深度学习为代表的算法能够让机器具备远超于人类的分析和综合能力③。

---

① 世界科学.人工智能的简单经济学:什么样的技能组合更能适应未来社会?[EB/OL].(2018-08-20)[2019-03-01]. http://dy.163.com/v2/article/detail/DPMJFRT40512RRUR.html.
② 世界首位被授予公民身份的机器人[J].名人传记(财富人物),2017(10).
③ 方师师,郑亚楠.计算知识:人工智能参与知识生产的逻辑与反思[J].新闻与写作,2018(12):41.

大数据、云计算和算法这三个关键技术的结合赋予了人工智能生产知识的能力。它们让机器能看,判断切片影像中是否有癌细胞,并达到比医生更高的准确率;让机器能够听,语音识别测试错误率在5.9%左右,达到了人类水平;让机器能够理解语言,更好地阅读、理解文字内容。继此之后,机器可以凭借推理能力从海量的非结构性的数据中(比如新闻、文件)和结构性数据中(数据库)获取新知识。

从数据到信息,再从信息到知识,这是一个阶段上升的过程。从知识表示与推理视角来看,人工智能参与的知识生产就是一种基于知识库和规则事实逻辑的"集体知识系统",是包含搜集、处理、生成、匹配、推荐为一体的某种"实在的对象"的生产系统。比照计算机科学领域的术语,这样一种形态的知识生产被称为"知识计算",其生产出的知识是一种"计算知识"[①]。新的知识生产模式更加以问题为导向,更加灵活多变,更加强调跨学科和去体制化。新的知识生产模式的出现预示着一种新的研究方法论。即可以超越学科的界限,整合各种边缘行动者的知识,形成一个切实可行的研究框架,将各种知识融合成一个整体的视角。首先,人工智能可以面向全体数据。在过去,由于处理大规模数据的能力不足,人们在研究中会人为限制需要处理的数据量,这导致许多至关重要的细节被忽略,甚至影响结论的有效性。现在我们无须精简研究对象,可以借助人工智能对它们进行更全面、完整的描述,从而展现概念节点之间更多的链接,提升科学发现的概率。其次,人工智能重视相关关系。在小数据时代,我们希望从结构单一的数据中得出因果关系,而小数据中单一的线性关系是比较稀少的。大数据技术不仅可以处理大规模的完整数据,而且可以发现数据之间纷繁复杂的非线性结构关系,也

---

① 方师师,郑亚楠.计算知识:人工智能参与知识生产的逻辑与反思[J].新闻与写作,2018(12):43.

即相关关系。这极大拓展了科学研究的视野,可以帮助实现跨学科的研究合作,衍生新的知识门类①。

知识这一概念涉及信息和数据。信息是一个事物可观察的特征或者表征,数据是已经描述出来的信息,知识就是数据之间的相关性。受说话速度限制,眼睛、耳朵能接受的信息远远多于可以吐露的信息。就是说这些信息进入我们的大脑以后,在大脑中形成的连接数目也远远大于我们能表达的数目。可以表达的知识被称作明知识,不可表达但可感受的知识称作默知识。但如今,在以上两种知识以外,人工智能的机器学习能力提供了一种既不可感受、又不可表达的知识——暗知识②。生物学研究中会使用冷冻电镜来看蛋白质的三维结构,把细胞冷冻了以后,照几十万张照片才能画出一个蛋白质的三维结构。但谷歌的"阿尔法折叠"却可以很容易地根据 DNA 的序列测出一个蛋白质的三维结构。"阿尔法折叠"做到这件事所使用的方法对我们人类就是不能表达也感觉不到的暗知识。"阿尔法折叠"之前的阿尔法狗的围棋下法也是同样的暗知识。

3.2.3 智能时代发展趋势

(1) 社会交往发生变化

一是生活习惯的变化,比如改变去餐厅点餐吃饭的传统习惯,习惯"电子货币"等,智能终端不再是通信工具,而是生活、工作、学习的必需品;二是智能化带来生活观念的变革,对智能的深度依赖将改变人们的传统观念,比如消费观,智能社会的人们会更倾向于超前消费;三是社会关系的改变,随着人机共生等技术的发展,人类身上可能会安装机器,机

---

① 张峰,张迪.论大数据时代科研方法新特征及其影响[J].科学学研究,2016(2):166-170.
② 王维嘉.暗知识:机器认知如何颠覆商业和社会[M].北京:中信出版社,2019.

器人与人的新型关系,会引发社会关系的重构。

在智能社会,传统教育的消除"无知"的逻辑需要改变,人们的社交智能、跨文化能力、认知容量、跨领域合作、智能素养等基本能力成为关注的重点。

(2) 工作竞争关系淡化

在智能时代,人与人的直接工作竞争关系淡化,创造新价值的能力成为人们共同追求的目标。智能时代,机器逐渐代替人类的各种劳动,使得以工作为纽带的人与人的关系逐渐淡化。人们创造新价值的能力又依赖于对智能知识、技术的掌握。对学生来说,需要的是与世界上的各种人合作,培养创造新的价值的能力,即计算机不能代替的"创造力"和"交流能力"。

高等教育更应该关注智能背景下的人们的社会属性,塑造公民符合社会框架的价值观、道德观,探讨智能社会人与机器的关系、人与人的关系,支撑社会的认知体系向高级阶段演化。

(3) 社会等级观念弱化

在智能时代,社会关系得到重构,将增加人与人之间交往的临时性和不确定性,个性化教育带来个性化发展,社会交往更依赖于兴趣和爱好。兴趣和爱好成为这个时代的社会关系凝结纽带,人们需要培养和提升自己的兴趣(如体育运动或旅游)和爱好(如文艺创作或歌剧欣赏),发挥自己的力量和才能(如绘画或编制程序),持续地进行自我提升。人与人之间的等级观念将会弱化[1]。

3.3 智能时代的经济形态与趋势

在经济领域,人工智能作为新的生产要素越来越多地进入到产品生

---

[1] 孙伟平.智能社会与共产主义社会[J].华中科技大学学报(社会科学版),2018(4):14-16.

产和市场交易过程中,直接改变着物质和劳动生产过程中的产出关系,在一定程度上减少和节约各种物质和能源的投入,减少资源和能源消耗,减少环境污染,使市场配置资源的效果得以改善,劳动生产率得以提高[①],智能化成为经济发展的第一驱动力。

3.3.1 生产工具出现新成员

人类社会的各个阶段的经济发展都伴随着生产工具的变革。在每个不同的时代,生产工具的不断替代并不是简单的替换,其本质是生产效率的提升、成本的降低、质量的提高、安全的保障、节约水平的升华等。

在智能时代,生产工具不再是完全依靠于"手",而更多取决于"脑",更多分析、运算的手段、资源将成为生产工具,比如可训练的数据集等将成为生产资料的新成员。信息或知识正在成为最重要的社会和经济资源,成为生产力系统中最为重要的生产要素。随着智能时代的到来,信息采集、存储、加工、传输,特别是知识创新日益成为生产力的主导要素,信息、知识等无形资本在生产中的作用凸显出来,成为越来越重要的经济资源。而与土地、资本相比,信息、知识的显著特征就在于它具有可共享性[②]、综合性,这种生产资料可以通过共享增加价值。

多重智能因素将成为支撑社会经济模式的前提和条件。语音方面,包括从小词汇量到大词汇量再到超大词汇量;从限定语境到弹性语境再到任意语境;从单语种到多语种再到多语种混杂。语音合成技术使得机器能具备一定的"听说"能力,基于现有技术的语音在清晰度和可懂度上已经达到了较好的水平[③]。视觉方面,计算机视觉已经达

---

① 何玉长,方坤.人工智能与实体经济融合的理论阐释[J].学术月刊,2018(5):56-67.
② 王广德.以十七大精神为指导 加快煤炭行业信息化建设步伐[J].煤炭经济研究,2009(6):1.
③ 腾讯研究院.人工智能:国家人工智能战略行动抓手[M].北京:中国人民大学出版社,2017.

到工具使用的初级阶段,教学场景自动分类和以场景搜场景、场景描述生产等技术手段,使得经济活动更有沉浸感和使命感。自然语言处理方面,深度学习技术依靠大量的训练数据,通过端到端的学习方式,直接建立源语言与目标语言之间的映射关系。随着人工智能的快速发展,制约经济发展的限定条件和环节在不断减少,经济中的秩序面临新的排列组合。

3.3.2 人工智能赋能劳动者

人工智能发明和应用的主体是人类本身,人工智能也是人类科技劳动的产物;反过来看,人工智能也是实现人类活动目的的手段,人类还是人工智能服务的对象。在智能时代,以信息技术的广泛应用为基础,以先进能源和智能材料为支撑,以生产和生活各领域的广泛智能化为基本形态,熟练掌握智能技术技能成为人们生产与生活的基本需求。在具体行业,劳动者需要通过专业培训,方能胜任智能经济活动对劳动力的岗位技能要求。智能经济将会刺激劳动者素质的不断升级,带来人才类型和结构的大调整。在智能时代里,高新技术产业、知识密集型以及第三产业都将以迅猛之势向前发展:信息产业、生命科学、新能源和再生能源、新材料和智能制造、空间科学、海洋科学、跨国经营、跨文化管理等将率先实现智能化。人工智能对生产秩序的变革主要体现在对自动化和智能化的运用,增强资源利用率、提高生产效率、推动生产转型等。不同于人类操纵生产时代,人工智能以智力劳动代替体力劳动,让人类从繁重、枯燥、重复的体力劳动中解脱出来。

高等教育是人工智能赋能劳动者的至关重要的环节,培养模式是最复杂和最关键的组成部分,其变革往往是通过革新或重组其构成要素来实现的。以"培养什么样的人(培养理念和目标)→如何培养人(培养主体、培养内容、培养方式)→培养成了什么样的人(培养评价)"这样一个完整的逻辑链条为出发点和立足点,来对其组成要素进行系统革新或重组①。

智能技术人才差异化分布。在经济活动中,人们运用人工智能开发新的经济活动领域,扩张生产劳动对象的范围,创新生产劳动对象。劳动者的素质出现层次差别,高端人才从事人工智能芯片、算法的研发,从事智能技术的发明和设计;专业人才从事人工智能设备运行、管理与维护工作;普通劳动者从事人工智能工具的具体操作,人工智能机器及其辅助设备不同于普通生产工具,具有机器学习功能,部分代替人脑功能②。智能领域的劳动者(包括机器)需要持续不断地接受再教育、再培训,面向机器及其群体的教学成为高等教育新方向。在智能素养差异化分布的背景下,大批量的生产岗位将被智能机器所取代、个性化的工作将被人机协同所取代、自由职业者将变得越来越多,新的就业岗位代替旧的就业岗位成为经济活动的常态,只有不断学习和主动接受教育的人,才能在这种变革中获得新的机会。

3.3.3 失业、就业变换频繁

技术进步在历史上对劳动者素养和劳动力市场有不同的影响。人工智能不一定淘汰低技能(低技能具有相对性、特殊性)的工作岗位,反而会增加新的就业机会,前提是人类不断接受高等教育。在人类历史上,新技术来临时,工作岗位往往发生"技能偏向型技术变革"或"非技能偏向型技术变革"。如前所述,19世纪的特点是技术变革提高了低技能工人的生产力,而降低了某些高技能工人的相对生产力,被称

---

① 聂建峰.关于大学人才培养模式几个关键问题的分析[J].国家教育行政学院学报,2018(3):23-28,36.
② 何玉长,方坤.人工智能与实体经济融合的理论阐释[J].学术月刊,2018(5):56-67.

作"非技能偏向型技术变革",控制和执行全部生产过程的高技能工匠的生计由于受大规模技术生产的兴起而遭到威胁。20世纪末期,技术变革通过各种不同方向产生作用。计算机和互联网的问世提高了高技能工人的相对生产力,属于"技能偏向型技术变革"。可以预见,那些侧重于可预测、易于编程任务的常规劳动密集型职业(如交换机操作员、备案员、旅行社代理人和流水线装配工人等)特别容易被人工智能新技术所取代。

最新的研究表明,人工智能在未来十年中对劳动力市场的影响将继续趋向于技能偏向型变革,这也是最近几十年计算机化和通信创新所驱动的趋势。研究人员对可能造成的影响程度有不同的看法。美国人Carl Frey和Michael Osbourne研究表明[1]:基于对人工智能的技术性能的评估、现有职业特性之间的关系与各职业的就业水平,美国47%的工作有被人工智能和计算机化取代的风险。然而,经济合作与发展组织(OECD)的研究人员强调,自动化将任务而非是职业作为其目标,而职业本身是特定任务的组合[2]。随着一些相关的任务变得可自动化,许多职业都可能会改变,因此经济合作与发展组织的分析指出,会完全被自动化的职业相对较少,估计只有9%的工作有完全被替代的风险。根据Frey和Osbourne的分析,每小时工资低于20美元的工作中有83%将面临自动化的压力,相比之下,每小时工资在20美元到40美元的工作中面临自动化压力的有31%,而每小时工资在40美元以上的工作则为

---

[1] OSBORNE M A, FREY C B. The future of employment: how susceptible are jobs to computerisation? [R/OL]. (2013-09-17)[2019-03-01]. http://www.oxfordmartin.ox.ac.uk/downloads/academic/The_Future_of_Employment.pdf.

[2] ARNTZ M, GREGORY T, ZIERAHN U. The risk of automation for jobs in OECD countries: a comparative analysis[R/OL]. (2016-06-16)[2019-03-01]. http://www.oecd-ilibrary.org/docserver/download/5jlz9h56dvq7-en.pdf?expires=1480994298&id=id&accname=guest&checksum=6DC4B241A91EE860DC391585FF43C51C.

4%。经济合作与发展组织估计受教育程度较低的工作者比受过高等教育的工作者更容易被自动化所取代。与人工智能和机器人相比，人类在许多领域仍然保持着优势。虽然人工智能可以检测模式并建立预测，但它仍然不能复制社交或一般智力、创造力或人类的判断。当然，使用这些类技能的许多职业是高技能职业，并且可能需要更高的教育水平。此外，考虑到实现大规模人工智能驱动的自动化所需的机器人技术目前的灵活性有限，对需要人工灵活性的职业的需求在短期内可能也会保持不变。

3.3.4 人工智能驱动自动化经济

2016年12月，美国总统行政办公室公开发布的《人工智能、自动化与经济》报告中，明确提出了"自动化经济"一词，指出人工智能驱动自动化经济，认为技术进步是人均GDP增长的主要驱动力，能够使产出的增长速度快于劳动力和资本的增长速度，人工智能可以自动减少创造单位产出所需要的劳动时间，意味着平均工资的增加，减少工作时间，能够买得起更多的商品和服务，生活水平能够得以提高，休闲时间也能有所增加。现代人工智能程序并不依赖于程序员详细制定的精心定制规则，而是能够从遇到的任何数据模式中学习并就如何理解新信息发展出其自己的规则。这意味着，人工智能可以解决问题并利用极少的人类投入进行学习。此外，机器人技术的进步扩大了机器与物质世界互动以及塑造物质世界的能力。人工智能和机器人技术相结合将产生更智能的机器，这些机器能够执行比以往任何时候都更加复杂的功能，并且削弱人类曾经具有的一些优势。这将使得现在由人工执行的许多任务实现自动化，而且可以改变劳动力市场和人类活动的状况。

在自动化经济背景下，创新人才的三方面素质显得尤为重要：一是基础知识，专业基础知识学习是从事一切专业相关工作的前提，是高等教育学生培养需要具备的基本素质,高校应顺应智能化时代的到来,加强智能化相关的基础课程的设置;二是综合知识,在智能化时代出现较多的边沿交叉综合性的学科,教学手段和教育途径也会实现综合化的趋势,高校应将语音、视觉等智能化的教学手段融入传统的教育板块,提升学生适应智能化时代需求的综合能力;三是智能化时代需要注重学生的个性化培养,发挥学生的潜能、承认学生之间的差异、促进学生个性全面和谐地发展。

3.4 本章小结

智能技术在高等教育领域的广泛应用,将为支撑未来社会经济发展对高等教育提出的更高要求打下坚实的基础。从更高的发展阶段来看,智能时代新技术、新模式、新业态的出现,将在效率、成本、质量、安全、绿色等方面带来巨大好处的同时,也将推动人才需求的变革与教学模式的变革。智能时代的运行特征将推动教育模式和组织方式的变革,将带动社会生产、社会管理等外围需求与教育联系方式的颠覆性变化。人才的个性化定制教育将成为重要趋势,人们更加关注自己的"认知和学习"能力。人和信息系统的关系将发生根本性变化,即从"授人以鱼"发展为"授之以渔"。社会对人才的需求引导教学模式的变革,高等教育的教与学将不再局限于大学之内,开放型知识、自组织学习成为民众学习提升的重要途径,持续学习、终身学习成为社会共识。

其一,即将到来的智能时代,人与人、人与环境、环境与环境的原有联系,都将发生改变,并催生新技术、新产品、新产业、新业态、新模式,对既有知识结构形成挑战并促其更新。高等教育的重要使命是改变和提升人类劳动者及其群体,使其具备智能时代的核心竞争能力,同时,高等教育自身发展也将得到这个时代的巨大支撑。

其二,在智能时代的经济发展过程中,劳动者素质的不断升级将带来人才类型和结构的大调整,传统的人才培养理念将发生重大变化。在一些前沿领域、交叉领域,将率先实现智能系统及新模式,率先应用智能工具,需要兼具科学素养和人文素养的复合型人才。因此,高等教育需要从基础知识、综合知识、个性化培养等三个方面发力,遵循"通识+专业"式的人才培养理念,以培养兼具科学素养和人文素养的复合型人才的教育目标为现实起点,来进行人才培养模式的构建和完善。

其三,在智能时代的社会形态演变过程中,社会关系、生产关系、生活理念、生产要素、生产资料和劳动对象,都将可能发生颠覆性的变化。对于人类来说,高等教育面临重新审视教育什么,培育什么样的合格人才的问题,需要重视人们的社交智能、跨文化能力、认知容量、跨学科跨领域合作、智能素养等基本能力的提升;对于智能机器来说,高等教育担负的使命、方向、任务也将逐步明朗化。高等教育需要作出什么样的改变,教学内容如何设置,如何与机器及其控制者实现无缝对接,是我们需要深入探讨与研究的命题。

其四,从智能时代知识生产来看,人工智能将成为知识生产的主体之一,高等教育的教学、创新创业、职业培训、社会网络等要素只有融合起来,并发展政、产、学、研、用、金等多种要素深度融合的教育模式,才能培养出适应未来发展所需的合格人才。

其五,从经济效益和人才培养来看,低学历、低技能劳动力有可能将大幅减少,高技能、高创造性劳动力增加,总体人才数量增加,质量提升。智能时代人工智能等核心技术所带来的经济效益并非是均匀的,它会取代部分人的工作,又会提升部分人的生产能力。有一些新的工作将被创造出来,这些新工作的人才缺口需要高等教育来支撑。

第四章　智能时代高等教育的挑战与需求

未来,发达国家将率先进入新的"奴隶经济"①,机器人将可以完成人们需要的很多基本任务,就像古代奴隶一样可以提供各类服务。如果高等教育的发展模式、内容、方式的变化缓慢,人类劳动力的技能素质得不到持续提升,就会导致人们失业加剧,也同样会加剧人们对高等教育的担忧,倒逼高等教育模式的变革。

4.1　智能时代对高等教育的需求

人工智能和机器人的发展是人类历史上的又一次技术变革,技术的革新将引发社会结构形态的剧烈调整。人工智能所带来的经济效益并非是均匀的,它既会取代部分人的工作,又会提升部分人的生产力。然而,高等教育培养的人才是这一切的核心环节。

---

① 网易科技报道.英国智库发布未来报告　预测2050年的世界[EB/OL].(2016-02-17)[2019-03-01]. http://tech.163.com/16/0217/07/BG0RRCIT00094P0U.html.

4.1.1 教学设置变化需求

(1) 构建新的教育体系

智能技术的快速发展使大量知识和数据得以快速迭代,但教育制度以及教师的知识结构、教学习惯和教育观念的转变需要较漫长的时间和过程,相关教育体系难以跟上知识体系的更新步伐即显得力不从心。因此需要加快改革教育体系,使之适应智能时代的发展需求,要将人工智能服务嵌入教育业务流程中,创新教育模式、构建新的教育流程和新的教育结构,以充分发挥人工智能在教育中的作用。借助人工智能,将当前"以教师为主"的工业化教育模式转型为"以学习者为主"的智能化教育模式。探索和完善新的教学体系和领军人才,加快构建智能教育和人才培养体系,构建虚实互动、平行执行的平行智能教学和平行教育技术与体系,构建在线学校社群,建立客观、科学的学生综合素质评价系统等。

(2) 教育资源、内容更新

技术的发展使教育方式得以不断更新,移动互联网、大数据、云计算、物联网等新型技术已逐渐融入当下学校教育手段中,成为新型工具中的一部分。相比之下,教育资源和内容的更新显得有些滞后。因此要进一步关注新型教育资源的开发,在鼓励企业或教育机构研发新型智能化和平台的同时,关注提供教学与教育管理过程中丰富的多源异构数据、信息和知识。通过解析学生学习行为和教师教学行为,构建学习者学习模型、教师教学模型、相关知识图谱、数字系统等,制作教学过程数字影像,实现精准教学和绩效测评等。

(3) 推动校企合作

目前人工智能发展正处于实验室走向市场的关键阶段,急需大量应用型人才,校企合作作为培养应用型人才的一种有效途径,是解决这一领域应用型人才缺口的重要方式。企业可通过与学校合作办学方式,使产业知识融入基础学科知识。如企业与学校共建人工智能专业和课程,设置人工智能相关学科课程和人才培养方案,参与学校实验室与配套环境的构建。学校教师和学生则可通过参与解决企业在产业发展过程中遇到的相关问题,而将学科知识运用于实践,实现理论与应用相结合。

4.1.2 人才需求

(1) 人工智能领域劳动力需求

人工智能的发展必然导致人工智能相关专业的增设。新技术可以消除岗位,但不能消除工作。凯恩斯《我们后代的经济前景》中,将这种情形称为"技术性失业":一种适应不良导致的短暂过程,也是人类发现节省劳动力方法的速度超过发现劳动力新用途的速度的结果。历史上,美国铁路的机器化运动造成了近五十万工人失业。机器化收割、耕种与联合农业取代了传统农场工人[1]。百年前的岗位只有很少保留到现在,但人们并没有因大量岗位的消逝而找不到工作。19世纪末,美国有一半的劳动力从事农业工作。现在这个比例不到2%,但美国并未多出百分之四十几的失业率。新技术不仅提升了农业劳动力的生产力,还为多余的劳动力催生出新的工作。

人工智能和机器人技术的发展引起庞大的劳动力需求。根据领英《全球 AI 领域人才报告》显示,在过去几年,全球 AI 人才需求量以两倍以上的速度逐年递增,全球人工智能人才储备缺口巨大。除技术开发外,人工智能还将催生众多辅助型职业,比如人造人格设计师、数据标记

---

[1] 胡敏中,王满林.人工智能与人的智能[J].北京师范大学学报(社会科学版),2019(5):128-134.

员等。被替代的低技能劳动力将有很多机会获取新工作,前提是他们接受新的技术培训。据麦肯锡预测,至 2030 年全球将有 7 500 万至 3.75 亿劳动力被自动化取代并重新就业。

牛津大学的研究已发现,美国有 47% 的工作有很高的可能性会在不久后被"计算机资本取代"。美国美林银行的报告也预测,2025 年以前,人工智能"每年创造性破坏的影响"可能会达到 14 万亿到 33 万亿美元。麦肯锡全球研究院同样承认:人工智能正在促进社会发生转变,这种转变比工业革命"发生的速度快 10 倍,规模大 300 倍,影响几乎大 3 000 倍"。但风险同样也意味着机遇,正如工业革命没有减少人们的工作,人工智能也将会创造新的岗位。"XX＋人工智能"取代了"XX 行业的 Uber",成为创业公司默认的商业模式。根据数据分析公司 Quid 的研究数据,在 2015 年,人工智能企业的成本创下 85 亿美元的纪录,几乎为 2010 年的四倍[①]。

实际上,工作岗位只是发生了结构上的调整。工作岗位正在分化为两种常规职业:第一种即高薪水高技术的职业(建筑师、高级管理),另一种是低薪水低技术的职业(清洁工、快餐员)。也就是说中层技术的工作(例如制造业)正在消失,而低等和高等工作在扩张,经济学家所担心的也只是"职业两极化"的风险。圣路易斯联邦储备银行发表的数据显示,在美国,非常规认知型工作以及非常规手工型工作自 1980 年后逐步增长,而常规化工作则一直维持几乎不变。随着更多工作自动化,这种趋势很可能会延续下去。人工智能不会导致大规模失业,但它会像之前的技术扰乱劳动力市场一样,要求工作者比以往更快地学习新技能。ATM 并没有摧毁银行的岗位,而是改变了银行雇员的工作组合,让他们

---

① 许涛,严骊,殷俊峰,等.创新创业教育视角下的"人工智能＋新工科"发展模式和路径研究[J].远程教育杂志,2018(1):80-88.

远离了日常任务,进入到了机器不能做的销售和客服领域①。

(2) 人工智能领域高技能、高创造性人才需求

在 2008 年金融危机期间,美联社的调查显示之后的五年,西方国家无数的工作岗位消失,但更严峻的是,大多数工作将不会回来,这个数字将达到百万。它们正在被技术所消除。数年之后,那些在电脑以及其他机器设备上运行的软件将会变得更加复杂,这些软件性能强大,并且可以更加有效率地完成那些以前只属于人类的任务②。

波士顿咨询公司的一项最新研究指出:机器人现在完成着制造业中 10% 的工作,而在 2025 年之前,这一比例将上升到 25%。零售业巨头亚马逊"雇佣"了 15 000 个仓储机器人从仓库或集装箱往外搬运东西;很多酒店使用机器人进行前台服务和房间清洁。机器的确对劳动力形成了压迫。有很多领域失去的就业机会比他们创造的更多③。

技术进步在其飞奔向前的过程中注定会把一些人,也可能是许多人抛在身后④。但是自动化同时也带来了很多显而易见的好处,比如提高了药物生产的速度,加强了高速公路的安全,提高了医药诊断的精确度,降低了材料成本,提高了能源利用率⑤。

智能时代要求大学在人才培养上提升质量。新技术的支持使得菜单式、个性化人才培养方案有了可能。Carl Benedikt Frey 和 Michael Osborne 在牛津的研究显示,在自动化和人工智能时代,创意/创造性、社交技能/情商,对于劳动者来说最为重要。1993 年,麦肯锡员工中有

---

① 许涛,严骊,殷俊峰,等.创新创业教育视角下的"人工智能+新工科"发展模式和路径研究[J].远程教育杂志,2018(1):80-88.
② 张歆悦.人工智能技术对就业影响效应研究[J].合作经济与科技,2019(19):90-91.
③ 张歆悦.人工智能技术对就业影响效应研究[J].合作经济与科技,2019(19):90-91.
④ 布林约尔松,麦卡菲.与时间赛跑[M].闾佳,译.北京:电子工业出版社,2014.
⑤ 张歆悦.人工智能技术对就业影响效应研究[J].合作经济与科技,2019(19):90-91.

67%是 MBA,2003 年这个比例已经降到了 41%,麦肯锡意识到,客户已经厌烦那些充满各式表格和数据的传统研究报告,要说服他们,得用更加艺术化和更吸引人的方式来表达,于是招聘了越来越多的 MFA(艺术硕士)来帮助 MBA 们润色报告。报告预测,未来十年,律师助理会大批下岗,但律师会越来越吃香;演员依然独一无二,他们需要在把握不同角色关系中,通过表情和肢体动作,来展现情感和个性的广度和深度,这些都是人工智能目前所无法企及的;尽管各种自动化写作软件层出不穷,但那些擅长撰写深度报道的记者依然稀缺[1]。

简言之,那些需要艺术、直觉、灵感和高度性格化、涉及人际沟通、情感交流的职业面对人工智能的风险敞口较小,而具备娴熟社交技能和充满创意的人将是今后十年的大赢家[2]。未来每部署一个机器人,会创造出 3.6 个岗位[3]。高技能型劳动力的需求将呈上升趋势。

其一,高技能型岗位不会受到人工智能大规模影响[4]。人工智能基于深度学习的算法在理解语言、图像方面的能力还略显不足,当前也不具备跨领域综合考虑问题的能力。一些需要应对动态环的任务以及创造性任务尚未能或者根本无法实现自动化,比如教师授课、画家作画。其实当前本科或更高学历的人所从事的工作几乎都不能完全自动化[5]。

其二,某些旧岗位增添人工智能相关的新内容。其他行业未被完全自动化的旧岗位将与人工智能结合,从而需要添设新的职位。比如金融行业中专注于人工智能领域的投资分析师、机器人产品销售和品质管

---

[1] 张歆悦.人工智能技术对就业影响效应研究[J].合作经济与科技,2019(19):90-91.
[2] 张歆悦.人工智能技术对就业影响效应研究[J].合作经济与科技,2019(19):90-91.
[3] 马尔科夫.与机器人共舞[M].郭雪,译.杭州:浙江人民出版社,2015:74.
[4] 李修全.多维度分析人工智能对就业的主要影响[J].全球科技经济瞭望,2018(5):12-15.
[5] The White House. Artificial intelligence, automation and economics [EB/OL]. (2016-12-20) [2019-03-01]. https://www.whitehouse.gov/blog/2016/12/20/artificial-intelligence-automation-economics.

理岗。

其三,某些旧的职业因人工智能发展而产生更大需求,比如高端服务行业岗位。人工智能将带来生活水平的一次飞跃,对高端个性化服务的需求会激增,精神方面提升的需求也会被放大。根据麦肯锡全球研究院预测,创意工作、技术类工程师、管理类以及社会互动类的岗位需求将会明显增长。普华永道也预测人工智能在未来20年将为中国创造9 000万新岗位[①]。

(3) 人工智能实用性人才的需求

在人工智能的初期阶段,开发工作至关重要,它跨越多个行业和技能水平。最直观的现象是,将这些能力投入现实世界实际使用的高技能软件开发人员和工程师的需求可能会非常大。此外,人工智能在一定程度上实际与其背后的数据一样,因此,生成、收集和管理相关数据以满足人工智能培训流程的工作的需求可能会增加。

斯坦福全球 AI 报告显示,近几年,社会需要的 AI 相关人才大幅度增加,目前对有机器学习技能的人才需求最大,其次是深度学习。机器学习人才需求也是这两年增长速度最快的。报告统计,2017 年,全球机器学习人才需求是 2015 年的 35 倍,从 2016 年到 2017 年的增幅尤为明显。全球对 AI 人才的需求在 2016 年骤增。

BOSS 直聘携手百度、中国传媒大学联合发布的《中国人工智能 ABC 人才发展报告》深度解读人工智能产业结构与发展脉络和方向,分析了人工智能 ABC(Artificial Intelligence 人工智能、Big Data 大数据、Cloud Computing 云计算)岗位各类关键词,对人工智能 ABC 人才市场

---

① 普华永道.人工智能和相关技术对中国就业的净影响[R/OL].(2018-12-01)[2019-03-01]. http://www.pwccn.com/zh/consulting/publications/net-impact-of-ai-technologies-on-jobs-in-china.pdf.

的供求现状、核心驱动因素和未来趋势进行了全方位的解读。报告指出人工智能人才需求呈现倍数级增长,算法和应用类人才成热点。2018年,人工智能人才市场进入高关注、高需求、高发展的阶段,人才需求同比增长 3.6 倍。值得一提的是,AI 人才需求爆发式增长主要由深度学习、算法工程师等高层级岗位拉动,基础通用岗位的需求则相对稳定。报告预测,未来 3 至 5 年,ABC 人才需求还将保持快速增长,不过随着人才基数不断上升,整体增速将逐渐放缓,而高级层岗位需求将持续上涨。此外,目前人工智能人才供给最多的为"数字蓝领"人才,应用和算法类人才较为紧缺;科学家类人才则高度稀缺,但这个群体主要开展前沿研究型工作,甚至与产业实践有一定距离。因此,目前和未来一定时期内,应用和算法类人才将主要负责将人工智能的理论和方法落地,找到应用场景,真正驱动传统产业变革。

(4) 人工智能风控人才的需求

人工智能有可能带来以下几点安全问题。第一,技术或管理缺陷导致的安全问题显示人工智能系统当前还不够成熟。某些技术缺陷导致工作异常,会使人工智能系统出现安全隐患,算法设计有误或者算法歧视都有可能招致有害的后果。第二,未来的超级智能引发的安全担忧。人工智能可能自我进化出类人的自我意识,从而对人类的主导性甚至存续造成威胁。对人工智能不加约束地开发,会让机器获得超越人类智力水平的智能,并引发一些难以控制的安全隐患。第三,侵犯隐私。智能系统不仅能通过指纹、心跳等生理特征来辨别身份,还能根据不同人的行为规律来判断喜好、性格。云计算的广泛应用也使公司和政府组织的云端数据更容易遭到各种威胁和攻击。第四,致命性自主武器有权力去自主决定杀伤目标,但算法黑箱或自主武器失控隐藏着误杀的可能性,严重威胁公众生命安全。第五,人工智能扩散和滥用给全球安全带来的威胁。恐怖主义组织以及不负责任的国家获取人工智能武器,会威胁国际安全和平。人工智能的滥用加剧网络安全风险,人工智能可提升网络攻击能力,提升网络攻击效率,加剧网络攻击破坏程度。

监督人工智能健康发展,为人工智能安全建立防护保障机制,制定人工智能伦理准则是当务之急,也是将来智能社会运转的重中之重。这方面的人才负责所有与人工智能的监控、许可和修复相关的工作。在特殊、边缘或高风险案例(比如无人驾驶)中,需要对人工智能进行实时监督,尤其是在涉及人工智能可能缺乏道德、伦理和社会智能的情况下,应确保它不偏离预期用途。随着机器变得更加智能且对环境做出实际预测的能力得到提高,人类判断的价值也会增加,因为它将成为解决各项优先事项的首选方式。

(5)新模式转变人才的需求

人工智能的技术创新必然会重塑社会多方面环境的运转模式。如医疗方面,全球人工智能顶级会议 NIPS 基金会主席特伦斯·谢诺夫斯基曾在其新书《深度学习:智能时代的核心驱动力量》中预测:基于大数据的深度学习将改变医疗行业,对疾病提供更快速、准确的诊断和治疗,甚至未来癌症将变得不再可怕。再有商业领域,人工智能与商业大数据的结合,使商家可以更好地获得客户的完整画像,通过前瞻性的预见来改善客户服务,实现一种通过一系列界面设计和基础设施投入,赋能于顾客需求场景中的价值创造者并将其与顾客互动链接的新型平台模式。交通出行、信息交流传播等方面都已经开始向新模式转变。

倘若无人驾驶得以普及,那么基础的交通设施和交通法律必然要发生显著变动,从而导致社会对城市规划者和设计者的需求倍增。这种情况在医疗、法律等服务领域是一样的。再考虑诸如网络安全等邻近领域内的模式转变,可能会产生对检测欺诈性交易和消息的新方法的需求,使新的职业或更多的就业成为必要。

(6)具有批判性思维和独立思考能力的人才需求

在人工智能时代,知识是开放的,随时随地可查找、可检索,人工智能不能代替学习,因为知识的力量在于知识的系统性。人工智能导致低阶认知技能的重要性下降,如记忆、复述、再现等,这些初级信息加工任务将更多地被机器代替,而高阶认知能力的重要性会更加凸显,如识别问题、逻辑推理、自我反思等。简单地说,今天人类记载的全部知识,是数千年来人类对世界全部观察的积累。这些知识通过口传、手工抄写的羊皮书、印刷技术、广播电视、互联网等媒介技术连接在一起。所以,当一个孩子坐在教室里拿起书本的时候,他是在跟人类整体经验积累进行对话。这是一项绝对无法得到充分实现的任务,每个人所接触到的都只是整体经验的零星部分,所能探测到的其实只是自己周围很少的真实信息,而这些部分少量的信息是极易被扭曲的。个体的学习其实是以个人经验,跟人类知识、规则对话,并在碰撞中融入社会合作,借以实现个人生存和发展的过程。在这个过程中,我们需要保有应对错误信息的能力,也就是所谓的高阶认知能力。

另一方面,批判性思维是能够对事物进行理性推理的能力。独立思考能力就是利用批判性思维对待他人主张的能力。强人工智能在设想中具有和人类一样的自主思考能力,甚至是当前的弱人工智能也可以为人们提供各种咨询建议。人工智能在实质上完全取代人类进行知识和思想的生产,是它对人类的最高层次的威胁。智能时代的人们需要保护自身存在的价值。

面对机器人可能给人类社会带来的各种安全、伦理道德、法律问题,人们需要具备独立思考的能力来明辨是非。没有什么能力是贴有人工智能时代专属标签的。随着时代的发展,人类已有的知识和经验将变得不重要,而培养学生的综合素质、高阶思维、创新能力等,这些要求无论在哪个时代都是需要的、共通的、不会过时的。

人工智能将为培养学生的独立特性提供新工具。人工智能的支持使得菜单式、个性化人才培养方案有了可能。学生主动选择专业和课程的可能性大大增加,这种选择能力和主动学习能力将成为新一代大学生的主要能力。为了适应这种个性化人才培养,大学会进一步突破人才培养方面专业和院系的限制,加强教学综合管理能力。

(7) 具有新工科素养和数字能力的人才需求

当今世界范围内新一轮科技革命和产业变革,无论是人类智能还是人工智能,个体智能还是群体智能,都是在提升创新驱动发展源头的供给能力。多学科门类的交叉渗透助推了"智能科学与技术"的发展。计算机科学与技术、电子科学与技术、控制科学与工程、神经学、语言学和应用语言学等起到极大的作用。当前,不仅是智能及智能工具,还有具有创新创业思维、态度、技能和知识的新型工程技术人才,都是先进社会最重要的经济动能。

高等教育机构中,传统工科课程的课程设置中尚未充分体现与创新创业思维、态度、技能和知识相关的内容。识别并利用新的市场机会、理解市场或消费者需求、创新商业模式、进行市场研究等与创新创业密切相关的技能和知识,在很大程度上被排除在传统工科课程和教学大纲以外。"新工科"是当前技术创新驱动的人类社会、经济发展背景下对传统工科、理科知识的重构,也是科学、人文、工程等知识领域的交叉融合,以培养人文科学和工程领域具有全球视野、领导能力和实践能力的复合型、综合性领袖人才[1]。

---

[1] 李修全.人工智能应用中的安全、隐私和伦理挑战及应对思考[J].科技导报,2017(15):11-12.

互联网正迅速瓦解着人为建立起来的学科体系,为不同学科、不同层次知识的贯通和综合创造条件。人类社会面临越来越多的复杂情境和复杂问题,解决这些问题也依赖知识的综合运用,单一学科的知识已经力有未逮,学科综合才是智能时代教育的发展方向。美国的 STEM(科学、技术、工程、数学)综合教育计划也正是在这样的背景下提出的,它与传统的分科教育是完全不同的理念和方法。

　　数字能力指的是数字理论知识和数字技能。智能时代也是数字时代,智能时代的经济更是数字经济。智能时代的社会活动几乎全部和数字化相关。数字理论知识是尖端学科深度交叉融合后的新工科知识,这些尖端学科有机器学习(深度学习)、算法研究、芯片制造、图像识别、自然语言处理、语音识别等。此外,数字能力还应包含数字技能和计算思维。数字技能是数据分析、软件编程等能力,可以帮助运用人工智能,是智能社会人机协作的基础能力。

　　在智能时代,一是智能把人从简单劳动中解放出来;二是通过智能提高人的潜能,人类让大脑做大脑擅长的事情,让人工智能来做其擅长的工作。人依然是智能世界的主宰,但是人有可能被机器领导。计算思维是智能化社会公民的重要素养,让所有学习者都能参与并提升校内外学习体验,使其成为全球网络社会中积极并具有创造力、渊博知识和道德规范的参与者,将创造力放在学习目标的首要位置;编程能力也是智能化社会公民的重要素养,帮助学生了解计算机运行规则,激发学生计算思维的兴趣,培养编程素养,较好适应未来发展趋势的需要。人工智能对于教学环境的支持,将改善现有的学习方式,由被动转向主动,课程内容与现实联系更加紧密,课程目标由获取知识转向创造知识及问题解决能力的培养。了解机器能做的工作及掌握"人机协同"工作的本领,将是未来学生的必备素养,学校应帮助学生提前做好准备,以适应人工智能时代的快速发展①。

(8) 具有人文素养和创造力的人才需求

于社会整体而言,大众的人文素养体现为"人文主义价值观",它承载并体现不同时代、不同社会背景下的普遍人性,是人类共同的伦理原则。"人文主义价值观"延伸出反对暴力、反对不宽容、反对歧视和排斥的伦理原则。向大众传递着尊重生命和人格尊严、权利平等和社会正义、文化和社会多样性,以及为建设我们共同的未来而实现团结和共担责任的意识。《反思教育:向"全球共同利益"的理念转变?》在新的时代背景下,重审人文主义价值取向,并特别强调"尊重生命与人类尊严、权利平等、社会正义、文化多样性、国际团结和为创造可持续的未来承担共同责任"。人文主义中的人本思想对于社会把握人类和人工智能之间的关系和立场有着启示作用。此外,关注包容性,维护和增强个人在其他人和自然面前的尊严、能力和福祉的人文主义也在黏合人工智能通过岗位分化造成的社会撕裂。

于个人而言,人文关怀能力和创造性是人类有别于人工智能的独特价值。智能时代的职业可大致分为创造人工智能的人,告诉机器该做什么并决定如何处理其产出的人,最后是知名人士(演员、运动员、艺术家、作家)。那么,个人应当如何做准备才能引领人工智能机器新世界呢?《预测机器:人工智能的简单经济学》(*Prediction Machines: The Simple Economics of Artificial Intelligence*)一书的合著者阿维·戈德法布认为,文科教育可能是对抗自动化的最佳解药②。他表示,虽然大多数人都需要对计算机科学有一个基本的了解,但学习艺术、哲学、历史、社会学、心理学和神经科学可能是为未来做准备的关键。在自动化时

---

① 刘冬颖.新工科背景下大学生人文素质教育探索[J].中国大学教学,2018(11):26-29.
② 鲁传颖.人工智能安全:挑战与机遇[J].重庆与世界,2018(20):59-61.

代,对世界的理解能力就是我们的最大财富。人工智能擅长于精密、重复性的任务,而人类则善于提出创造性的解决方案。文科教育将帮助年轻人掌握广博的知识,而他们可以利用这些知识将人工智能的作用发挥到最佳[①]。

(9) 参与人工智能社会治理的人才需求

探索建立面向未来的人工智能伦理规范的人才。探索人工智能发展前沿面临的伦理难题,发展以人类为中心的人工智能技术路线,确保人工智能研发设计符合正确的价值观导向,共同推进设计研发中的技术、伦理标准制定。研究人工智能在具体场景面临的伦理问题和长期发展引发的伦理问题。探索人工智能风险评估和监管体系,面向智能医疗、智能出行、智慧社区、自动驾驶等领域,研究设计问责和应用监督并重的双层监管机制。

探索推进人工智能地方立法工作的人才。开展人工智能应用的相关立法研究,支撑科技主管部门、立法机构、人工智能企业、法律研究和从业机构、用户等相关方,制定有关数据应用和算法规制的规范性文件,并在具体应用场景中试行和迭代,为进一步开展相关立法研究奠定基础。开展数据权属、流通的立法研究,推进公共数据的立法工作。

参与全球人工智能治理规则制定的人才。依托世界人工智能大会等载体,打造人工智能治理国际交流平台,组织全球一流人工智能治理研究机构展开专题讨论和合作,参与全球人工智能治理讨论与规则制定,联合国内外高校发布相关倡议,为世界人工智能治理规则发展贡献力量,形成中国在人工智能治理方面的话语权。

---

① 陈轶翔. 人工智能的简单经济学:什么样的技能组合更能适应未来社会?[EB/OL]. https://mp.weixin.qq.com/s/sT8CWFXsSTAsvD5rb11MJQ.

建立健全人工智能技术标准与知识产权工作的人才。加强人工智能标准框架体系研究,坚持安全性、可用性、互操作性、可追溯性原则,逐步建立并完善人工智能基础共性、互联互通、行业应用、网络安全、隐私保护等技术标准。建设跨领域的人工智能测试平台,推动人工智能安全认证,评估人工智能产品和系统的关键性能。加强人工智能领域的知识产权保护,健全人工智能领域技术创新、专利保护与标准化互动支撑机制,促进人工智能创新成果的知识产权化[1]。

4.1.3 知识的开放性需求

智能时代下的高等教育将是全球化的,世界各国教育共存于一个一个更为复杂、相互关联的形式和系统之中。在智能化时代,高等院校的教学、创新创业、职业培训、社会网络等要素需要融合起来,很多不同类型的教育都会成为融合式教育的组成部分。高等教育将冲破地理位置的边界条件限制,优秀的教学理念、优质的教学元素乃至顶尖的教学人才,将在国际范围内广泛流动,契合融合的趋势和需求。这一改变,主要源于人工智能、应用模式的不断提升和进化,时间、空间呈现融合转化的重要趋势,引领高等教育变革要素的迁移。

知识的全球化传播、跨国人才团队的继续教育等对高等教育提出国际化融合需求,这种融合程度会越来越广泛和迫切。高等教育的一系列边界将被打破。首先,高等教育不同水平和类型层面,如传统的高校教育、成人教育、继续教育之间的界限将变得模糊,无缝的终身学习机会成为现实;其次,高等教育组织界限变得模糊,私立大学、公共大学、虚拟大学等等各类高等教育组织在组织结构上、教育供给形式

---

[1] 任红伟.广东把握新一轮科技革命先机战略性布局人工智能的若干建议[J].广东经济,2017(11):22-25.

上等各个方面将相互交叉,相互融合;再次,时间与空间上的界限将被打破,各个企业大学、跨国、财团以及合资企业之间建立的教育战略联盟、虚拟学习环境、在线学习项目等等,使得高等教育跨越了时间与空间的界限。

这一趋势已然开始凸显,如美国麻省理工学院的"开放课件"项目(OpenCourseWare Project)旨在将大学的课程教学材料通过互联网向全球免费开放。欧盟的博洛尼亚进程实际上已经在构筑一个强大的高等教育网络,来自不同国家的私人企业、监管与评估机构、政府部门、大学乃至欧盟当局,以资源节点或枢纽的形态将其高等教育同化、扩张与整合在一个全球性的教育企业之中,从而在欧洲各国间形成了一个教育领域品牌消费的金字塔[①]。此外,谷歌的GoogleClassroom、微软的OneNote Class Notebooks、百度的教育云平台等系列产品、阿里巴巴的淘宝同学与超级课程表、腾讯的腾讯精品课与腾讯课堂等,互联网巨头正在通过资本运作与产品开发成为教育产业链的主导者[②]。

4.1.4 高校教师的培养需求

智能时代下,高等教育要适应智能技术带来的革命,要给学习者提供只有人才能完成的教育。这就对教师提出了更高的要求,即教师不仅要具备应用智能性技术来实现个性化教学的基本能力,更要具备较高的人文素养,帮助学生进行思维训练,使其获得更多的智慧。

对于语言类教师,无论听、说、读、写的辅导,还是考核评价活动,都可能被机器人代替。同时,基础法律课堂、基础历史课堂、简单实验操作

[①] 田慧君,管健,朱小冬,等.工程教育知识服务平台的构建与应用研究[J].现代教育技术,2019(6):76-82.
[②] 荀渊.高等教育全球化的愿景:从无边界教育到无边界学习[J].电化教育研究,2019(5):32-38.

课程也不可能再占用师资力量,但对于与学生共同探讨文学和审美、进行情感交流的活动,机器人可能难以胜任。在人工智能时代,学科基础知识讲授的任务将会被 AI 替代,而对于个别化的"教练"、以学定教的导师、情感交流的心灵师等,将会有更大的需求①。

未来对于教师的培养不仅仅是注重教师本身的个人素质,更要注重教师间的协同以及教师与人工智能环境的协同的培养。智能时代下,教学机构、学科和班级的边界将逐渐被打破,学习过程会在跨越传统机构边界的社会化协同分工下完成。未来,一门课程的教学可能由多位教师共同负责,既包括教学方案设计者和学科知识专家,也包括知识传授者和人工智能助教或其他角色。

从教师职能来看,智能时代下的个性化自主性的教育体系强调要促进学生的全面发展,因此未来教师的职能将加速向两个方向分化:

一是全能型教师。在人工智能的支持下,能够对人类身心健康和全面发展负责的全能型教师的出现成为可能。这种全能型教师既要掌握学科知识和技术知识,也要掌握教学方法、脑科学发展及人类身心健康等等相关知识,还要了解各种社会属性,也要具有领导力和社会协作能力②。全能型教师既能够为每个学生提供个性化指导,也能为整个学习群体提供服务。

二是专业型教师。除了上述的全能型教师,未来教师还会出现更为精细的、个性化的分工,可以把某一方面的教育做到极致。如专业做教学设计的教师、进行思维训练的教师、解决心理问题的教师等等。随着社会分工的不断细化,教师角色的分工也越来越细,就像拍电影一样,有

---

① 刘文.人工智能时代高等教育之变与不变[J].黑龙江高教研究,2018(3):287.
② 李亮,经来旺,刘丹丹.信息化和智能化背景下高校教学工作探讨[J].高教学刊,2016(15):103-104.

编剧、演员、导演、摄像、后期制作。所以,教师需要善于基于大规模的社会化协同开展教育服务。

4.1.5　政、产、学、研、用、金结合需求

从人工智能为代表的科学技术发展来看,当今世界科学发展呈现六个主要特征:重要科学领域从微观到宏观各尺度加速纵深演进,科学发展进入新的大科学时代;前沿技术呈现多点突破态势,正在形成多技术群相互支撑、齐头并进的链式发展;科技创新呈现多元深度融合特征,人、机、物融合加快,物理世界、数字世界、生物世界的界限越发模糊;科技创新的范式革命兴起,大数据研究成为继实验科学、理论分析和计算机模拟之后新的科学研究范式,产业范式向网络化、智能化的系统演进;颠覆性创新呈几何级渗透扩散,主流技术、产品不断被迭代,新业态、新产业快速涌现;科技创新日益呈现高度复杂性和不确定性,人工智能、基因编辑等新技术可能带来对就业、社会伦理和安全等问题的重大影响和冲击[①]。与科学变革相呼应,创新链条也将不再保持基础研究到应用研究再到示范应用和产业化的单向线性过程,而是转向以用户为中心、以社会实践为舞台和以开发创新、协同创新、大众创新为特点的用户参与的创新模式。这种情况下,创新主体也会从小众科研人员向全体大众转变,众创、众包、众筹成为重要创新组织方式和融资模式。

基于此,智能时代的大学需要改变固有的办学理念,与各类企业、研发机构、政府部门和非政府组织建立各种伙伴关系。回应社会需求,从传统学科范式规范和内部权威控制的封闭知识体系,转变到与外部利益相关者、"消费者"或"客户"。大学要按照市场和社会的需求,设计并开

---

① 王哲.人工智能产业发展将塑造智能经济雏形[J].中国工业和信息化,2019(4):48-54.

设企业与社会所需的课程与学位,从制度建设和政策导向上积极引导和支持高校科研人员与企业的合作,以产业需求来引导和推动大学的科研。此外,大学组织结构也走向网状。原有基于学科和专业划分的院系还继续存在,但按照跨学科需要组成的临时性研究中心、问题导向的智库或与校外机构联合组成的协同创新机构正层出不穷[①]。

4.1.6 人工智能学科建设需求

在智能时代,未来新兴产业和新经济需要的是工程实践能力强、创新能力强、具备国际竞争力的高素质复合型人才。因此,既需要培养人工智能领域的专才,也需要让人才具有正确的价值观,特别是伦理道德层面需要加大学科建设的力度。

(1) 人工智能

在人工智能领域,未来在基础数学、脑科学等方面的知识积累,将成为强人工智能发展的不可或缺的重要方面。从学科来看,人工智能是计算机科学、控制论、信息论、语言学、神经生理学、心理学、数学、哲学等多种学科相互渗透而发展起来的综合性学科。基于权威标准的分类系统——国际计算机学会分类,中国人工智能领域主要被分为两级,27个一级概念,44个二级概念,涵盖了中国人工智能发展的各个领域,代表了人工智能在国内和国际上较活跃的子领域。目前中国人工智能领域的人才主要集中在以下一些方向:数据挖掘、机器学习、计算机视觉、数据库、自然语言处理、图像处理、计算机图形学、多媒体技术、虚拟现实、人机交互、信息检索以及社交网络等,未来高等教育需要加强基础策源创新型人才和高端芯片、算法人才的培养。

---

① 张志文.应用型人才培养模式的哲学思考[J].高教发展与评估,2019(2):22-34.

（2）法律伦理

人工智能将带来的社会、法律、伦理等问题,需要大学在人工智能从业者群体中加强机器伦理教育,将正确的伦理价值观广泛渗透到社会与经济的各个方面,在不断推动智能时代发展的同时,消除安全隐患和不确定性于萌芽状态。

由于物联网、人工智能、5G的普及,服务对象不仅仅停留在人类社会,成为生产力的智能化机器也成为服务对象,创造和产生价值的机器人也成为纳税人,机器人群体也将接受体检、教育、道德信息输入等外界服务。针对机器和人的个性化服务逐渐成为智能时代发展不可或缺的一环。同时,伦理规范将延伸到智能机器领域,伦理教育的方向和内容将面临重构。未来的自主智能机器将有能力完全自主行为,不再是为人类所使用的被动工具。其基于自身所获取的信息的分析和判断,在不同情境中的反应和决策可能不是其创造者可以预料或者事先控制的。这种不需要人介入和干预的"感知—思考—行动",需要新的伦理规范加以约束,因此针对机器的伦理规范将成为这一领域的重要方面展开教育和传播。

4.1.7 "终身学习"的需求

新技术革命让知识的总量飞速增长,更新周期也大大缩短。随着新学科的不断分割建成,科学知识变得高度分化并且互相综合交叉,构成纵横交错的大知识群落。为了"学会生存",不被汹涌的时代所抛弃,人们日益认识到终身学习的重要性。终身学习应该是一种自主驾驶式的学习,即根据自己的学习基础、需要解决的问题以及希望达到的目标,选择一条适合自己特点的学习路径。这样的学习不可能依靠学校教育的方式来实现。学习方式逐渐从单纯课堂听课转向听教师授课与从网上汲取知识同时进行,这种混合学习已经成为一种趋势。终身学习主要是学习者带着问题的学习,包括工作的问题、形势变化的问题、健康的问题、理财的问题、兴趣爱好的问题等。这些都将导致学习行为,而对于这类学习来说原有的学校教材并不适用。人工智能的发展将使知识的传播、存储与检索得到极大的便利,为终身学习的实现提供条件。

智能社会的职业选择增多,社会节奏加快,学习成为超越时空变化的常态。在线学习、个性化学习、人与人及人与机器的学习将成为主流的学习渠道和途径。每个公民要想在社会中掌握主动权,成为生产生活的主人,就必须把握方方面面、时时刻刻学习的机会,抓住智能化时代趋势,建立对应的培训方案,跟上最新的科技发展潮流,抓住社会提供的每一个机遇,更好地应对越来越自动化和自主化的市场。因此,高等教育需要注重人工智能与其他学科专业的交叉融合,注重教学模式、对象、内容的转变,充分发挥职业教育、开放教育的优势和特色,建设相关实训基地和开展国际交流,为社会普及"终身学习"。

当前,知识的更新换代已经极其迅速,大学生一年级所学的知识在毕业之前可能就已经被替换。而且人工智能驱动的自动化也在急速扩展。普遍存在于零售、制造等行业的在高度稳定与可预测环境下的体力劳动,以及数据的收集与处理是最易被人工智能取代的工作内容。但人工智能对创新性工作的取代性极低。虽然人工智能对各项工作内容的自动化进程是不一致的,对各技能水平工人的影响也不一,但可以确定的是,人工智能将逐渐取代中级、高级技术工人[①]。不断更新自己的知识

---

① MANYIKA J, CHUI M, MIREMADI M, et al. A future that works: automation, employment, and productivity[R/OL]. (2017-07)[2019-09-01]. https://www.mckinsey.com/~/media/McKinsey/Featured% 20Insights/Digital% 20Disruption/Harnessing% 20automation% 20for%20a%20future%20that%20works/MGI-A-future-that-works_Full-report.ashx.

技能,以提升自身不可取代性,寻求更多的工作机会,必须要坚持终身学习和自主学习。

由此,人工智能将引起大学人才培养方式的深刻变革。与过去的学生相比,现在的学生将更多使用多媒体技术、在线网络等更加灵活和生动的教学模式。在线教学将有可能成为主流教学方式,给学生以持久获取优质教学资源的可能。

4.2 智能时代各国的人工智能人才战略

人工智能当前正处于发展阶段,正在从实验室走向市场,处于产业大突破前的技术冲刺和应用摸索时期,部分技术和产业体系还未成熟,此时对于高端人才极为倚重。人才的质量和数量决定着人工智能发展水平和潜力。各国在发布的人工智能战略中,都为人才的争夺和培养制定了重要策略。

4.2.1 美国

全体公民接受人工智能教育,深入了解国家人工智能研发人才需求。美国白宫发布《为人工智能的未来作好准备》以及《国家人工智能研发战略规划》。《为人工智能的未来作好准备》称人工智能的快速发展对具有相关技能的人员支持和相关领域的发展也提出了巨大的需求。将人工智能、数据科学及相关领域与全国教育系统整合起来,对发展出一批突出国家战略重点的从业者是十分必要的。各个级别的教育机构都在设立和发展人工智能项目,在中学乃至小学就引进数据科学课程,可以有效改善国民的数据知识水平,同时为学生在高中之后理解更高级别的数据科学概念和课程做好准备。此前,教育工作者、商业领袖都意识到,计算机科学在经济机会和社会流动性方面已经成为一门"新基础技能",因此全国已经在计算机科学教育方面有了很大的投入。在这一基础之上,人工智能教育成为"全民计算机科学教育"项目的组成部分,让所有美国学生从幼儿园一直到高中都可以学习计算机科学课程,培养计算机思维技能,在数字经济中成为一名创造者,准备好迎接人工智能驱动经济的需求所带来的挑战①。《国家人工智能研发战略规划》提到未来需要更好地了解国家 AI 研发人才的需求数据,包括科研机构、政府和产业方面的需求。需要对 AI 人才的供应和需求量做出测算,从而可以帮助预测未来的人力需求,并制定合理的计划②。

明确专业领域划分,招募多样化人才。2016 年 7 月 12 日,美国白宫发布首个《联邦网络安全人才战略》,旨在为联邦政府和国家挑选、招募、培养、留住并扩大最优秀、最聪明以及最全能的网络安全人才。《联邦网络安全人才战略》公布了四项关键计划:第一,通过教育和培训拓展网络安全人才,于 2017 年投入 6 200 万美元在全国推行网络安全教育;第二,招募全国最好的网络人才为联邦政府服务,在政府范围内实行招募政策,其中包括加强宣传力度,从学徒计划、大学、学院和私营企业招募多样化的网络人才(包括妇女、少数民族和退伍军人);第三,留住和培养高技能人才,联邦人事管理局将与联邦政府共同制定网络安全职业上升通道和资格审查程序、轮岗分配和促进员工获得新技能机会的办法,使其成为领域专家;第四,明确网络安全人才需求,在网络安全人才现有 31 个专业领域基础上进一步划分,使机构可以更好地识别、招聘、评估和雇

---

① The White House. Preparing for the future of artificial intelligence[R/OL]. (2016 - 05 - 03)[2019 - 03 - 01]. https://www.whitehouse.gov/blog/2016/05/03/preparing-future-artificial-intelligence.
② The White House. The national artificial intelligence research and development strategic plan[R/OL]. (2016 - 10 - 20)[2019 - 03 - 01]. http://www.raincent.com/uploadfile/2016/1013/20161013013531897.pdf.

佣具有网络安全技能的最佳人选①。

为机器智能时代发展劳动力。2018年3月1日,美国国际战略研究所发布报告《美国机器智能国家战略报告》,在人才培养上制定如下策略:扩展在计算机技术,特别是人工智能方面的学位项目;为下一代投资通用的基本数字化能力;再次强调软技能的发展和通识教育的重要性;组建美国能源部工作组,来为国家教育系统学习机器智能的长期应用方向;创建一个移民系统,积极欢迎外国的有才之士;激励企业为其在岗员工的继续教育投资;为现如今的在岗工作人员和未来的工作人员提供继续教育的机会;加强社会保障,支持过渡期的员工②。

4.2.2 日本

产、学、官合作推动人才培养。2015年1月,日本编制《日本机器人战略:愿景、战略、行动计划》(也可称为《新机器人战略》)。《新机器人战略》中提出要打造世界机器人创新基地以彻底巩固机器人产业的培育能力,增加产、学、官合作,增加用户与厂商的对接机会,诱发创新,同时也推进人才培养、下一代技术研发、开展国际标准化等工作③。

培养多样化人才,吸引海外优秀人才。2016年1月22日《第五期科学技术基本计划(2016—2020)》提出,要强化科技创新的基础实力,明确青年研究人员的职业发展道路,对应职业发展不同阶段,营造能够充分发挥青年研究人员的才能和创意的环境;培养和确保科技创新所需要的

---

① The White House. Federal network security talent strategy [R/OL]. (2016 - 7 - 12)[2019 - 03 -01]. https://www.whitehouse.gov/blog/2016/07/12/federal-network-security-talent-strategy.
② 新智元. 美国战略研究所重磅发布美国机器智能6大国家战略[EB/OL]. (2018 - 03 - 05)[2019 - 03 - 01]. https://mp.weixin.qq.com/s/Ld4lsFyC0cIqbAEFPY5l-g.
③ 腾讯研究院. 人工智能各国战略解读:《日本机器人新战略》[EB/OL]. [2019 - 03 - 01]. http://articles.e-works.net.cn/it_overview/article138475.htm.

多样化人才,通过确定职业发展道路以及与大学和产业界加强互动,推进研究生院的教育改革;激发女性研究人员的活力,增加女性研究人员的录用比例;加大对赴海外研修的研究人员的支持力度,同时吸引和留住外国优秀人才,构建国际研究网络,促进跨领域、跨部门的人才流动[①]。

推进专业化人才培育,保证多样化人才流动。2017年6月2日,日本内阁会议发布了《科学技术创新综合战略2017》,致力于培养能利用物联网开创新业务的人才,能应对复杂网络威胁的网络安全人才,以及有助于推动数理科学、计算科学技术和数据科学发展的人才。促进女性领导的任用,完善女性发挥积极作用的环境;吸引外国优秀研究人员定居日本;导入促进产业、学术界、政府机构之间的人才流动的制度。国立大学和国立科研机构采取先进的人事政策,增加年轻研究人员的流动性,促进组织的更新换代;推动产学合作的研发投资;加强教育与研发的区域优势。

4.2.3 欧洲

(1) 英国:设立人工智能课程,增加人工智能学位

2017年10月15日,英国政府网站上发布了报告《在英国发展人工智能》(Growing the Artificial Intelligence Industry in the UK),同时从数据、技术、研究以及政策的开放和投入等四个方向上分别给出了具体建议,目标是使英国成为世界上最适合发展和部署人工智能的国家。报告主张为工程和物理科学研究委员会提供研究资金;在本国领先的大学中设立由企业资助的大学 AI 硕士课程,通过市场调研设立人工智能课程,以满足雇主的多方面需求;增加了200多个人工智能博士学位,以优

---

① 王玲. 日本发布《第五期科学技术基本计划》 欲打造"超智能社会"[N]. 光明日报,2016-05-08(8).

厚的条件吸引来自世界各地、拥有不同背景的人才;设立线上人工智能课程和持续的专业技能培训;实现人工智能领域多样性发展;在英国设立一个国际人工智能奖学金项目[①]。

(2) 法国:培育本土人才,吸引外部精英

2018年3月28日,法国发布《法国人工智能发展战略研究报告》,也叫《韦拉尼报告》。报告指出,法国高等教育阶段人工智能专业的学生规模远不足以支持产业发展。因此在人才培养上,要改造传统优势专业,数学和信息科学,并鼓励高校新设人工智能专业;提高人工智能专业女生比例;提升人工智能专业师资力量,一方面加大法国本土人工智能专业人才培养力度,另一方面从其他国家引进优秀师资[②]。

在人才争夺上,要提高公立大学和公立研究机构的吸引力,为公立大学和研究所人工智能专业年轻毕业生提供的起薪至少为目前的2倍;保持公立大学和研究所教师和研究员的长期稳定岗位,简化岗位聘用手续,吸引更多外国优秀研究员加入研究队伍;扩大人工智能专业研究生的招生规模,并设立奖学金,吸引优秀学生,以扩充公立大学和研究所的人工智能研究队伍[③]。

(3) 德国:厚重积淀,蓄势待发

2018年7月18日,德国联邦政府通过《联邦政府人工智能战略要点》,旨在推动德国人工智能研发和应用达到全球领先水平。文件提出,德国要为人工智能相关重点领域的研发和创新转化提供资助;优先为德国人工智能领域专家提高经济收益;同法国合作建设的人工智能竞争力

[①] 网易智能.英国政府:2017年英国人工智能产业发展报告[R/OL].(2017-10-24)[2019-03-01]. http://www.199it.com/archives/646482.html.

[②] 许浙景.法国采取多项举措加快人工智能发展[J].世界教育信息,2018(18):78-79.

[③] 杨进,许浙景.法国加快人工智能领域人才培养:思路与举措[J].世界教育信息,2018(14):8-11.

中心要尽快完成并实现互联互通;设置专业门类的竞争力中心;加强人工智能基础设施建设等①。

4.2.4 中国

(1) 着重培育高水平人工智能创新人才和团队

2017年,国务院发布《新一代人工智能发展规划》。规划指出两个人才培育方向:首先是领军人才,即人工智能基础研究、应用研究、运行维护等方面的专业技术人才。其次是复合型人才,复合型人才包括贯通人工智能理论、方法、技术、产品与应用等的纵向复合型人才,以及掌握"人工智能+"经济、社会、管理、标准、法律等的横向复合型人才。

(2) 完善人工智能领域人才培养体系,建设人工智能学科

2018年4月2日,教育部发布《高等学校人工智能创新行动计划》,制定了多方面的培养计划。

在学科布局方面,完善人工智能领域学科布局,设立人工智能专业,推动人工智能领域一级学科建设。鼓励高校拓展人工智能专业教育内容,形成"人工智能+X"复合专业培养新模式,重视人工智能与数学、计算机科学、物理学、生物学、心理学、社会学、法学等学科专业教育的交叉融合。

在专业建设方面,加快实施"卓越工程师教育培养计划",根据人工智能理论和技术具有普适性、迁移性和渗透性的特点,主动结合学生的学习兴趣和社会需求,积极开展"新工科"研究与实践。2018年3月,教育部遴选612个高校项目作为首批"新工科"研究与实践项目,涵盖了包括人工智能类、大数据类等热门"新工科"在内的19个项目群,以升级传

---

① 彭大伟. 德国政府欲打造人工智能强国[EB/OL]. (2018-07-19)[2019-03-01]. http://www.chinanews.com/gj/2018/07-19/8572070.shtml.

统工科专业，为人工智能制造人才培养提前布局。

在教材建设方面，加快人工智能领域科技成果和资源向教育教学转化，推动人工智能重要方向的教材和在线开放课程建设，将人工智能纳入大学计算机基础教学内容。现在人工智能进入高中新课标，第一本高中教材《人工智能基础（高中版）》已出版。此外还将编写一批具有国际一流水平的本科生、研究生教材和国家级精品在线开放课程。

在人才培养力度方面，完善人工智能领域多主体协同育人机制。深化产学合作协同育人，推广实施人工智能领域产学合作协同育人项目，以产业和技术发展的最新成果推动人才培养改革。支持建立人工智能领域"新工科"产学研联盟，建设一批集教育、培训及研究于一体的区域共享型人才培养实践平台。人工智能企业通过与研究型大学共建联合实验室、研究院、研究中心等方式加速人工智能高水平人才成长。

在普及教育方面，鼓励、支持高校相关教学、科研资源对外开放，建立面向青少年和社会公众的人工智能科普公共服务平台。

（3）多方式、多渠道利用全球优质资源

鼓励和支持国内学生赴人工智能领域优势国家留学，加大对人工智能领域留学的支持力度。依托"联合国教科文组织中国创业教育联盟"，加大和促进人工智能创新创业的国际交流与合作。2018年4月3日，教育部、创新工场人工智能工程院、北京大学共同启动"中国高校人工智能（AI）人才国际培养计划"，致力于探索实践出适合中国高等AI人才培养的教学内容和教学方法，培养中国AI产业的应用型人才。该计划邀请了中科院外籍院士、图灵奖获得者约翰·霍普克罗夫特（John E. Hopcroft）、创新工场创始人李开复等中美人工智能领域著名专家担任导师，计划在5年内培训500名教师和5 000名学生。2019年，计划选拔来自全国重点计算机高校的100名教师和300名学生参加首次培养计划。

(4) 引进国际高端人工智能人才

国务院《新一代人工智能发展规划》指出，要开辟专门渠道，实行特殊政策，实现人工智能高端人才精准引进。引进对象侧重于神经认知、机器学习、自动驾驶、智能机器人等领域的国际顶尖科学家和高水平创新团队。引进方法包括鼓励采取项目合作、技术咨询等柔性方式，以及其他现有人才计划，并特别强调引进优秀青年人才。

他山之石——《德国联邦政府人工智能战略报告》之评述

2018年11月15日德国联邦政府正式发布了《德国联邦政府人工智能战略报告》（以下简称《报告》）。《报告》提出，人工智能（以下简称AI）已进入一个新的成熟阶段，要使"AI德国造"成为全球公认的产品标识；把遵守道德和为道德而设计的理念作为整体，推行"AI欧洲造"商标。《报告》涉及AI研发与广泛应用，及其带来的政治、经济、文化、安全、法律、道德、国际合作等等方面可能出现的变化，提出了行动措施。《报告》也是德国数字化实施战略的一部分，到2020年将进一步修改完善，应对AI多变。

一、确定近期AI方向

《报告》未就AI定义达成共识，但确定了"弱"和"强"AI两个方向。"强"AI是指AI系统具有与人类类似甚至超越人类的智能。"弱"AI则专注于解决基于数学和计算机科学方法的具体应用问题，由此开发的系统能够自我优化。此外，也对人类智能各方面进行建模并正式描述，构建了用于模拟和支持人类思想的系统。为抓住机遇，提出近期定位为"弱"AI方向：

1. 推理系统，机器证明。从逻辑表达式推导正式陈述，证明硬件和软件正确性的系统。

2. 基于知识系统。建模和汇集知识的方法，用于模拟人类专业知识和专家支持的软件（专家系统），部分与心理学和认知科学有关。

3. 模式分析和模式识别。一般归纳分析方法，特别是机器学习。

4. 机器人技术。机器人系统的自动控制，也是自治系统。

5. 智能多模人机交互。分析和"理解"语言（结合语言学）、图像、手势和发展其他形式的人类交互。

二、明确发展目标

《报告》明确了三大目标：将德国和欧洲打造成 AI 区位，保障德国未来竞争力；实现负责任、以共同福祉为导向的 AI 开发和应用；在道德、法律、文化和制度上将 AI 嵌入整个社会，同时提出了 14 个方面的内容。

三、提出 AI 发展思路

政府将 AI 纳入所有政策领域，在基于民主秩序的社会和经济层面，实现以人为本、以社会福祉为导向的应用。主要思路：

1. 利用现有科研和经济结构优势，在诸如工业 4.0 等重点行业领域的技术领先地位，结合 AI 潜力，通过强强联合，提高现有的效率或进入新的商业模式，实现未来价值。

2. 在尊重公民信息自决前提下，将 AI 技术系统嵌入到复杂产品、服务或商业模式中，建立基于公民积极参与、透明程序和可追溯性的信任关系。

3. AI发展对传统强大的中等规模制造业提供了巨大机会,但对中小企业是挑战;AI对公共管理和政府某些任务具有巨大潜力。

4. 加强AI适用法律框架讨论;提高全社会认识,加强公共辩论所需的事实和证据基础;国家策略应有助于"AI德国造",有助于国家和社会福祉,并易于被广泛采纳。

5. 加强欧洲及国际范围内合作,确保AI经济层面的成功,特别是统一的道德准则;欧盟通用数据保护条例(DSGVO)是欧洲合作的重要基础,除实现技术实力、利用市场力量,还要积极宣传其价值观;参与国际规则制订,在欧盟内颁布标准。

6. 为有效实施高科技战略2025,将AI作为德国创新区位的焦点,并成为政府之使命。

四、推出AI行动措施

2018—2025年,政府投入约30亿欧元资金用于AI研发,达到3.5%的研发目标,其中2019年预算为5亿欧元。带来的杠杆效应至少会使政府可支配资金翻倍。另外,超出政府权力的全国性任务如教育和培训经费等,需要国家和社会伙伴的特别资助,同时提出了12项行动措施。

资料来源:李仁涵.人工智能德国造"弱AI"强势登场[EB/OL].(2019-03-28)[2019-09-01]. https://mp.weixin.qq.com/s?src=11&timestamp=1573282877&ver=1963&signature=uiPCelQbqGEpuefBwkNsHGYMHoRbF3nYtDy4r6eRckRhRcjnJTBLEWzN5Ae0WxDr83VLo23fwb*ChR75lvSt93Xr5ctc26tOQygXHtUrdcAXmiGdhrK91dw3r8SkzfmR&new=1.

4.3 人工智能对高等教育的挑战

在智能时代,人才发展将受到巨大的冲击,高等教育模式不仅面临升级的机遇,也会面临各种挑战,教师、学生、教育工具、教育组织都将作为高等教育模式变革的参与方而受到影响,共同推动新型高等教育模式的重构。

4.3.1 对学生培养模式的冲击

智能时代的到来对教育的影响显而易见。智能校园、智能课堂、在线课堂、人工智能实验室、电子书包以及个性化电子辅导等的不断出现,已使如今的学校教育发生很大改变。如智能手机的使用,给学生学习带来了便利,但也给课堂管理带来了一定挑战,因此学习模式和教育管理模式都需要进行相应的改变,以适应新时代新需求。

(1) 促进教育重心转移

首先,智能时代下,教育体系中受到冲击最大的将是技能教育。技能教育中的教育内容大都是人工智能驱使的机器人可以学习和掌握的,包括计算机视觉、机器学习、自然语言处理、机器人和语音识别等,而且这些技术的实现使得机器人比人类本身更为精准。其次受到冲击的是知识教育。目前的教育体制下,中小学教育普遍以传授知识为主,而对学生思维训练考虑得相对较少,相关升学考试也是以测试学生对各门学科知识点的掌握程度为主。而借助人工智能,在知识存储、知识传播、教学方法与手段等方面都可能会超越人类的力量。在这种趋势下,知识教育中的知识和传授工作都可能被机器人取代。因此,智能时代下,教育重心将会由当前的知识教育和技能教育向以个性化的思维训练等教育方向偏移。

(2) 推动教育回归人的本真

人工智能的发展可以帮助学生的学习变得越来越轻松,常规的技术、知识和技能的传授将无须再耗费教师的太多精力去教学,而更多地将教育重心转移到人工智能不能进入的人的精神和情感世界中来。因此,智能时代将推动教育更加关注人,尤其是关注人的精神世界和情感交流。在教育过程中,学生最重要的不是掌握多少技能、知识和技术本身,而是其精神世界的不断充实,相应的,老师最重要的任务也不是传授给学生多少技能和知识,而是要关注学生的精神需求,重视其创新性的培养,利用各种创新型的思维训练方法提升学生的创新素质。

(3) 推动教育行业从慢反馈走向快反馈

智能技术的发展推动了在线教育这一新兴教育模式的诞生。如今在线教育行业呈现爆发式增长,而这种教育模式与传统教育完全不同。传统教育下,从教到学到练到考,其中每一个环节都要经过相对漫长的过程才能实现。而在大数据和智能技术的支持下,智能时代的新型教育模式能及时快速地响应教育需求,显示教育成效,呈现快速反馈特征[①]。

4.3.2 对教育系统内主体的影响

教师和学生作为教育系统内的两大主体,随着人工智能发展,学习模式和教学模式都将会受到影响而发生改变,而教育工具和教育机构作为一种连接教师和学生的介质性主体,所受到的影响也是显而易见的。

---

① 华璐璐. 人工智能促进教学变革研究[D]. 徐州:江苏师范大学,2018.

（1）适应智能化学习模式

传统高等教育模式下，教育往往强调学生对具体学科知识的掌握，是面向过去的，学生的学习过程则主要是在以教师为中心的教学过程中完成，高校教育体系是以班级授课制和标准化教材为基础的，是标准化和规模化的学习。而智能时代下，学生的学习旨在发现自己、成为自己，因此充分体现了个性化。云计算、大数据、人工智能等先进技术的发展为学生自主学习的实现提供了可能。智能技术的应用使得学生学习更为自主化、个性化，学习模式逐渐演变为以学生为中心的智能化模式。智能时代中的学生是随着智能技术发展而成长起来的人，他们对于学习的主动权有更多的需求，而网络和智能终端等也不只是单纯的"技术"，而是伴随学生学习和生活的一部分。学生对学习空间和时间的选择更自由。学习不再局限于传统的、固定的课堂学习，而是可以整合各类正式学习、非正式学习、混合学习和远程学习，提升学习效果。为加快实现学生的个性化自主化学习，需要构建未来学习环境和实施未来教学。从教育本身来看，智能时代下更便于"因材施教"。人工智能通过对宏观教育数据的挖掘和学生学习行为过程中产生的数据进行分析，能够让学生的学习更有针对性。例如：可以根据学生的心理、生理以及目前的知识水平和能力，设计不同的学习内容，自行选择合适的学习内容、学习时间并根据反馈调整学习。甚至还能通过情感识别帮助学生改进学习体验，根据学习者的情感状态来定制个性化的学习材料。实验研究表明，应用情感识别技术的学习，比不用情感识别技术的学生成绩高出91%[①]。当前亟须解决的核心关键问题主要包括：一是构建可计算的教育情境；二是深度解析未来学习主体；三是实现可定制的学习服务。具体来说，是

---

① 金东寒. 秩序的重构：人工智能与人类社会[M]. 上海：上海大学出版社，2017.

要解决教育场景边缘的计算、解析数字化环境下的学习机理、进行数据驱动下的学习者建模与分析、构建人机交互的新型学习环境、实现学习数据的感知和融合,实现个性化、精准化服务和智能导学等关键理论与技术问题。

(2) 转变既有的教学模式

随着学生学习模式的转变,教师的教学模式也将发生改变,教师从处于中心地位的教授者变为学生学习的指导者和陪伴者等,且智能时代下,人工智能助教作为一种特殊的群体而加入教师队伍。未来的教学模式是在人类教师与人工智能助教协作共存的情景下完成的。人类教师与人工智能助教各自发挥优势,协同实现个性化的教育、包容的教育、公平的教育和终身的教育,从而促进学生的全面发展。未来的教师需要充分认识学生学习模式的转变并去很好地适应其变化。智能时代的教育,教授知识不再是教师最主要的责任,而更重要的是要作为学生的人生导师,帮助其训练创新思维,发现自身优点,实现人生价值。即教师的工作要以"育人"为重,从面向知识和技能的教学转向面向心理、思维、文化、责任等等核心素养的培养。学生的创新能力、协作能力、知识运用能力等成为教师更为关注的核心和重点。

(3) 教育载体的颠覆性变化

教育机构作为教育载体,在智能时代可能会发生颠覆的变化,以大学为主的传统高等教育机构,可将会被新型的"智能化教育平台"所颠覆,这一平台能够通过提供更便捷的学习方式、更丰富的教育资源、更有效的教学方法等,使得优质教育资源实现全球共享。正如如今的"互联网大学",以互联网教学为主、线上线下结合的混合式教学模式,通过各种学历教育和非学历教育项目,提供来自全球的优质教育服务,促进教育资源的共享和教育公平。

传统高等教育资源的供给方式以信息网、校园网、多媒体教学为主,信息技术作为开展教育活动的辅助工具和有益补充,停留在为教学活动、科研活动、实践活动提供形态支持的层面,信息平台与教育内容尚未充分有机结合。随着互联网技术及智能技术的不断成熟,极大地丰富了教育活动的内容资源与教学平台。一方面,网络化生态环境成为高等教育活动依赖的载体,高等教育活动需要借助新媒体平台提高吸引力和感染力;另一方面,互联网与智能技术在高等教育活动中的价值日益凸显,智能技术也成为高等教育的一项重要内容。智能化平台和高等教育内容的紧密衔接,促使教育资源的供给方式实现内容的升级与结构的优化。智能时代的高等教育机构不是以智能技术为依托的两者(智能化+高等教育)的简单相加,而是智能技术为高等教育提供形式和平台,高等教育为智能化提供内涵和视域[①]。因此,未来的教育机构将更多的是实现了"智能+教育内容"相结合的广泛融入于社会中的各种分布式的教育中心。

(4)教学工具的渐进性过渡

教学工具作为知识载体,正在由传统模式的书本载体向信息模式的画面、声音、影像等更加具体化载体过渡,再向以虚拟现实场景呈现实地、实物面貌的智能化模式发展转变。大量的传统岗位被新技术和新设备所替代,尤其是那些机械重复、精准操作的工作日益自动化,开始由智能工具或智能系统承担。智能硬件如虚拟现实(VR)、智能可穿戴等新技术将改变教学体验[②]。随着标签技术进步和海量数据的支撑,人工智能被广泛应用于自适应学习。自适应题库系统、自适应课程系统、分级

---

① 雷朝滋.以教育信息化全面推动教育现代化开启智能时代教育新征程[J].人民教育,2019(2):40-43.
② 冯志刚,刘茂祥.人工智能时代视阈下研究型、创新型学校的建构[J].教育参考,2018(4):21-26.

阅读系统构成自适应学习的主要产品模式。同时,智能时代的教育机构在治理模式上也将更多地基于大数据和智能技术。其中,最重要的即是教学评价标准得以重塑。利用人工智能的学情分析和学习诊断,精准评估教学和学习效果,评价标准由原来结果导向的"单一"评价向综合性、过程型的"多维度"评价转变,由仅注重知识传授向更加注重能力素质培养转变[①]。

4.3.3 对教育链条的变革

一般来说,教育链条主要由教育资源与内容提供商、教育辅助技术开发商、教育机构或平台等构建。教育资源与内容提供商主要是指音像图书出版社、学校、在线学习平台等;教育辅助技术开发商主要是指进行教辅工具或系统等教育辅助产品的研发和服务的企业或机构等;教育机构或平台则主要是指各类学校或教育培训机构等。

智能时代下,教育链条中各要素的关系及结构等被重构:

一是重构基于情感的师生关系。智能技术的应用能够替代现代教育中的很多技能传授类的教育行为,但智能机器始终无法代替人,师生之间的情感交流仍是未来教育的重要部分。

二是重构基于智慧传授的教育模式。使教育本源中"育人"的价值得到进一步体现,育人功能更为凸显。

三是重构基于需求的平等教育场景。智能时代下,教育信息的透明性使得教育资源不平等的鸿沟被拉平,个性化的教育模式可以满足不同群体的教育需求,实现按需分配的共享教育。

四是重构基于多项权力互动的高校治理结构。智能时代下,当前的

---

① 潘聪平,杜津威,于潇.人工智能赋能高等教育变革:空间与限度[J].北京教育(高教),2018(10):8-10.

计划性教育思维、课程管理模式及政府与高校的关系均会发生改变。人工智能的引入，将使高校治理结构更为智能，更能适应智能时代下的新型教育模式。

随着"人工智能＋教育"的不断推进，其产业链逐渐呈现出融合之势，出现了一批教育应用综合企业，如科大讯飞、全通科技等。这些企业集教育资源与内容提供、技术开发、平台运营为一体，且与学校、出版社等合作，自主开发教学资源，利用自身技术优势搭建教育服务平台，为用户提供智能教育产品或服务。因此，智能时代下，教育产业不再是单一的教与学的线性链条结构，而更多的是以一个个散点式的综合体构成的网络状结构。但在综合体内部，教育业务则呈现出从课程选择到课程学习，再到考核与测试，最后到课题复习，再反馈到课程选择这样自循环的闭合式链条结构。

4.3.4 对课程设置的重构

在智能时代，就业方面会产生四个变化：一是机器替代人。智能生产机器人在工业领域中的应用和发展将会对生产工艺、生产流程以及效率产生影响，但同时生产方式最直接的改变必然会导致一批一线生产工人被挤出劳动市场。二是劳动者的知识更新。替代作用的存在会诱发激励作用，生产方式的改变往往需要全新的配套系统。在大量基础性工作被替代的同时，未被淘汰的劳动力将被迫提升与人工智能协同工作的能力，这样才能保证自己的个体需求。在人工智能发展不足的部分领域，将会存在人工为主、机器为辅的工作模式。三是就业结构与产业结构的协同。人工智能应用于国民经济，带来了产业结构的深刻改革。对于劳动者来说，智能社会的工作的不稳定性增加，企业裁员和招新的频度上升，就业和再就业成为常态。

对于劳动者来说,应对这种变化的根本方法是改变和提升自己的知识结构,接受高等教育的教育和再教育。智能时代的高等教育的课程设置就显得至关重要,如何设置更适合人类的课程,并且让学生在复杂的竞争环境中长期占据领先地位,这是对高等教育提出的重要挑战。另一方面,如何面向机器这一新的劳动群体设立课程,也是大学和科研院所需要考虑的重要问题。因为在智能社会,人依然是机器的主宰,对机器的教育和引导是这种控制力的外在表现。如何让智能机器人更好地识别问题,更精准解决客户问题,面对客户千奇百怪的问题及层出不穷的新产品,都需要人对智能机器人进行引导和教育,包括丰富智能机器人知识库、优化机器人回答话术,帮助机器人不断学习提升精准服务的能力,让机器人服务更加人性化,从而提升客户体验。

4.3.5 对高等教育软硬件提出更高要求

在智能时代,基于互联网的个性定制、众包设计、云制造等新型制造模式得到普及,形成基于消费需求动态感知的研发、制造和产业组织方式。优势互补、合作共赢的开放型产业生态体系的生产体系得以建立,智能监测、远程诊断管理、全产业链追溯等工业互联网得以应用。在智能化生产模式下,生产和消费间的互动关系更为紧密。消费者个性需求和定制化生产模式有助于解决传统模式下的"生产过剩"困境。经济形态、社会形态的智能化改变,倒逼人们随时随地具备个性化的知识技能,催生个性化学习的潜在需求。有学者指出:最近20年,中国高等教育学习西方国家顶尖大学的通识教育经验,本质上是一种厚基础、宽口径的教育,实际上就是希望不再把知识和技能作为主要的教育目标,而是把人类文明所应共有的根基性原则和思维作为更加重要的教育内容[①]。而人工智能定制的个性化教育,必将融汇这种根基性原则和思维,具备较强的针对性和持续性。

但是,从目前多数高校的发展现状来看,教师、学生及教学流程等方面的变数很多,人工智能应用的基本条件还不具备。单纯从信息化角度来看,当前只有教务系统比较成熟,其他方面的信息化建设还是比较落后,人工智能成熟应用缺乏基本的前提和条件。这种基本条件的积累,不仅存在基本教学流程的数据积累,还在于大学教室等硬件设备的持续更新,满足人工智能教学或人工智能辅助教学的空间环境,并建立适应这种智能化改变的评价机制。

4.4 本章小结

智能时代高等教育面临挑战和需求,教育链条中各要素的关系及结构等将可能被重构,当前的计划性教育思维、课程管理模式及政府与高校的关系均将发生改变,高校治理结构将更为智能。

其一,在智能时代,高等教育模式不仅面临升级的机遇,也会面临各种挑战,教师、学生、教育工具、教育组织都将作为高等教育模式变革的参与方而受到影响,这种影响包括教育重心的转移、学生的创新素养的提升。智能时代的新型教育模式需要快速地响应人才需求等,显示教育的成效。

其二,当前,人工智能总体处于发展起步阶段,正在从实验室走向市场,处于产业大突破前的技术冲刺和应用摸索时期,对于高端人才极为倚重。人才的质量和数量决定着人工智能发展水平和潜力。各国在发

---

① 张端鸿.人工智能与高等教育[N].中国科学报,2019-01-30(1).

布的人工智能战略中,都为人才的争夺和培养制定了重要策略。

其三,高等人才培养模式是高等教育为学生构建的知识、能力、素质结构,以及实现这种结构的方式,包括人才的培养目标、培养规格和培养方式,集中体现了高等教育的教育理念,重点关注培养什么样的人、如何培养人和培养成了什么样的人,培养模式变革的本质是为了改变所培养人的类型,以满足社会经济发展对各类人才的需求。

其四,设置人工智能及相关教学科目、构建新的教育体系、丰富教育资源内容、提升大学教师的人才规模、推动校企合作,进而更好地满足社会的人才需求、高校的教学需求、学生的个性化学习需求等。

第五章　智能时代的高等教育模式：方向与路径

　　高等教育模式是一个古老而又时谈时新的话题。其"古老"在于纵观高等教育源于古典时代的历史变迁，这一演变过程的核心是为了适应社会与经济发展的需求，高等教育构成要素、要素关系、关系结构所产生的内生性演变，并由此形成的相对稳定的结构与良性发展的方式。其"时新"在于内生性演变受到外生性因素的影响，如科技进步、文化传统、不同时期的社会与经济主流思想和政治制度框架等。这些外生性因素的影响往往会从社会与高等教育的关系、高等教育构成要素间相互作用的方式等方面产生，进而促使高等教育模式发生内生性改变并实现路径突破。

　　回顾过去，几次工业革命对高等教育的发展与进步起到了积极的推动作用，既催生了高等教育的全球化，也使得高等教育前所未有地融入社会与经济发展进程之中，使得大学成为创新的源头和经济形态转型的助推器。

　　面向未来，智能时代将对人类活动产生重大的甚至颠覆性的影响。

第五章 智能时代的高等教育模式：方向与路径

在移动互联网、大数据、超级计算、传感网、脑科学等新理论新技术的驱动下，人工智能加速发展，呈现出深度学习、跨界融合、人机协同、群智开放、自主操控等特征。当前，新一代人工智能作为新一轮产业变革的核心驱动力，将进一步释放历次工业革命积蓄的巨大能量，形成从宏观到微观各领域的智能化新需求，逐渐改变人与人、人与环境、环境与环境的原有联系，催生新技术、新产品、新产业、新业态、新模式，推动社会与经济各领域从数字化、网络化向智能化加速跃升[①]。

在对高等教育模式演进进行研究与分析的基础上，探讨"智能时代高等教育模式"，将主要涉及三个方面的问题：一是如何把握"智能时代"的特征，二是如何判断"智能时代"引发的一系列变革对高等教育模式产生的影响，三是如何梳理"智能时代高等教育模式"内生要素关系和关系结构的相应变化等。前两个问题已经在前几章中得到了详尽的阐述，在本章中，将着重聚焦高等教育模式在智能时代呈现的特征分析和可能趋势的预判，以此为基础探索高等教育模式内生变革的方向与路径。

研究智能时代高等教育模式的特征及趋势，这个问题看似可望而不可即，实则是非常朴实的，因为自大学诞生之日起，高等教育的先哲们便一直在思考和探寻的根本问题——"大学的价值是什么"，同样也是智能时代必须面对的问题。高等教育的发展历经不同时代和社会需求的更迭，而求解问题的实践却始终在理想与现实中博弈，尽管难免为社会、政治、经济等方面的因素所左右，平衡妥协于各种基于短期功利主义和实用主义的考量，但人们仍孜孜以求尽可能触及本源的不同形式的解决方案。

智能时代可以为教育创造并提供更好的支撑和更广阔的可能，也可以赋予高等教育的主体和受众更优质、更公平、更便捷、更高效的选择。

---

① 国务院.新一代人工智能发展规划[EB/OL].(2017-07-20)[2019-01-24]. http://www.gov.cn/zhengce/content/2017-07/20/content_5211996.htm.

但拥有这些"便利"绝非为了颠覆大学的价值本源,而是要在一个比先哲和前辈们拥有更多资源、手段去寻求大学价值本源的条件集合下,使本源的实现向前再推进一步,或迈上一大步——这样的愿景要如何才能实现,便是摆在身处即将到来的智能时代高等教育的亲历者面前的待解之题。

5.1 智能时代的学习模式颠覆与重构

随着历史的推移和时代的变迁,为更好地适应科技的进步与社会的发展,高等教育发展的内部规律和逻辑延伸催生了学习模式改革的内生要求;同时,随着创新要素的不断涌现、环境网络的不断变革,也将对教育和人才培养提出适应挑战的外部诉求。

5.1.1 主体关系的冲击与重新定义

(1) 人机协同

比如说,"制造+人工智能"的本质是人机协同,强调的是机器如何自主配合人的工作,自主适应环境变化。在这里需要清醒地认识到,随着制造企业信息化的发展,人工智能将"嵌入"到制造中,可促进制造企业在效率提升、质量控制、能耗管理、环境监控、安全生产、成本降低等等方面得到极大的改善,但这并不意味着人工智能可以解决制造业自身的所有问题。

2016—2017年,人工智能领域新增企业数量超过之前10年的总和[1]。而与人工智能潮流同时出现的,还有人才市场的白领"裁员潮"和蓝领"招工难"现象,看似矛盾冲突的背后,预示的恰是对"人"的升级要求。

---

[1] 全球化智库.智联招聘CEO郭盛:"柔性"的组织在人工智能时代更容易成功[EB/OL]. (2017-12-09)[2019-07-31]. http://www.sohu.com/a/209498884_828358.

过去:"我"不需要知道自己是谁,我只要按照命令去做事。

现在:"我"是谁并不重要,重要的是我能发挥多大作用。

未来:"我"究竟是谁?我能为世界创造什么?[①]

科技型、知识型人才是科技发展的驱动力。从 2016 年至 2017 年底,"人工智能人才的需求量增长了近 2 倍之多,人才需求量的增长幅度均已超过全国平均"[②]。

(2) 系统思考

智能时代将催生社会与经济的各项变革,推动影响发展的要素日益复杂,单靠经验主义和线性思考已无法应对变革带来的挑战,需要在思考的深度、空间范围和时间范围上进行系统思考。

随着智能时代的到来,社会治理和组织管理都将进入新阶段,即全局整体性治理阶段。据 2016 世界经济论坛发布的题为《未来工作》(*The Future of Jobs*)的报告预测,人类在 2020 年工作最需要的是"解决复杂问题"(complex problem solving)的能力。因此,面对更为广阔的生态、社会和经济系统,需要加强系统思考训练,以解决更为复杂的系统管理问题。

(3) 创造性解决问题

未来,最不可能被人工智能所替代的是那些对效率要求不太高,需要经验并创造性解决问题的工作。能创造性解决问题的人才一直以来都是组织所注重的。但在过去,对这一能力的强调可能在科技研发和部分管理层级更为突出。随着智能时代的到来,知识技术更新更为快速,社会变革节奏更为急促,认知边界突破更为频繁,这意味着组织的各个层级均面临在不确定性中把握风险、赢得发展的必要性。因而创造性解

[①] 水木然.2019 年才刚开始,一个奇怪的现象发生了!(深度)[EB/OL]. (2019 - 02 - 20) [2019 - 03 - 01]. https://mp.weixin.qq.com/s/3ZA3VtxK4RM4aZmXQj1rOw.

[②] 中新网.智联招聘 CEO 郭盛:人工智能时代个人需迭代技能[EB/OL]. (2017 - 12 - 08) [2019 - 03 - 01]. http://www.chinanews.com/cj/2017/12-08/8395789.shtml.

决问题的能力成为智能时代组织成长的必须和必要，越来越成为社会与经济发展中人才招聘所强调的重点。

近年来，一些全球知名公司在招聘时不再将大学文凭作为录用条件。根据企业点评与职位搜索的职场社区 Glassdoor 提供的信息，这些知名公司既包括苹果、谷歌和 IBM 等高薪科技公司，也包括开市客（Costco）、星巴克和 Chipotle 等服务型企业。例如，谷歌招聘的员工有四个特征：通用认知能力、领导力、谷歌范和职务相关。安永会计师事务所在弃用大学文凭这一录用条件后，该事务所人才招聘管理合伙人玛吉·史迪威尔（Maggie Stilwell）告诉《赫芬顿邮报》："公司在招聘时仍会考虑学历，在对应聘者进行总体评估时，学历仍然是重要的考量因素，但不再是招录的一道门槛。"[①]换言之，公司将招聘经验和能力最适合某个职位的人，一个人真正获得的知识积累比其获得知识的途径更重要。

他山之石——谷歌人才评价的四个标准

谷歌是一家专注于互联网相关服务和产品的美国跨国技术公司，是与亚马逊、苹果和 Facebook 并驾齐驱的四大科技公司之一。在谷歌前 CEO 埃里克·施密特等著的《重新定义公司：谷歌是如何运营的》一书中，介绍了谷歌对应聘者评价的四个方面的标准。无论是销售人员、财务人员还是工程人员，各类创意精英无论在哪个业务领域，无论级别高低，都在这四方面取得了不俗的分数。具体分类如下：

---

① 中国日报网.苹果、谷歌等一流企业不再需要大学文凭做敲门砖[EB/OL].（2018-08-28）[2019-03-01]. http://language.chinadaily.com.cn/a/201808/28/WS5b849c2ba310add14f388126.html.

通用认知能力(general cognitive ability)

目标：比起成绩单，更感兴趣的是应聘者的思维方式。通常会突出一些与具体职务有关的问题，来看看应聘者是运用怎样的洞见来解决问题的。

领导力(leadership)

目标：了解应聘者在不同情形下是如何调动团队的。既包括作为团队或机构的领导者的经历，也包括运用领导力助力团队成功的事例。

谷歌范(Googleyness)

目标：感知每位应聘者的独特之处，希望他们能在谷歌这个平台上大展宏图。因此，谷歌会观察应聘者是否拥有不斤斤计较、敢于行动、乐于合作的天性。

职务相关知识(role-related knowledge)

目标：谷歌希望招聘的不是仅在某一特定领域成为专家的人，而是拥有广泛爱好，能用自己的激情感染同事的人。应聘者应具有帮助他们胜任新职位的经验和背景。特别是在工程师的选拔过程中，谷歌会检验应聘者的编程能力以及专业技术水平。

资料来源：达达.谷歌的招人秘诀[EB/OL]. (2018 - 02 - 25) [2019 - 07 - 01]. https://36kr.com/p/5120254.html.

(4) 批判性思维

完善思考的办法就是进行批判性思考，如同健身，像思维的教练一样对自己的思想开展批判和训练，系统地训练推理逻辑与论据分析评判。没有正确的推理,就缺乏一个可行的方式来识别真相、获得完整的信条①。

哈佛商学院弗朗西斯卡·基诺教授②等通过调查发现,当今世界变化得太快,以至于无法预知客户的需求,再加上竞争对手步步紧逼,竞争激烈,因此,招聘、培训能与客户共同创造价值且不断提高业务能力的员工就成为企业实现可持续发展的关键要素之一。这就需要管理者和员工进行独立思考,培养批判性思维能力;另一方面,管理者需要对工作进行重新设计,让员工能够获得个体身份认同,让他们有权力决定如何执行工作任务。

5.1.2 素质结构的打乱与升级排序

人工智能将改变就业结构和从业者的知识结构,不断掌握新技术、拥有新能力是职场人士的基本素养。相应的,人才培养模式也应进行转变——由传统的知识学习转向个人的素质培养。

当我们谈到素质的培养,这个议题看似又回到了中国教育改革一直以来纠结的一个困局——知识和素质。对知识传授的重视是中国教育的长处,钱颖一教授比较了中国、印度和犹太的教育,指出凭借很强的知识学习能力,中国实现了"以大取胜"。但由大到强,需要的是创新和创造,而创造性的源泉,钱颖一教授指出三个基本元素:好奇心、想象力和批判性思维,这些素质都不是"知识"本身,而是超越"知识"本身的③。

---

① 哈佛谢易男.我们为什么需要批判性思维?[EB/OL].(2017-05-17)[2019-03-01]. https://www.sohu.com/a/141307397_800009.
② 基诺.独立思考的员工,都是公司"宠"出来的[EB/OL].(2018-05-15)[2019-03-01]. http://www.hbrchina.org/2018-05-15/6044.html.
③ 钱颖一.大学的改革(第一卷·学校篇)[M].北京:中信出版社,2017:22-23.

2017年,美国东北大学校长约瑟夫·奥恩在《防范机器人:人工智能时代的高等教育》一书中,提出教育系统的重要能力和素养,强调人类独特能力和优势的作用。

5.1.2.1 三项关键新素养(new literacy)

智能时代的毕业生可能需要在原有素养的基础上,增加三个方面的素养:数据素养(data literacy)、技术素养(technological literacy)和人性素养(human literacy)。学生需要数据素养来管理大数据的流动,需要技术素养来了解机器的运作方式,更需要人性素养来发挥人的作用。

(1) 数据素养

大数据是智能时代发展的基础。数据素养是对媒介素养、信息素养等概念的一种延续和扩展,包括对数据的敏感性,数据的收集、分析和处理能力,利用数据进行决策的能力以及对数据的批判性思维。良好的数据素养有利于企业更好地理解数据、解读数据、帮助做出决策,未来应成为每个人的基本素养,而不是只和专业的数据科研人员相关。

数据素养的兴起源于当前海量数据的使用及其影响[①],其三个核心要点分别是:"理解关于你的行为和互动的数据是何时何地被收集的;理解在大量数据分析中所使用的算法操作;权衡数据驱动决策对个人和社会真实的与潜在的伦理影响。"因此,高校需要注重数据意识、数据技能和数据伦理的培养与教育。通过学习让高校学生了解大数据对智能时代的基础价值作用以及对各领域的深远影响,了解大数据技术的发展和意义,具备在专业领域和生活领域主动使用数据的意识;

---

① 焦辉.大数据时代提高人才的数据素养的思考:基于高校开展数据素养教育的研究[J].中国集体经济,2019(4):119-121.

通过学习让高校学生结合自身专业和学历水平，不同程度地具备基于数据提出问题的能力、数据收集和整理的技能、数据挖掘和分析工具使用的技能、数据表征和可视化的技能、数据存储与安全保护的技能、数据共享和应用的技能；在数据管理和应用中，具备能够正确处理所涉及的规范规则、价值判断、法律法规、道德准则等方面问题的素质；等等。

（2）技术素养

技术素养是指通过有效地利用技术来获取、评价、整合、创造和交流信息，以提高通过解决问题和批判性思维进行学习的能力。技术素养的目标是为人们提供他们需要的工具，使他们能够明智地、深思熟虑地参与到周围的世界中去。

美国国家工程院和国家研究理事会（NAE and NRC）提出"技术素养"的三个维度，即知识（knowledge）、思考与行为方式（ways of thinking and acting）以及能力（capabilities），如图5.1所示。沿着知识维度，一个具备技术素养的人应该能够理解基本的工程概念和术语，例如系统、约束和权衡；了解工程设计过程的性质；理解技术塑造人类历史就像人塑造技术一样。在批判性思维和决策方面（图5.1所示的思考和行为方式），一个具备技术素养的人应该就技术的好处和风险扪心自问，系统地就技术的好处和风险、成本和收益的现有信息进行权衡，并在适当时参与有关技术开发和使用的决策。至于能力，一个具备技术素养的人应该具备一系列的实践技能，这种技能既包括学会学习、工作和生活中必要的技术，同时还要求在基本技术应用基础上所延伸的思考—设计—拓展—解决上述场景中的复杂性问题。

美国《国家技术教育标准》将技术素养提炼为使用、管理、评价和理

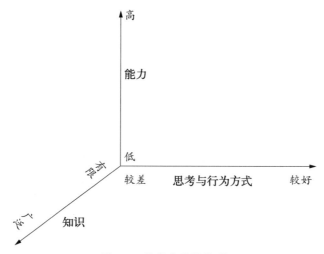

图 5.1　技术素养的构成

资料来源：NAE and NRC（National Academy of Engineering and National Research Council）.Technically speaking：why all Americans need to know more about technology[M]. Washington，D.C.：National Academies Press，2002.

解技术的能力："一名具备技术素养的人以与时俱进、日益深入的方式理解技术是什么，它是如何被创造的，它是如何塑造社会又转而被社会所塑造。他或她将能够在电视上听到或在报纸上看到一则有关技术的故事后，明智地评价故事中的信息，把这一信息置于相关背景中，并根据这些信息形成一种见解。一名具备技术素养的人将自如、客观地面对技术，既不惧怕它也不沉迷于它。"①

（3）人性素养

人性素养关注关于作为人类的知识（knowledge of being human），是指全面理解自身并利用这些知识来改变社会的能力。智能时代，高等教育所强调的人性素养重在沟通和评估智能技术所带来的社会影响、伦理影响和存在主义影响的能力。

---

① 曹之友. 技术素养初探[J]. 东南大学学报（哲学社会科学版），2006(S2)：50-52.

技术和媒体的变化给我们与他人、与世界的关系增加了新的复杂性。持续和丰富的人性素养学习，可以帮助学生最大限度地理解自身，提高他们与世界连接的能力，有助于他们做出积极改变和抉择，过上更加健康的生活和享受更加精彩的人生。

人性素养不仅仅是社会学习和情感学习，更是强调利用价值观为基础的教育的重要性，提高安全性（包括网络安全），培养成长心态，支持学生成为创新的思考者和行动者。人性素养包括五个关键要素：社交、物理、智力、文化和情感。

社交方面关注学生与他人和世界的关系，学生需要知道，无论是作为一个团队领导者还是团队的一员，应该如何发展良好的人际关系，以及如何在线上线下成为一个积极主动的公民。物理方面关注学生身处的环境和身心健康，学生需要能够做出有利于其身体和神经发育的健康选择。例如，需要其更具环保意识，能够成为环境变化的创造者。智力方面关注学生的学术能力，学生需要在解决问题的时候具有创新精神和反思式思维，方能应对新的挑战，设定基于价值观的目标，并取得成功。文化方面关注学生的价值观、信念、心智、态度等，学生需要理解其重要性，培养一种与其态度、身份和积极的人生观相一致的成长心态。情感方面关注学生的情感状态，学生需要能够理解自身的情感，能够从困难与挫折中恢复过来，培养有利于他们蓬勃发展的情商。

要使学生在职场上和未来人生道路上更具竞争力，需要加强好奇心、想象力、表达力和同理心等的培养。

一是好奇心。

人工智能是根据已有的知识和相应的规则去运行的，而提出疑问、假设、假想、发挥想象力，从而创造、创新，都是由好奇心引发的。通过质疑并提出问题,好奇心能够点燃一个人生命中的热情与梦想,成为人性素养的重要组成部分①。

好奇心能够提供全新的视角。《别逗了,费曼先生》(Surely You're Joking, Mr. Feynman)是1965年诺贝尔物理学奖获得者、美国物理学家理查德·费曼(1918—1988)回忆性地描述自己有趣人生故事的书。书中各种有趣的故事折射出一个伟大的物理学家的成功秘诀之一:对生活保持永远的好奇心。尽管有的时候这种好奇心并不被普通人所理解,但就是这种不带任何功利的、不受限的自由肆意往往能够给人带来全新的视角,而这种异于常人的全新视角,又能够帮助他洞悉一些其他人看不到或者忽略了的东西。

好奇心能够引发创新和创意。《美第奇效应:创新灵感与交叉思维》(The Medici Effect)一书中提到"好奇心能带来交叉式体验(intersection experience)",即来自不同领域的概念互相碰撞,产生全新的理念。好奇心能为人们带来交叉式体验,为人们带来更多的创意和想法。《好奇心:保持对未知世界永不停息的热情》(Curious: the Desire to Know and Why Your Future Depends on It)的作者伊恩·莱斯利认为,真正的好奇心就是会持续地探究,并由此引发洞察力和创新精神②。

二是想象力。

"我们不需要魔法来改变世界,"J. K.罗琳说,"我们自身已经拥有了需要的所有力量:我们有能力更好地想象"③。科学技术的持续发展不

---

① 胡敏.拥有哪些能力不被机器人取代[EB/OL].(2018-11-22)[2019-03-01].http://www.jyb.cn/zgjyb/201811/t20181122_1266323.html.
② 人民网.《好奇心:保持对未知世界永不停息的热情》:一部关于成就人类强大适应力的好奇心简史[EB/OL].(2017-04-06)[2019-03-01].http://tj.people.com.cn/GB/n2/2017/0406/c375366-29979452.html.
③ 中国妇女报."哈利·波特之母"J. K.罗琳:生命不是一份"获得"的核对清单[EB/OL].(2017-07-06)[2019-03-01].http://media.people.com.cn/n1/2017/0706/c40606-29386004.html.

断拓宽人类认知的边界,然而,推动人类触及边界之外的探索凭借的不是已有的知识和经验,而是想象的"魔力"。正如卢梭说的:"现实的世界是有限度的,想象的世界是无涯际的。"

"想象力使得我们能够从其他角度看待事物,并同情他人。想象力扩展了我们的经验和思想,使个人能够构建一种降低我们不确定感的世界观。通过这种方式,想象力填补了我们知识中的空白,使我们能够创建心理地图,从我们所面临的缺乏信息的模糊情况中提取意义,这是我们记忆管理的一项重要功能。想象力使我们能够从环境中的认知线索或刺激中创造新的意义,这有时可以带来新的见解。"[1]

马来西亚玻璃市大学的 Murray Hunter 博士在阐述想象力的重要性的同时,总结了八种想象力:将信息整合以协同新的概念和想法的"效果想象力"(effectuative imagination);从不同的信息中考虑和发展假设来思考问题的"智力(或建设性)想象力"(intellectual or constructive imagination);用以创造和开发故事、图片、诗歌、舞台剧和神秘建筑等的"幻想想象力"(imaginative fantasy imagination);可以帮助个人在情感上了解并体验他人的"移情想象力"(empathy imagination);关注愿景并通过将机会转化为心理场景来识别和评估机会的"战略想象力"(strategic imagination);涉及表现出情感倾向并将其延伸到情感场景中的"情感想象力"(emotional imagination);作为一种无意识的想象形式,在特定睡眠阶段出现的"梦"(dreams);检索我们对人、物体和事件的记忆过程的"记忆重建"(memory reconstruction)[2]。

---

[1] 智能观.想象力究竟有哪些?这个教授给了8个答案[EB/OL].(2018-09-28)[2019-03-01]. https://baijiahao.baidu.com/s?id=1612822058567533265&wfr=spider&for=pc.

[2] TeachThought Staff. 8 types of imagination[EB/OL].(2018-09-23)[2019-03-01]. https://www.teachthought.com/learning/8-types-of-imagination.

图 5.2　八种类型的想象力

资料来源：TeachThought Staff. 8 types of imagination[EB/OL]. (2018-09-23)[2019-03-01]. https://www.teachthought.com/learning/8-types-of-imagination.

三是表达力。

表达力强调的是沟通能力，是指能够在不同时间、不同地点与不同背景的人，用不同的语言就某一话题进行沟通。随着智能技术的发展与应用，人类写作水平和阅读能力都呈现衰退的现象，沟通方面将会出现障碍，需要加以重视。

写作能力是表达力的重要体现，高等教育强调的写作能力是基于逻辑思考进行证据收集并通过准确的语言加以表达，最终提炼观点形成结论，其实质是思想与论据相结合。美国在这方面的实践值得我们参考。源于美国的 STEM 教育理念也越来越强调写作的重要性，STEM 计划是美国政府推出的一项鼓励学生主修科学、技术、工程和数学领域的计划,后又加入"A(Art,艺术)"和 R(Writing,写作能力)。写作能力所代表的表达能力成为诺奖获得者区别于其他科学家的重要体现,美国大学非常重视写作能力的培养,并一直将其列为必修课程。各高校根据自身的特点,探索出了一定的特色,如哈佛大学的写作课将学术、道德、社会问题相融合,耶鲁大学强调一手研究、文本细读和批判性思维三个要素,麻省理工学院强调写作、阅读和研究的有效结合。国内高校也逐渐意识到写作能力的重要性,并采取有效措施进行改进。如从 2018 级开始,清华大学所有新生都必须上一门"写作与沟通"课。

阅读输入是写作能力的前提与保障。教育家朱永新教授认为:"一个人的精神发育史就是他的阅读史。"阅读是体现一个人文化程度高低的重要标准。大量语言输入,是大量的、高品质的语言输出的重要保障。

四是同理心。

同理心是一种将自己置于他人的位置并能够理解或感受他人在其框架内所经历的事和所接触的物的能力[1],是情商的关键能力之一,能加深人与人之间的包容、理解,促进人际关系的和谐。

人类的同理心、自控力、道德感、智慧(wisdom)是超越人工智能的重要方面,是将人类与机器区分开来的重要标志。在人工智能越来越强大的背景下,更需要的是有理想、有同理心、有美感、有创造精神的人[2]。

5.1.2.2 五种认知能力

除了具备以上三种素养外,为有效应对智能化所带来的自动化,还

---

[1] BELLET P S, MALONEY M J. The importance of empathy as an interviewing skill in medicine[J]. JAMA (The Journal of the American Medical Association),1991(13):1831.
[2] 彭凯平.人工智能时代,孩子应具备 3 种基本素养[EB/OL]. (2018 - 11 - 09)[2019 - 08 - 30]. http://dy.163.com/v2/article/detail/E072RIUB05119361.html.

需培育学生的五种认知能力(cognitive capacities):批判性思维(critical thinking)、系统性思维(system thinking)、创造性思维(creative thinking)、创业能力(entrepreneurship)和文化敏捷性(cultural agility)。这是因为,智能时代人们仍需要特定的知识体系,但当智能机器承担大量繁重的信息收集与处理等工作时,人们所能展现的知识体系自然是不够的,因此,为了成功,未来的员工必须通过自身及人机协同方式展现出更高层次的认知能力。

(1) 批判性思维

根据美国哲学协会的界定,批判性思维是用于指导自己的言行所进行的独立分析、综合和评价信息的过程,是有目的的自我调整判断过程,是充分考虑证据、概念、方法和标准的过程,是思考了又思考的过程[①]。批判性思维需要具备解释、判断、推理、归纳、评价和自我调控等技能。

北京大学陈春花教授认为思辨的能力才是获得独到见解、交流并获得共识、从而掌握科学方法的实质,为后续学习和研究奠定基础的关键。"不具备思辨能力,甚至无法让自己成为一个真正独立,有价值判断的人。"训练批判性思维,可以培养独立发现问题,把科学方法应用于生活现象的假设求证,从而更好地理解生活的本质,这既是一种素养,也是一种良好的习惯[②]。

批判性思维不是与生俱来的,而是基于后天锻炼塑造,系统地训练推理逻辑与论据分析评判能力。批判性思维的训练,需要结合质疑假设,测试结论,最后得出明智的判断。尼德勒(Kneedler)提出批判性思维包括三个方面12种技能[③],如表5.1所示。

[①] 张梅,茹婧斐,印勇.大学生批判性思维现状及成因研究[J].重庆大学学报(社会科学版),2016(3):202-207.
[②] 陈春花.大学的意义[M].北京:机械工业出版社,2018:65-66.
[③] 罗清旭.论大学生批判性思维的培养[J].清华大学教育研究,2000(4):81-85.

表 5.1　批判性思维所包含的技能

维　　度	技　　能
定义和明确问题	识别中心论题或问题
	比较异同点
	确定哪些信息是有关的
	形成适当的疑问
判断相关信息	区别事实、观点和合理的判断
	检查一致性
	识别字里行间的假设
	识别原型和套话
	识别偏见、情感因素、宣传以及语义倾向性
	识别不同的价值系统和意识形态
解决问题与做出结论	识别材料的适当性
	预测可能的结果

（2）系统性思维①

系统性思维是把事物当作一个整体加以思考的思维方式，也称系统思考。系统性思维关注的是系统的组成部分相互关联的方式，以及系统在更大的系统里的演变情况。最有创造力的问题解决者和思考者能够从多学科的角度出发，将不同领域联系起来。智能时代的系统性思维涉及跨学科、跨领域和跨界的观察，机器也许能够对每个部分都非常理解，但它们无法以整体的综合方式进行分析。与传统的先分析、后综合的思维方式不同，系统性思维强调从整体出发，先综合、后分析，最后复归到更高阶段上的新的综合②。

进行系统性思考的人将系统视为其行为的原因，从整体而不是从部

---

① 米歇尔.复杂[M].长沙：湖南科学技术出版社，2018.
② 彭漪涟，马钦荣.逻辑学大辞典[M].上海：上海辞书出版社，2004.

分的视角进行思考,他们寻求理解事物的联系和反馈,理解行为和事物的动态性,进而理解系统结构是如何产生系统行为的。

(3) 创造性思维

创造性思维是避开传统的解决方案,跳出条条框框进行思考的一种从不同角度看待和解决问题的方法。这个创造性的过程允许人们探索事物之间的新联系,迎接新的挑战,寻求不同寻常的、新颖的和新鲜的解决方案。

钱颖一教授提出了关于创造性思维的三因素假说:创造性思维由知识、好奇心和想象力、价值取向三个因素决定[①]。知识既包括学科和领域的专业知识,更包括跨学科知识、跨领域知识、跨界知识。创造力多产生于学科交叉和融合。如乔布斯实现了科学与艺术的跨界,而马斯克(Elon Musk)则实现了科学与商业的跨界。好奇心和想象力使得人类不断对未知世界进行思索。爱因斯坦将自己的天赋归结为极度的好奇心,并认为想象力比知识更重要。超出知识以外的因素在我们当前以知识为中心的教育中没有得到足够的重视。价值取向与追求创新的动机和动力有关。追求短期功利主义、长期功利主义还是内在价值的功能主义,反映了不同价值取向。

综上,智能时代对人才的创造性思维要求,除了知识结构和好奇心和想象力之外,还需一种价值取向上的非功利性驱动。急于求成的心态,成王败寇的价值观,最终导致的不是真正意义上的创新,更难以实现颠覆性创新和革命性创新[②]。

---

① 钱颖一: 不让学生具备"批判性思维",他们何以创造? [EB/OL]. (2018-09-16)[2019-09-01]. https://baike.baidu.com/tashuo/browse/content?id=4cc6a4b8588004ce09f960ba&lemmaId=&fromLemmaModule=pc.

② 钱颖一.批判性思维与创造性思维教育:理念与实践[J].清华大学教育研究,2018(4):1-16.

（4）创业能力

未来每个人都将成为创业者。然而，学生的主动性通常是在课业之外表现出来的。对大多数学生来说，培养主动性和创新精神是课外活动的内容。创新精神教育的核心就是教会年轻人用韧性来解决复杂问题，在不断推动个体自我发展的同时，使青年群体能够成为解决人类面临重大挑战、推动人类社会发展新代际的新势力。

回顾本书第一章和第二章介绍的高等教育演变过程，其中有社会外部需求和教育自身规律的双重驱动，加之科学技术的互动催化，社会发展速度和变革速度的加快，教育在由世俗性特征为主向前瞻性和创造性转变的过程中，以前沿、前瞻的视角来开创未知的领域，创造并储备可能的知识的必要性显得尤为突出。以此为出发点，对于面向智能时代的大学生教育，需要强调的是如何发现或创造一个新的领域，致力于理解创造新事物的能力培养。这种能力在新时代的感召下显得更加必要和必备，以至于越来越多的高校强调创业精神和创业能力并将其内化为大学精神和文化的内涵和基因。

面向智能时代的高校学生创业教育更应该具备的能力包括专业技能、创业素质和个人素养，其中创业素质包括创业热情、价值观、思维能力、判断能力、发现能力、选择能力、创造能力、创新能力、观察能力、实践能力等，以及坚定的信念、优良的品德、坚韧的精神、必胜的信心、巨大的魄力、充沛的精力等个人素养。

（5）文化敏锐力

如何通过当下的教育赋予人洞悉未来的敏锐"嗅觉"，需要从比趋势更为稳定和深入的层次中去把握规律，这种层次就是文化。趋势的启动和文化的变革比我们想象的来得还要迅速和随机，文化总是在变化中，尤其是流行文化，事实上变化就是文化的一切。而我们需要做的就是具有敏锐的洞察力,在文化变革的前一夜,引爆变革的导火索,掀起变革的浪潮。

文化敏锐力来源于对文化的历史维度的纵向规律的洞悉,来源于对物质文化和精神文化等不同类别文化层级的横向对照类比,来源于不同领域不同种属文化的关系构建和跨界嫁接,来源于对文化冲突和文化载体的抽象理解和形象投射。总体说来就是具备一种跳出已有的文化视角,站在圈外或者不同的文化层级来看待变化的能力,寻找那些可能目前看来荒谬、不协调、貌似不合理的东西。

文化敏锐力具体体现为四种意识和两种能力,即文化自觉意识、文化自信意识、文化自强意识、文化自省意识,以及文化透视能力和文化表达能力。其中文化自觉和文化自信凸显的是文化的传承意识;文化自强和文化自省强调的是文化的创新意识;透视能力是指透过不同的现象形式抽离出内在文化规律的能力,突破形式的边界,寻求跨媒介跨领域的文化共振;表达能力则是将文化传承和创新经由具体的媒介和途径外化传播的能力。

5.1.3 学习模式的变革与创新

未来五到十年,就业形势将迅速发生变化,一些职业有可能会逐步改变。面向未来,如何更好地发挥人的价值?如何培养出持续被需要的技能?只有从教育改革入手,才能赢得未来。

(1) 由教师主导的被动学习向学生主导的自主学习模式转变[1]

关于未来教育发展趋势,世界教育创新峰会(WISE)曾对全世界教育家做过一个调查,多数专家认为,未来课程会进一步整合,学习内容由

---

[1] 李卫红. 人工智能时代大学生学习模式变革[J]. 中国成人教育,2018(21):75-77.

学生自建,现有的学校体系的教育内容只需保留17%左右,以学习方法为主的学习将成为未来学校的主要特征[①]。

教育内容的变革背后折射的是教育主导权的转移。传统教育中,教师作为教育环节的主导,掌握着知识信息资源,通过以课堂为核心的教育方式进行传输;学生作为教育内容的接受环节,嵌入传统教育模式过程,完成知识信息从教师端到学生端的传递。较之这种单向的知识"传承"模式,在智能时代教育理念的变革下,学生主导的自主学习模式将有可能成为主流。

自主学习模式已经在K12[②]基础教育层面进行了实践。例如,美国的荟同学校从对毕业生的期待着手,以学生为中心进行教学,反向推演出一套旨在培养特定技能、知识和组织的K12教学计划。荟同学生在校的每一天将体验三种不同的学习模式[③]。首先是基于创新、个性化理念的核心学科学习,为学生提供基本知识和技能。其次是跨学科课程学习,通过项目式学习和综合学科应用以巩固知识和技能。再次是体验式学习,利用其课堂所学对所在城市的各个领域进行研究和实践。通过三种方式的结合,能让学生在实践中学习,发挥所长,追求兴趣与爱好,从而充分掌握知识和技能。

高等教育层面,泛在大学(The University of Everywhere)对传统高等教育模式提出了挑战。新的数字化学习环境催生了"泛在知识环境",在这一环境下,稀少而昂贵的教育资源得以整合并向所有人开放。由于信息获得的便利性、交互性、泛在性,"任何人在任何时间任何地点获取

---

① 未来已来,学校将面临转型[EB/OL].(2019-01-03)[2019-09-01]. https://mp.weixin.qq.com/s/t0fpgVvxT5BG8HiB3G3usQ.

② K12是指从幼儿园到高中阶段的教育,在美国和加拿大等北美国家K12是基础教育的通称。

③ HBR-China.荟同学校:教育的另一种可能[EB/OL].(2019-01-04)[2019-09-01]. https://mp.weixin.qq.com/s/uW12NpZ6B8gLppkaIKWWSw.

任何资源"教育,将打破传统大学以教师主导为中心的学习模式,转为以学生为中心,满足学生的个性化需求,根据学生的不同禀赋、不同条件来调整学习的方式、内容,并提供一种终身累积,由学生自主管理的学习模式①。

他山之石——泛在大学:从以老师为主导转向以学生中心

未来,大量低价甚至免费、高效且不断完善的数字化学习,将会彻底改变创办新高等教育机构的经济逻辑。新兴的高等教育机构不再是传统意义上的大学,泛在大学作为一种新的大学形式应运而生。

泛在大学(the university of everywhere)的含义是在新技术模式下的"泛在知识环境"中,传统大学的核心要素如图书馆、教室、教科书、教师、辅导、资金募集等,这些"稳定的分类架构被肢解、碎片化,这些碎片能够重新整合成泛在大学"。

泛在大学的学习方式打破传统大学以教师(教授)为中心的学习方式,"以教定学"的模式被"以学定教"所代替,它将是以学生为中心,根据学生的不同禀赋和个体条件来调整学习的方式、内容,从而满足学习者的个性化需求。

泛在大学的优势主要有以下四点:1.解放高等教育。像慕课(Mooc)这样的组织和教育机构不断发展,将会形成更多更完善的大学课程。那时,世界各地的人,只要连接网络即可免费上课。同时,每个人将根据需要选择学习时间和学习内容。2.制定个性化教育策略。人工智能可以判断每位学习个体的优劣势,为其制定相应的

---

① 凯里.大学的终结:泛在大学与高等教育革命[M].朱志勇,韩倩,等译.北京:人民邮电出版社,2016.

教育策略。把不断成熟的人工智能纳入教育设计,为学生提供更加人性化、个体化的教学将极大促进学生的学习效果。3.教育体验的提升。在核心教育者方面,非营利组织和营利组织形成的教育系统,将为学生提供一系列服务,包括咨询、辅导、提供建议、课程注释和学习助手等等,提升他们的教育体验。4.开放徽章。开放徽章将会收集人们学习的证据,并取代传统的成绩评定方式和文凭。大量的日常学习过程将被数字化记录,因此在评估学习内容时,就会较少依赖传统的标准化测试这种由学习者而非机构控制的教育认证,将证明学生在数字化学习环境中学到了什么,并动态地反映学生的成长经历、知识和技能。

传统大学与泛在大学比较

传统大学	泛在大学
教育成本高	教育成本低
以老师为中心的教育结构	以学生为中心的教育结构
在固定地点进行统一教学	随时随地按需求学习
数字化程度低	数字化程度高

事实上,泛在大学已经悄然兴起。在教育市场领域,很多新兴初创公司已经进行了大胆的探索:Chegg公司通过电子邮件方式租赁大学课本;Piazza公司为学生提供了在线学习室,学生可以向助教或其他学生咨询作业和学术问题;InsideTrack公司通过互联网提供辅导性服务,给学生个性化的关注,提高他们在一些院校的毕业率;USEED公司试图改变大学筹资的方式;Course Hero公司为本科生提供上传和分享资料的渠道;Dev Bootcamp和Gap Year通过提供

分散的高等教育市场的方式,将综合型大学碎片化。此外,很多著名的传统综合型大学也纷纷开始了加入:早在21世纪初,斯坦福大学就率先进行了尝试,而曾经对互联网免费教育持反对态度的哈佛大学也"罕见"地同麻省理工学院一起推出了edX(一个提供免费在线课程的非营利组织)项目。

资料来源:凯里.大学的终结:泛在大学与高等教育革命[M].北京:人民邮电出版社,2016.

而学生自主学习效果的检验,基于智能技术的完善发展和技术手段创新突飞猛进,也将由依赖于教师评估转为智能评估。借助 VR 和视觉分析等教学实践手段,学生可以随时随地就自己当前的学习状况独立地进行测试、评估、反馈,并能够将这种随时性、针对性的反馈,再依托智能技术,重新修正自己的学习计划,控制自主学习的进程和进度。这样所形成的计划制定—实施执行—效果测评—分析反馈—计划修正—(继续)实施执行……的自主学习闭环,保障并真正体现了智能时代"以生为本"泛在学习模式的有效和高效。

(2)由知识导向向能力导向的人机协同学习模式转变

传统教育模式下,受制于学习方式的局限,学生的知识传递和能力习得往往被分割成相对独立的环节,"知行合一"理念的倡导和实践的探索也难以突破高等教育长久以来的"应试模式""填鸭模式""学科差异"等壁垒。学生的学习一定程度上仍主要集中在知识点学习—记忆考核—实践检验的通道内完成,在这一通道中,学科边界难以打破,知识能力难以互融。

但随着智能教学和智能评估的出现，学生自主学习模式效率得到极大提升，伴随效率提升的同时，是以学生为主体的自主选择、自主参与、自我考核、自我评估、自我反馈、自我激励的自主学习能力的提升。而这种学生个体与智能技术交互实现的自主学习能力的提升，借助大数据和互联互通技术，更直接促成学生个体从知识信息需求方和接受方同时成为知识信息的提供方、内容创造者。

以斯坦福大学2025计划所提出的"轴翻转"为例。轴翻转（axis flip）的含义是要将"先知识后能力"反转为"先能力后知识"，能力成为斯坦福大学学生本科学习的基础，为此，斯坦福大学在教学中心建设、学生能力考察和考核等方面已经开始作相应的调整。

他山之石——轴翻转：先能力后知识

轴翻转（Axis Flip）的关键在于将"先知识后能力"反转为"先能力后知识"，能力成为斯坦福大学学生本科学习的基础。这意味院系归属划分的标准要由传统大学中按照知识来划分转换为按照学生的不同能力进行划分。

《斯坦福大学2025计划》提出，斯坦福大学商学院将在2024年之前推出10个建立在本科生能力之上的教学中心，这十个教学中心包括：定量推理、科学分析、道德推理、社会调查、审美解读、沟通有效性等。除此之外，还分别委任负责人来负责开发交叉学科的课程，这些教学中心的负责人都将成为斯坦福大学的组织架构的核心。

无独有偶,斯坦福大学在对学生的考察和考核方面也实施了改革。改革之前,学生的成绩单是一张回顾性的"大数据"记录,包含了学生花多少时间在哪个知识点上;改革之后,学生的成绩单是一个实时、动态的"竞争力状态"清单,呈现了学生正在学的内容、已学会的内容、知识学到什么程度等。

在这种独特而且又能展现"当下技能值"的方式的背书下,学生找到心仪雇主的概率大大提升。反过来,借助这样的能力数据,雇主也能更加快速精准地遴选出满足企业需求的候选人。届时,那些真正有才能并且具备快速学习与适应能力的斯坦福大学毕业生,将更有可能进入到行业前沿的公司和组织。

轴翻转前后比较

轴翻转之前	轴翻转之后
先知识,后能力	先能力,后知识
本科教育围绕学术主题展开	本科教育围绕技能主题展开
按照知识的不同来划分院系	由院长牵头,按照不同学术能力划分院系
成绩与简历反应能力	技能展示能力与潜力

资料来源:MBAChina.斯坦福大学"2025计划"试图颠覆全球高等教育?[EB/OL].(2018-11-12)[2019-09-01]. http://www.mbachina.com/html/mpaccfs/201701/173081.html.

(3) 由"终结式"学习向"终身式"学习模式转变

正如上文所描述的,智能时代催生的泛在化自主学习模式,可以完全做到围绕学生个体的需求,将学习计划制定—实施执行—效果测评—

分析反馈—计划修正—(继续)实施执行的"自主学习闭环",结合以学生为主体的自主选择—自主参与—自我考核—自我评估—自我反馈—自我激励的"自主学习能力",用"能力"推动"闭环"上升到更高的"效率"层面,共同形成自主学习"正向上升螺旋"的价值模式。

而"正向上升螺旋"这种学习价值实现模式的个性化、便捷性、正向性、持续性,使得个体终身学习的意愿由外生性推动转为内生性诉求。这使得在未来教育中,"终身式"学习将替代"终结式"学习成为趋势,学习由外生性动力促成转为内生性动力激励。例如,作为斯坦福大学2025计划中最关键的计划之一,开环大学不仅解除了入学年龄的限制,还延长了学习时间,打造混合学生校园。

他山之石——开环大学:提倡终身式学习

开环大学(Open-loop University)是《斯坦福大学2025计划》中最关键的计划之一。该计划创新性地解除了入学年龄的限制,无论是17岁前的天才少年、还是进入职场的中年以及退休后的老人都可以入学。这是其区别于传统闭环大学(学生在18—22岁入学、四年内完成本科学业)的最主要一点。

另外,与传统大学相比开环大学还有一个特点就是学习时间的变化,由以往连续的四年延长到一生中任意六年,时间可以自由安排。

开环大学中的学生很有可能是处于各个年龄段以及从事不同工作的一群人,既可能是天真的学生,也可能是富有经验的长者。

因此,开环大学形成了独特的混合学生校园,打破了年龄结构。学生之间更容易建立起合作、强劲与持久的社会网络。

同时,这种开环也意味着斯坦福大学的入学申请将更具有竞争压力。有限的名额将在背景各异、年龄不同的申请者中产生。

闭环大学与开环大学比较

闭环大学	开环大学
18—22岁的四年	一生中任意六年
课堂上的正式学习	课堂及实践活动中学习
毕业后接触学术环境受限	经验丰富的成年人可改变职业并与社团再次对接
学生在18岁前证明自己的能力	学生可在任何年龄段开始学习
校友偶尔回到学校参加特定活动	校友作为返校实践专家,丰富校园生活

实际上,开环大学不是凭空想象出来的,2015年就有迹象表明了开环大学的出现的潜在可能。据统计,仅有1/4的学生毕业后从事与大学专业直接相关的工作,还有1/4的学生的大学专业不能与新兴的行业相适应。

开环大学的学习方式使得高等教育对每个人一生的影响都在发生重大变革,大学教育的重点则转向对于职业生涯的培养。

资料来源:MBAChina.斯坦福大学"2025计划"试图颠覆全球高等教育?[EB/OL].(2018-11-12)[2019-09-01].http://www.mbachina.com/html/mpaccfs/201701/173081.html.

智能时代科技手段的不断成熟，以及在教育领域的持续应用，成为实现终身学习模式和终身教育模式的重要支撑。如基于互联网的学分银行评价模式，通过模拟和借鉴银行的机理、功能和特点，将微观个体的学习成果、中观学习中心和管理机构的资源提供和连接管理、宏观平台的资源汇集和数据储备，以"学分"作为计量单位，借由专业的管理机构、认证机构与组织体系，共建一套标准规范的学习成果存储、认证、积累、转换综合体系，构建由"个人账户"—"储蓄所"—"地方银行"—"中央银行"交织形成的"终身学习立交桥"。让各类学习资源在"立交桥"上快速高效地汇集分散、融通配置，进而助力实现未来教育以更为透明、公平、高效的方式运行。

（4）由"标准"学习向"定制"学习模式转变

受传统工业流程影响的传统教育培养模式，其主要特点体现为标准化、制式化，体现在教材编撰、课程设计、班级管理、专业培养等环节中的统一标准。而这种标准化"补短"教育培养模式催生的是"标准"学习模式，即为学生在接受教育的过程中，参照上述标准发现不足、查补差距，以实现"达标"。而智能时代需要的不再是统一制式的标准化学习效果，目标更非造就符合统一规格的人才，而是如何激发每个学习者的个人潜能，促其发挥优势。

未来，对照"自主学习"和"终身学习"变革趋势，在保留必要的基础课程和制定基本的教育标准的基础上，将更多探索个性化、定制化的教育实施路径和手段。借助智能技术的广泛和深入应用，学生个性化的学习素养检测—学习效果诊断—学习处方制订，这一"定制学习模式"得以实现，为"自主学习闭环"（学习计划制定—实施执行—效果测评—分析反馈—计划修正—继续实施执行）的有效实现打下前期基础。

他山之石——自定节奏践行定制学习

自定节奏的学习（Paced Education）是指学生根据他们的个人意愿按照自己的节奏来完成各阶段的学习，旨在促进学术探索，提升学科的内在严谨性。

在传统大学中，本科生按照一至四年级进行划分，然而《斯坦福大学2025计划》决定打破陈旧的四年级划分，取而代之的是按照"CEA"划分，所谓"CEA"是指：调整（Calibrate）、提升（Elevate）和启动（Activate）三个阶段。在"CEA"标准下学生可以自定节奏的学习。改革之后的先进学习技术为学生和老师提供了一种新型认知的反馈。

自定节奏的学习

自定节奏的学习之前	自定节奏的学习之后
结构化的固定四年制学习	可自主调节长短，个性化、适应性的以及可调控的三阶段学习
四年制：从大一至大四	六年三阶段：调整、提升、启动
标准化的十周学习	专为调整提供的微课程

第一阶段：调整（6—18个月）

在调整阶段，学校会给学生提供由教员精心设计的短期（1—7天）微课程。一方面，学生可以通过微课程的学习了解到不同的学科领域、不同教师的特点、不同的学习模型以及职业规划轨迹；另一方面，通过微课程可以快速地培养学生对教学与实践的兴趣。

短期微课程结束之后，学生根据自身喜好、学习习惯以及自制力等来选择学习的时长，通常为6至18个月。

第二阶段：提升(12—24 个月)

在提升阶段，学生将会被带领进入一个专门领域。该阶段的关键是对待专业知识的严谨态度。学生开始组建包括学术导师、个人导师以及高年级同学和信任的伙伴在内的个人顾问委员会。

提升阶段对于教师与学生来说都有举足轻重的作用。斯坦福大学将选择以小型的学术讨论空间代替大型的演讲教室，从而创建有助于教师与学生深度互动交流的环境。

第三个阶段：启动(12—18 个月)

在启动阶段，学生将从课堂走向实践。实践是检验真理的唯一标准，在学习掌握了专业知识后，学生将自身所学的知识应用到实习、项目服务、高水平研究和创业等活动中。

资料来源：MBAChina.斯坦福大学"2025 计划"试图颠覆全球高等教育？[EB/OL]．(2018-11-12)[2019-09-01]．http://www.mbachina.com/html/mpaccfs/201701/173081.html．

(5) 由"成才"学习向"成人"学习模式转变

至此，智能时代下学习模式的变革，在打破时间与空间的限制、促成现实由被动到主导的转化、实现延伸知识到能力的习得、消除起始到终结的固化后，最终聚焦的是价值实现的变革。

高等教育在历经时代变迁后，内生性演变和外生性影响在智能时代达到一个本源的统一，这个统一就是对生命的探寻。本源的回归使得高等教育终于从传统意义的"成才"升华为体现生命回归、凸显生命价值、达成生命智慧、实现生命关照、践行生命教育的"成人"。

他山之石——将使命感融入成人学习

在经济极速发展、世界距离缩短,"地球村"随之诞生的情况下,社会亟须具有全球领导力品质的学生。

现今很多大学生都被讽刺是"懒汉行动主义者",即以自我为中心,"思想上的巨人,行动中的矮子"。而有着培养"创业之领袖、国家之栋梁"美誉的世界闻名的斯坦福大学,就为学生提供了学以致用的土壤。

那么在这种全球化加快发展的趋势下,斯坦福大学是如何将学生"改造"、培养成具有行动力的全球领袖呢?

在《斯坦福2025计划》中,收集到了来自校友们的反馈,证明了指引他们职业生涯方向的航标是使命感。

因此,斯坦福大学的学生一入学就被要求要基于一定的使命进行学习(Purpose Learning),即在深入了解自身专业的同时,更要将该专业的使命铭记于心。

《斯坦福大学2025计划》为了帮助学生选择有意义的课程,度过一段有意义的大学时光,故推行了"带着使命感去学习"的活动,这一活动会帮助学生们获得一段有清晰目标的、时间持续在毕业后10—15年的职业生涯。

这样,斯坦福大学的毕业生才具有领导的实践能力,做到有能力、有意识、有担当的去抵抗未来世界中一系列经济、政治、社会和技术以及未知领域的风险。使命感并不是描绘一个职业,而是驱动个人追求卓越职业生涯的"秘密武器"。

传统学习与有使命的学习比较	
传统学习	带有使命的学习
学生只根据专业的具体标准进行学习	学生具有长远愿景与使命,将自身兴趣与问题解决进行融合
学生盲目、盲从地选择专业	学生通过学习和做项目收获更多意义和更大影响
毕业后的工作领域与所学专业无关	校友通过使命来指导学生的职业生涯
开始从事社会工作的时间较晚	有全球影响力的实验室拓展了研究的平台

斯坦福大学在世界各地建立一系列"影响实验室",目的是为了让学生带有使命地学习,实验室可以让师生们一起浸润式的学习和讨论具有全球性的问题和挑战。

"影响实验室"计划在其启动的 22 年之后,斯坦福大学与麻省理工学院、印度理工学院合作,完成了一项足以与登月计划媲美的宏伟工程——让在南亚地区生活的人们都拥有清洁的水源。

这项具有全球性的"影响实验室"计划令申请加入的学生变得越来越多。

这些具有影响力的实验室,分布在全球六大洲 25 个国家,显著增加了斯坦福大学发展的多样性。

斯坦福大学为了激发那些仍在帕洛阿尔托校园的学生继续钻研气候、公共卫生、水源、粮食等重大国际问题的热情,会与来自不同学科的教师与学生探讨七大全球性问题。

资料来源:MBAChina.斯坦福大学"2025 计划"试图颠覆全球高等教育? [EB/OL]. (2018-11-12)[2019-09-01]. http://www.mbachina.com/html/mpaccfs/201701/173081.html.

5.2 智能时代的教学模式迭代与支撑

5.2.1 教育与环境的联结支撑

智能时代在加速颠覆教育模式的同时,也将为教育过程实施提供全新的联结理念与技术支撑。自适应学习和社会化智能化的教育管理方式,将促进学校、教师、学生、社会等主体的联结和线上线下的虚实融合,继而实现打破时空壁垒的泛在化模式。

5.2.1.1 真实世界的联结

教育不是一座孤岛,而是联结,与社区联结,与真实社会联结(real world connections),引导学生一起思考现实的问题。要实现与真实世界的联结,可通过项目主题联结、通过互动联结以及与未来联结,将项目的主题与学生的兴趣、经历以及现实世界的重大议题联系起来,改善真实世界的状况、增加学生与身边的人或物的互动。其本质是增加学生的现实体验感,对于高校学生来说,与真实世界的联结主要体现在三个方面:

(1) 与网络联结

一些大学正在积极地依托各种网络将内部与外部联结起来,并利用庞大的数据建立起快速而有意义的联系。如依托网络将未来的学生与刚刚毕业的校友联系起来,就大学的真实情况向他们提供建议;开发应用程序,或依托社交媒体平台,以及通过应用程序和提供平台,使校园内外的主体跨越时空联结,甚至共同创建虚拟的校园。

(2) 与产业联结

就业前景以及高等教育能在多大程度上帮助他们实现其职业目标,是学生关注的重要话题。通过帮助学生建立与未来雇主之间的联系,以工学结合(work-integrated learning)①的形式,鼓励学生为真正的组织解决真正的问题,或与目标产业的人员建立有意义的联系。

(3) 与社区联结

大学要为学生创造机会,通过学习、领导、志愿服务和工学结合式学习让他们认识并践行自己的价值观。这些联结有助于巩固学生的归属感和使命感。要做到这些,高校需要了解学生在入学时的期望,并对其大学的表现进行跟踪。

培养方案与课程设置的改革可以让学生参与到能够对真实世界产生影响的项目中来,例如强调学生、院系和业界伙伴共同设计课程,让学生在学习中追求自己的价值。

5.2.1.2 技术创新的支撑

上海市电化教育馆馆长、中国教育技术协会创客教育专业委员会主任张治在《走进学校 3.0 时代》一书中提出了后文凭社会,认为学校将进入更加开放化、多样化、智能化和人性化的 3.0 时代。② 智能化将成为教育装备现代化的核心特征,将实现教育理念、技术、资源等深度嵌入,从而改变学习方式。

(1) 数据驱动的教学进化和评价转型

未来的学生可以选择在不同学校学习不同课程,智能技术能够跟踪记录学生学习的全过程,感知和获取学生数据,经过分析与处理,生成学生数字画像,极大地提高教学评价的准确性、科学性、可读性和实用性。

学习评估的重心由关注考试分数,转为关注学习地点、学习内容,以

---

① 工学结合又称与工作相结合的学习,强调学生在就读期间的操作技能和动手能力的培养。

② 张治.未来教育与未来学校的 13 种新图景[EB/OL].(2019-05-18)[2019-09-01]. https://mp.weixin.qq.com/s/BQW8mAOdHTXK Tj6iZksYgA.

及在学习中的创造、分享、体验与收获……教育也将进入一个新时代,对个人学习能力和学习态度的信任,而不是分数,将成为升学考查的主要内容。

(2) 人工智能成为得力的教学助手

未来每位教师都可能会有一个人工智能助手。人机协同课堂的出现将替代大量"讲授型"教师,教师工作内容将会发生根本性转变。

通过精准计算学生的知识基础、学科倾向、思维特征、情感偏好、能力潜质等,可以帮助教师为学生定制教育服务,开展面向每位学生的因材施教教学活动。

(3) 部分教学任务的剥离与外包

如今,教学早已不再只是校园内的专属,学习资源与服务供给更加多元,技术正在渗入教育,为其提供现代、高效的教育服务,学校的每一项业务背后都有可能有社会力量的参与和支撑。各种教育技术装备,将帮助学校与教师更好地教学,基于人工智能衍生的智能课堂系统、教学云平台、双师直播课堂等产品,对现有的教学手段进行创新。

学习服务的购买与评估、供应商的遴选与管理将会成为未来学校的管理者管理的重点,课程外包也将呈现常态化趋势。

(4) 个性化的学程规划与关系重建

技术的变革引发学习方式、学习体验、学习路径等一系列变革,重新规划着每个人的学习进程。未来学习场景将会发生各种变化,知识图谱嵌入学习系统,让普遍的因材施教成为可能,让学生进行个性化在线学习,促进学生的自主学习与合作学习。

未来学校将成为以学生为中心的自组织学习共同体,学生之间不再是竞争关系,而是相互协作的学习伙伴关系。

5.2.2　教学模式的图景迭代

5.2.2.1　跨学科的主题研究与教学

过于强调学科性质，过于偏重学科视角进行分析是当前科学研究和教育中存在的普遍现象。面对复杂的问题，单一学科虽可以在某个点上深刻地将其揭示出来，但由于忽略或缺乏整体上的把握和多视角的分析，往往导致缺乏对问题和现象的客观分析和洞察。

通过将两种及以上学科进行整合，围绕某一特定主题，充分利用图书、网络、家庭和社区资源，发挥学生的主动性和参与性，通过实验、调查、观察等方法开展探究式教学与研究，进而实现教学与学习目标。要有效展开跨学科教育与研究，必须建立相应的实现机制。

（1）确立主题为主的研究方法论

为有效解决当前研究和学习中存在的"只见树木，不见森林"现象，聚焦研究主题，采用多学科的方法视角去发现问题、解决问题。

（2）建立主题为主的组织机制

建立跨学科研究基地。突破院系的架构，组建跨学科研究的学术机构，建立真正以发现和解决问题为主的研究和教学基地，构造多学科、跨学科研究的平台，承载重大现实问题和理论问题的研究。

调整现有高校二级学院体制。通过学部制实体化，将若干相互关联的学科整合在一个规模较大的学术单元里，以利于顺利开展跨学科研究和教学。同时，学部与学部之间建立密切沟通机制。

（3）构建激励机制

对于跨学科的主题研究，应当建立相应的激励机制，在项目的立项、成果的奖励等方面对跨学科研究予以足够的重视。

5.2.2.2 项目式学习的融合与延伸

项目式学习(project-based learning)是通过使学生参与围绕现实世界中可能面临的挑战和问题而成立的项目,以开发知识和技能的一种教学方法。项目是基于挑战性的问题而设置的复杂的任务,需要学生开展设计、解决问题、决策或调查等活动。项目式学习让学生有机会在较长时间内相对自主地工作,最终以成果展示或现实产品为呈现形式。由此可见,项目式学习不仅仅是项目,核心是学生对真实的、复杂的问题或挑战进行调查和回应,实现干中学(learning by doing)。

> **他山之石——华盛顿大学:项目式学习开发知识与技能**
>
> 2008年,华盛顿大学的一个研究小组合作启动了"知识在行动"(KIA)项目。该项目对预修(AP)课程进行重新设计,采用PBL教学法教授,每门课程将包含5至7个项目,通过诸如"怎样的生活方式更具可持续性?"这类发人深省的问题,启发学生思考知识背后的"为什么"。
>
> 如果学生反复研究知识和观点,并在不同情境中主动重温与理解概念,加深对重点与要点的理解,将会促进知识的吸收转移。在真实的情境中思考问题还会培育举一反三、触类旁通的能力。与传统线性授课方式不同,KIA会让学生对重复出现的观点和技能进行深入思考(Parker & Lo, 2016),比如说,要回答预修课程《环境科学》中关于"可持续的生活方式"的问题,学生会被要求完成四个项目:一个关于个人生态足迹的项目(这个项目会涉及全球水资源的问题)以及三个关于全球和社区问题的项目。

高质量的问题设计才能保证学习的意义和价值,角色扮演和情景模拟可以培养学生多角度看问题的习惯。例如,学生不只是阅读宪法和具有里程碑意义的最高法院案件,而是扮演法官和在他们面前辩论的律师的角色。在这些角色中,学生思考他们所学的法庭案例如何应用到他们模拟的案例中。利用项目作为本课程的主要内容,让学生扮演真实的角色,并参与真实世界场景的模拟,从而应用他们全年所学到的知识,而不是仅仅通过一次考试巩固。

同样,在预修课程《物理》中,会让学生扮演好莱坞科学顾问和事故调查员等角色,使其进入情境,身临其境地洞察问题真相,并解决问题。正如《人是如何学习的》(Bransford, Brown & Cocking, 1999)一书中所述,先进行项目学习,再安排讲座与授课,会激发学习动机,加速知识转移。

资料来源:George Lucas Educational Foundation. Knowledge in action research: helping to make the case for rigorous project-based learning[EB/OL]. (2013-10-17)[2019-09-01]. https://www. edutopia. org/package/knowledge-action-research-helping-make-case-rigorous-project-based-learning.

来自美国西部教育(WestED)[①]的 Thomas 等人提出并阐述了项目内容的五个标准:中心性(centrality)、驱动性问题(driving question)、建设性调查(constructive investigations)、自主性(autonomy)和真实性

---

① WestED 是总部位于美国圣弗朗西斯科的一家研发和服务机构,旨在与教育和其他社区合作,促进卓越,实现公平,促进儿童、青年和成人学习。

(realism)。中心性指项目是项目式学习的核心。驱动性问题指项目关注的问题应该能够驱动学生去面对和应对学科的核心概念和原则。建设性调查指从事项目的学生要进行建设调查,项目的核心活动必须包括学生知识的转换和构建,如知识的新理解,接触和掌握新技能等等。自主性指项目在很大程度上是由学生驱动的,与传统的教学和传统项目相比,项目式学习使学生拥有更多的自主权,更多选择,无人监督的工作时间更长,责任更大。真实性指项目能使学生在这些方面感觉到真实性:项目的主题、任务、学生扮演的角色、项目实施的背景、项目中学生的合作者、项目的成果、项目的受众、产品或成果演示的评判标准等等。

5.2.3 价值实践的聚焦方向

智能时代,教育手段将更加多元化,教育方式会有更大的开放性和选择性。随着"罗辑思维""喜马拉雅""知乎"这样的民间知识传播机构纷纷涌现,"能者为师"的价值导向正在推动教育模式的改革。智能技术催生的新教育模式在价值实现上对教育提出的新要求,将促使教师思考如何真正成为学生"灵魂的工程师",成为学生学习的陪伴者、动力的激发者、情感的呵护者[1]。

(1) 更聚焦于具有生命特征的价值分工,体现生命回归

智能技术的不断发展,体力劳动和技能型工作将逐步被替代,社会对更高素质劳动者的需求可能会大幅提高。情境学习、泛在学习等将会是未来教育的主要学习形态,高校将呈现更加开放的办学态势。

高等教育的价值越来越凸显生命回归。有研究表明,不太可能被机器人取代的工作,其特征包括社交能力、协商能力、人情练达的艺术、同

---

[1] 朱永海,刘慧,李云文,等.智能教育时代下人机协同智能层级结构及教师职业形态新图景[J].电化教育研究,2019(1):104-112.

情心、扶助和关切、创意和审美等①。教师承担诸如能力培养、价值引领、情感感化、信念确立、德行养成等教育角色的现象将会日益凸显②,③。智能时代,教师掌握更为人性的培养方式④,其所承担的角色分工,将更加侧重能够凸显认知、情感、志趣和创造等的高阶能力定位。

(2) 更聚焦于体现高端品质的价值特征,凸显生命价值

未来,教育将更加强调关照个体生命,注重提升个体智能,需要教师对其角色进行升级。

教师工作任务的变化。智能技术可以帮助教师提高效率,丰富教学形式和内容,减少重复性工作。一项对人工智能工作的有关研究表明,人工智能工作替代基本上发生在任务(task)层面,而不是职务(job)层面,并且将从较低级的智能工作开始取代人类的工作,分析能力(analytical skills)也将变得不那么重要,会被人工智能逐渐替代⑤。

教育角色呈现典型生命特质的多元化。随着角色分工趋向精细化,教师将成为践行生命教育的感悟者,教学研究进一步成为教师的核心职业素养。以"生命"和"机器"为研究对象,研究成果不断转化成为教学资源,实践生命教育。

专业实践领域的教育跨界供给来源多样化。智能时代下的跨界融合及开放办学理念下,教师成为在特定领域拥有专长的专业人群,发挥复杂性和综合性等高阶能力。未来,随着拥有一技之长的兼职教师的加入,将加强教育的个性化和情境化,教师职业和教学团队也将发生重大

---

① 余胜泉.人工智能教师的未来角色[J].开放教育研究,2018(1):16-28.
② 苏令银. 论人工智能时代的师生关系[J]. 开放教育研究,2018(2):23-30.
③ FAGGELLA D.不新鲜!人工智能早已从3方面渗入美国教育[EB/OL].(2017-12-18)[2018-07-05]. http://baijiahao.baidu.com/s?id=1586462472005122726&wfr=spider&for=pc.
④ 赵勇.未来,我们如何做教师[J].中国德育,2017(11):48-51.
⑤ HUANG M, RUST R T. Artificial intelligence in service[J]. Journal of Service Research,2018(2):155-172.

变化。

"互联网思维"和"后喻文化"①会深刻影响学习者对高品质教育的需求。智能时代,学习者将从"数字原住民"进化成为特征更加明显的"数字公民"②,教育将会进入全虚拟时空,民主、平等、共享、去中心化等"互联网思维"和"后喻文化"会渗透进人们的骨髓,这决定了他们对优质教育的需求。教师也将变成体现生命价值的高端职业。他们除需具备基本职业技能外,还需要具备体现生命特点的"个体智能",如高阶思维的培养,情感的丰富性以及认知的结构化等等。

(3) 更聚焦于追求人机协同的智能教育,达成生命智慧

通过人类智能和机器智能的协同,运用多种方式开发和丰富人机协作的"智能接口",实现教育环境方面的协同。国务院 2017 年发布的《新一代人工智能发展规划》提出了发展智能教育的基本措施,包括开发基于大数据的在线教育平台,开发智能助教,建立智能、快速、全面的教育分析系统,建立以学习者为中心的智能教育环境等等。同时,随着人工智能研究的进步与应用的深入,网络空间的人机交互将朝着人性化和个性化的方向迈进,将极大改善学习者的学习环境③。

未来,智能教学手段将可能会成为主要方式,教师规模将会适当精简。"人机双师"的协同将成为未来教师工作的新形态④。通过学习路径优化、自适应考试、自动任务建模等,人工智能将有助于实现测评领域过

---

① 后喻文化是指年轻一代向长辈传递知识的过程,由美国社会学家玛格丽特·米德在《文化与承诺》一书中提出。
② ICANN.APIGA:从数字原住民到数字公民[EB/OL].(2018 - 08 - 08)[2019 - 09 - 01]. https://www.icann.org/news/blog/apiga.
③ SONG Y, QIAO Q, GE R. Construction of the classroom teaching capability system of English teachers based on an artificial intelligence environment[J]. Agro Food Industry Hi-Teach, 2017(1):511 - 515.
④ 祝智庭,彭红超,雷云鹤. 智能教育:智慧教育的实践路径[J]. 开放教育研究,2018(4):13 - 24.

程的全自动化①。借助各种智能技术,教师可以为学生制定个性化学习方案,从而可以有效解决"乔布斯之问"②所提出的问题。

通过智能技术对学习者进行精准"画像",分析学习者知识基础、认知特点、多元智能倾向、学习风格和学习态度等特征,并对其意图、兴趣或爱好进行预测,推出个性化学习方案,为教师设计主导方案和个性化项目提供参考和选择,能够实现教育生成内容方面的协同。

通过人机协同智能层级结构体实现智能教育,实现教学内容方面的协同。培养人机协作解决问题的方法与责任,加强计算思维的培养,使学生在掌握机器学习的基本原理和方法的基础上,熟悉机器学习等算法的应用情境(或专业领域)。培养以创新为特征的多元智能,注重左右脑学习适当互补,实现和谐发展。

此外,人机协同教育通过人机结合、跨学科整合、左右脑多元智能结合,实现个性化智能培养,促进人类智慧(wisdom)和创新不断发展,推动人机共生的智能社会建设,实现教育目的协同。

(4) 更聚焦于探寻人的生命的整体意义,实现生命关照

智能时代,需要挖掘教育生命的意义,不要让技术遮蔽生命的兴趣、价值和意义③,生命整体性主要包括以下几个层面的含义:

人类的左右脑有着不同的分工,履行承担着不同的任务义务。左脑的学习形态主要以"语言"与"数理逻辑"为主,是更符合人工智能可以运用、记录的领域。人工智能通过对人类左脑学习方式进行无缝记录、分析和诊断,分析和判断学习者的认知特点、兴趣特长等方面的信息。同

---

① 余胜泉.人工智能教师的未来角色[J].开放教育研究,2018(1):16-28.
② 2011年5月,乔布斯与比尔·盖茨在关于教育和未来学校问题的讨论中,曾经说过一句话:"为什么IT改变了几乎所有领域,却唯独对教育的影响小得令人吃惊?"这引发了人们对信息技术对教育的影响度的关注。
③ 刘慧.生命教育内涵解析[J].课程·教材·教法,2013(9):93-95.

时,对于右脑型学习,通过生物特征识别技术,呈现学习对象的整体样貌,辅助学生实现直觉、灵感、顿悟、联想等等,助力创新思维培养。

通过情感识别与表达,辅助教师的情感交流与情感价值观教育。人工智能可对情感的"可感形式"进行有效识别,例如通过对人面部、行为、声音、眼球等的识别,寻求对教学有价值的信息,并反馈到教学实践,帮助教师进行情感交流和情感价值观教育。

此外,人类在享受智能技术所带来的便利和福利的同时,要注意找准符合自身生命特点的特长和爱好,明确人生方向和目标,激发生命内在自由与活力,提升问题处理能力,保持人的特立性和完整性。

(5) 更聚焦于师生共同感悟的生命实践,践行生命教育

个体生命是目的性与工具性的并存[1],我们要在掌握智能工具的同时,进行智能教育,提升个体智能水平。

生命是智能教育的目的和内容。苹果公司现任 CEO 库克曾提出:人们真正担心的,不是人工智能发展会使机器像人一样思考和做事,而是随着人工智能的发展,人会变得像机器一样思考和做事[2]。智能教育以探寻生命的意义与价值为使命,借助智能技术,践行挫折教育、感恩教育、情感教育、终身教育、生存教育、和谐教育、死亡教育等生命教育形式[3]。

生命教育是智能教育的方法和形式,即以人的生命为基点,充分发挥人的主体性,遵循生命感悟这一主线,释放学生个性,关注生命的经历、感受、体验和感悟,开发生命潜能,以生命教育生命。智能教育时代

---

[1] 刘慧. 生命教育内涵解析[J]. 课程·教材·教法,2013(9):93-95.
[2] 苏令银. 论人工智能时代的师生关系[J]. 开放教育研究,2018(2):23-30.
[3] 陈盛. 关注生命教育提升生命价值:探析生命教育的实施取向[J]. 现代教育科学,2008(6):54-56.

的教师利用智能技术体验和感悟生命,将成为最为关注生命教育的一代教师[1]。

5.3 智能时代的高等教育治理变革与探索

5.3.1 高等教育治理的时代特征呈现[2]

智能时代将为高等教育治理赋予个性化、整体性、协同性、透明性、动态性、自主性等特征。

(1) 个性化

个性化是未来教育发展的趋势,高等教育治理需要对此做出回应,甚至需做好相应准备。一方面,通过高等教育治理将教育个性化由理念转化为实践。例如,打造智能教学、学习管理系统,运用智能技术解决学习过程个性化、教学过程精准化、管理过程科学化的问题。另一方面,需要对高等教育个性化加强治理。加强案例引导和问题导向,将教育个性化与教育社会化有机统一起来,发挥每个学生主动学习的积极性且又能与实践相结合。

(2) 整体性

资深美国教育改革家、爱迪生学校创始人魏克礼(Chris Whittle)在20世纪90年代初就提出了"学校整体改革"(whole school reform)这一概念,认为学校变革必须从整体设计入手,不能基于局部思考。

整体性治理理念能够克服由个体主义思维方式的滥觞、治理模式碎片化、组织机构功能裂解化、数据信息孤岛化所带来的有限理性问题,推动治理科学化的实现。随着万物互联和大规模"开环"应用的发展,通过

---

[1] 刘慧.生命教育内涵解析[J].课程·教材·教法,2013(9):93-95.
[2] 南旭光,张培.智能化时代我国高等教育治理变革研究[J].中国电化教育,2018(6):1-7.

高等院校去中心化的、分布式的力量,挖掘出万事万物的数据价值,打破高等教育固化线路上的节点,引入多元教育主体,激发其参与高等教育治理的积极性和创造性,实现高等教育治理的去"闭环"。由此,通过逐步解决有限理性的信息缺失、信息量不足、信息割裂等问题,高等教育治理过程就可能实现从破碎转向整合、从分散转向集中、从单一转向多元、从部分转向整体,最终实现从"闭环"转向"开环"[①]。

(3) 协同性

未来社会将是一个多主体、多层次的复杂系统,不同力量相互制约,在竞争与合作中共存。这就需要多元主体间构建相互信任、彼此依赖、双向互动的关系,形成互联互通的网络治理格局,整合内部力量,集结外部优势力量,最终实现多元主体协同共治。早在1985年10月上海大学钱伟长校长就提出高校内部要拆掉四堵墙,即学校和社会之墙,校内各系科、各专业、各部门之墙,教育与科研之墙,教与学之墙。

通过人、机、物互联及其相应的平台,可以及时准确捕捉不同主体的诉求,有效提升其参与高等教育治理的意愿和获得感,高等教育系统由此就可能进入一个虚拟世界和现实世界合一、人机物走向一体化的时代[②]。

(4) 透明性

随着信息的有效公开和数据的科学运用,高度被感知的责任和透明成为未来社会追求的目标。通过利用智能技术及相应的工具,对治理数据进行开放,对决策过程进行留痕,使政策制定更具理性,继而实现高等教育治理全程透明。这样,既颠覆了随意性决策的"黑箱",约束了治理主体的自利性和机会主义动机,又能将不确定因素转变为看得到、听得

---

① 南旭光,张培.智能化时代我国高等教育治理变革研究[J].中国电化教育,2018(6):1-7.
② 金东寒.秩序的重构:人工智能与人类社会[M].上海:上海大学出版社,2017:11.

懂、信得过的可视化、透明化信息。这样就可以提升高等教育治理的前瞻性、针对性和可操作性,赢得各参与主体、社会公众的信任和信赖。这种良性互动使高等教育治理模式更优,更接近"善治"[①]的目标。

(5) 动态性

未来社会有可能会越来越充满不确定性。在社会转型的当下,治理主体和治理需求已经发生了深刻变化,传统高等教育的静态治理模式越来越呈现出不适应、不实时的问题。

未来高等教育治理将体现其动态性。借助智能技术,以及各类智能装置和移动终端,人们可以连贯且即时完成从信息搜集、数据挖掘、知识传输到政策制定、决策支持、信息反馈等各环节,及时发现和处理高等教育领域出现的问题,实现动态治理。

(6) 自主性

借助智能技术,以科学决策为核心,基于人与机器的互联互通,高等教育治理将由经验模式逐渐向大数据支持模式转变,形成"智能治理"运转机制,激发出以智能工具为支撑的"最佳行动能力"。

同时,通过增强治理主体和治理行为的自主能力,发挥各参与主体的集体智慧,利用智能技术的灵活性、自主性等特点,对人类的思维模式进行模仿与学习,将高等教育治理体系逐渐打造成为一个智能系统。

5.3.2 高等教育治理体系变革及趋势

5.3.2.1 高等教育治理体系的内在变革

智能时代将会对高等教育的治理结构、治理场景、治理主体和治理价值等产生深远影响。

---

① 善治是政府与公民对公共生活进行合作管理的一种治理方式,是一个使公共利益最大化、还政于民的社会管理过程,体现的是国家权力向社会的回归。

(1) 高等教育治理结构重构

将逐步形成高等教育系统网络化结构。非中心、非科层的网络社会结构下,传统高等教育系统将逐渐解构并网络化。多元化的网络渠道将逐步替代单一的稳定信息渠道。网络结构所具有的传播、整合和监督能力将为高等教育系统带来强大的资源链接、多维协同能力,由此可增强与社会的对接能力、根植能力,激发综合活力和自我发展能力[①]。高等教育治理结构的重构,主要体现在"节点治理"的理念,在让高等院校"拥有什么资源"很重要的同时,还将凸显能够"链接什么资源"的重要性。

(2) 高等教育治理场景重建

将逐步实现对真实世界的数字化重建。在管理者远离现场的情况,该能力也能够使其获取精准的现场信息,进而可以跨越地理空间,对社会场景进行精准再造。同时,利用可长期追溯的多维信息,可以改变对资源匹配的依赖的状况,让现实资源更好地匹配和适应治理需求,重构高等教育治理体系。

大数据同时具备技术属性和社会属性,成为推动变革的新生力量。一方面,利用大数据,可以创新高等教育服务与产品,拓展高等教育市场,重构高等教育价值链和生态圈。另一方面,通过挖掘高等教育大数据资源,构建大数据共享平台,可以激发社会、高校、市场等多元参与主体的积极性,增强高等教育治理的活力。再者,智能时代的教学场景将发生重大变化,对治理提出新挑战。随着虚拟学校和实体学校逐渐融合,全民参与共建、共享、共治的泛在学习将成为未来主要学习方式之一。人人都可能是知识的提供者、分享者,教师可以不用去教室就能实现教学与师生互动,每个学生的作业都可能是量身定制的等等,所有这

---

① 南旭光,张培.智能化时代我国高等教育治理变革研究[J].中国电化教育,2018(6):1-7.

些变化都需要有新的治理模式与之相适应。

（3）高等教育治理主体拓展

人工智能的本质是基于大数据处理对人类思维与行为进行模仿，在这种情况下社会形态、产业体系将发生重大的改变，也将进一步拓展高等教育的治理主体。

智能技术的应用，将使大量有规则、规律可循的工作可能被替代[①]，而同时新技术新文化的不断涌现对主体能力结构中的创造性、人文性特征更为强调。人力得到更大的解放，进一步催生劳动力资源结构的变化，使人们集中于从事更高等、更有创造性的工作，推动人类向更高级阶段进化。伴随主体能力特征和劳动力资源结构的变化，人机物混合社会形态逐渐形成。未来智能机器将成为一种新的社会主体，自主收集信息、判断、决策和行动。以上这些变化将引发传统高等教育系统结构、知识结构、就业结构的重构，高等教育领域的参与主体和治理主体也将拓展，高等教育治理的边界也会变得更加"模糊"。

（4）高等教育治理价值重塑

本书第四章中提到的，智能时代背景下，教育的根本在于用人工智能等科学技术提高教育的效率，以便教育的重心更多转移到人的精神和情感世界，从而将教育的价值更多地体现在对人的重视与关注上，也即"对灵性的培育和养护"。

而对"灵性"的凸显，正是高等教育治理价值内涵的重塑。透过高等教育的历史脉络，从柏拉图建立"Academy"到欧洲的现代大学体系，再到当下欧美主流的高等教育体系，大学教育一直在培养"和谐的人"还是"有用之才"之间摇摆。国内从事高等教育实践和研究的学者们也在反

---

① 费希.超人类革命[M].周行，译.长沙：湖南科学技术出版社，2017.

思,大学的价值和意义到底是什么？钱颖一教授提到了三个根本问题："什么是大学？什么是教育？什么是研究？"受到"短期功利主义"的影响,高等教育治理的现状,无论是教师的职责重心、专业课程的设计还是校院管理的理念都有所偏颇①。然而在智能技术的冲击下,很多人类的技能和功能越来越可能由机器所替代,这一状况将在一定程度上改变以"有用"来界定的大学的价值存在,从而对高等教育治理的价值内核进行重新塑造。

5.3.2.2 高等教育治理体系的演化趋势

传统时代下包括高等教育在内的治理所呈现的基本架构与逻辑可以这样描述：自上而下的等级式科层架构、管理的宏观与微观相对分离、自然人是管理体系的最终主导②。未来,高等教育治理体系将有可能主要发生以下三个方面的变革。

（1）治理结构的扁平化

智能时代将对高等教育形态与治理体系的同构关系造成冲击,推动高等教育治理体系由科层制向网络化结构演变。治理体系内部的院校治理体制突破科层制,进行深度整合,外部产学研合作体制不断压缩管理链条,治理结构趋于扁平化。

强化高等教育治理的多元化主体自身的治理效率,优化和重整信息流和命令流链条。各主体开展跨部门决策、执行和监督,科层制在智能时代有了新的含义,具体体现在：随着动态任务的发布,柔性决策替代了刚性决策,科层制链条具有更高的灵活性；随着数据流整合和场景重建,双向任务链替代了单向任务链,治理过程更加透明,更有说服力,更为服众。

---

① 钱颖一. 大学的改革（第一卷·学校篇）[M]. 北京：中信出版社,2017：16-19.
② 何哲.面向未来的公共管理体系：基于智能网络时代的探析[J].中国行政管理,2017(11)：100-106.

(2) 治理边界的重塑

全息化态势是未来高等教育的主要特征之一。由于信息被精确传递,高等教育领域的上层组织及管理者,更能根据一线信息对下属单位的需求做出及时反应;信息的全息化还能有效消解因权力运行造成的层级间的紧张关系和对立情绪[①],实现良性互动、合作共赢。

因此,高等教育领域的政策制定者需要重新审视各种关系,厘清高等院校和二级部门或学院之间的职责边界、现实空间治理和虚拟空间治理的边界[②]。高校内部,将从宏观层面注重对治学和教育理念的洞察和掌控,从资源调度和综合治理方面为二级学院(系)决策和执行提供支持。随着泛在学习方式的普及,治理主体的增加及结构性变化,高校之间、高校与业界之前所构筑的高等教育价值链将发生解构和重构,以大数据为核心的治理体系将逐渐形成。

(3) 治理主体的多元化和协同化

智能技术将提升高等教育治理的信息处理能力,增加治理的主体,从而使治理的内涵与外延发生巨大变化,对人类的管理水平提出新挑战。

同时,仅凭单一学科或专业已经无法解决高校治理面对的新形势中的新问题。社会分工的进一步细化,将会使高等教育与全产业链的多元协同成为内在动力,加强多学科专业的协同创新成为必然。传统的学科专业架构和院系组织模式必将发生重大变革,这是因为智能化工具能够有效助力高等教育机构科学预测、系统捕捉未来有生命力的学科专业生长点,并进行跨学科、跨部门、跨领域、跨区域的协同[③],多元主体互动和

---

① 王战军,肖红缨. 大数据背景下的院系治理现代化[J]. 高等教育研究,2016(3):21-27.
② 付玉辉. 对新时代中国特色治理体系的思考[J]. 社会治理,2017(9):48-51.
③ 吉明明."互联网+"背景下大学组织治理的缺陷及应对方略[J]. 现代教育管理,2016(2):1-7.

多元协同创新将成为高等教育领域的新常态。

5.3.3 高等教育治理体系实现路径设计

智能时代的高等教育治理体系将涉及国家发展的诸多要素[①],由智能技术发展和社会多元治理动态耦合而成。以因地制宜、因事而化、因时而进、因势而新的原则为指导,开展技术路径、场景路径与协同路径等方面的研究就显得尤为重要。

(1) 技术路径

科学技术是产业转型升级和经济结构调整的推动力,是社会专业化大分工的加速器。从历史来看,高等教育是国家创新的源泉和中坚力量。另一方面,创新是高等教育可持续发展的根本动力。高等教育的发展与进步是教育和科技发展循环递进与协同发展的结果[②]。智能技术将改变传统的学习方式,引发新的利益关系和利益冲突。需要从智能技术与人类共生的角度架构高等教育治理的技术路径[③],构建更为完善的高等教育治理范式框架,发挥科学技术在高等教育治理中的作用,从"科学—技术—社会"逻辑设计解决利益冲突的治理规则和机制。

(2) 场景路径

高等教育治理需要从技术融合和组织重构两个方面重新设计治理场景:一是通过技术融合打造高等教育过程性场景。将智能技术深度应用到高等教育治理的全过程和各个环节,加强信息和数据的采集、分析和处理过程的治理,优化信息流和数据流的双向多维网络化运行能力,

---

[①] 李云新,韩伊静.国外智慧治理研究述评[J].电子政务,2017(7):57-66.
[②] 南旭光,张培.智能化时代我国高等教育治理变革研究[J].中国电化教育,2018(6):1-7.
[③] 梅亮,陈劲,吴欣桐.责任式创新范式下的新兴技术创新治理解析:以人工智能为例[J].技术经济,2018(1):1-7.

推动提升高等教育治理能力和模式创新。二是加强组织重构。根据智能时代的特征进行组织设计及重构工作,实现高等教育的"六去"(通过去中心化、去权威化、去差异化、去中立化、去时间化来实现去固式化),消除多元利益相关者互不信任的场景,建构一个跨边界、跨层级的纯粹的"信任"的验证机制①。

（3）协同路径

开放性、多元性是社会发展的主旋律,高等教育治理需要本着政府、高校、社会、个体多方协同共赢的理念,在遵循高等教育发展规律的基础上兼顾国情和区域特色,形成多元合作、协同共治的治理格局②。高等教育领域需要迎合时代的步伐,逐步改变传统管理理念,在大数据分析的基础上,发挥有计划的市场机制在资源配置中的决定性作用,引导多元社会力量,加强治理机制的融合,形成协同治理新模式。对高等教育领域多元主体的职责和任务边界进行重新定位,构建一个双向多维的分布式、去中心化的"自组织"治理网络,激发内在活力,打造共生、共治、共享的高等教育治理体系。

随着智能技术的不断应用,有些国家的高校在应对未来教育挑战方面进行了一些尝试。例如,美国斯坦福大学自2012年起就开始探索未来高等教育的发展模式,并于2015年提出斯坦福大学2025计划,认为未来学习将具有个性化、终身化、定制化、自主化等特征,提出了未来大学的四项核心设计:"开环大学"(open-loop university)、"自定节奏的教育"(paced education)、"轴翻转"(axis flip)和"有使命的学习"(purpose learning)。本章之前内容已对这四项设计逐一进行了分析。

---

① 郑永兰,徐亚清.网络治理的三重维度:技术、场景与话语[J].哈尔滨工业大学学报(社会科学版),2018(1):24-30.
② 徐艳红,伍小乐.大数据时代的社会协同治理框架再造:基于"主体—机制—目标"的分析[J].理论导刊,2018(1):41-47.

再如，悉尼科技大学①（UTS）也在近年提出加快数字化转型教育的要求。为应对高等教育变革的挑战，能够在不确定性下做出调整和适应发展，UTS提出了"成为具有全球影响力的一流的公立科技大学的愿景"，并制定了2027战略（UTS 2027 strategy）。该战略以"终身学习"为核心，强调把全体员工，甚至更多的人，看作是未来的学习者群体，关注与之相关的五个要素：个人学习经历、合作伙伴关系、引领创新和创业、提供具有影响力的优秀研究以及可持续的未来。该战略为学校未来9年的发展确定了方向，并以3年为一期专注于战略实施。2019年至2021年推出了8项战略举措，以促进悉尼科技大学迈向一个新的阶段。UTS希望通过这种高等教育治理手段来调整院校内部的管理模式和内部治理结构，更有效地发挥教育优势、回应社会需求、实现公众利益，实现学校愿景。

他山之石——UTS2027助力世界一流科技大学建设

为应对澳大利亚和全球的高等教育变革的挑战，能够在不确定性下作出调整和适应发展，悉尼科技大学制定了2027战略（UTS 2027 strategy），该战略将为其未来9年的发展确定方向，并以3年为一期专注于战略实施。2019年到2021年重点关注以下8项关键举措，以帮助实现其愿景：

---

① 悉尼科技大学是一所领先的公立科技大学，在2019年QS全球50所建校50年以下大学排名中，全球排名第十，澳大利亚排名第一，拥有4.5万名学生和3 800名教职员工。UTS以其对真实世界研究的重视，以及其独特的学习方法和尖端设施而闻名。UTS自成立以来一直建立在强大的行业联系基础上，与行业合作伙伴的资源和专业知识交流一直是其核心特色。

终身学习（Lifetime learning）

悉尼科技大学将其校园内所有的工作人员都视为未来的学习群体，通过建立个性化学习的途径，与外部合作伙伴进行学习研究，以进一步确定校友和行业的学习需求寿命，与合作组织共同设计学习。简化教育治理框架，创建一些简单的、模块化的课程，不断地进行跨学科拓展，提供更加多样化的服务和经验，增加线上的工作场所等。为课程制定灵活的学习与管理机制，采取多种进入、退出和参与课程的方式，增强学生的终生学习能力。

个人学习经验（Personal learning experience）

通过利用校园、行业联系、丰富的虚拟体验和员工领导的个性化体验，创建一个单一、无缝的学习体验平台，动态地适应和支持学生的各个方面，利用在数据科学和人工智能方面的专长，向学生推送与其学生生命周期的信息、通知和任务提醒，利用技术和流程，及时向学生提供有意义的个人绩效和评估反馈，将学生管理系统形成的学生经验转向由学习者形成的体验。

数字学习伙伴（Digital partners）

将加强校园发展计划，搭建数字空间，实现学生、工作人员和合作伙伴们在空间进行互动的愿景；创建物理的、虚拟的和混合现实平台，让学生有更多的选择和灵活的学习模式；为每门课程开发数字化平台，让使用者能够利用平台寻找资源、获取支持、提交工作以及与其他参与者交流。

新的工作方式（New ways of working）

鼓励大学团队在社区中发挥更大的作用，加强对学术和专业支持，为嵌入式开发框架构建新的路线图，帮助员工建立必要技能以实现学校的战略愿景。多元主体之间建构起相互信任、彼此依赖、双向互动的新型合作协同关系和互联互通的网络治理格局；重塑业务流程与技术体系，减少事务性方式工作，消除烦琐的官僚作风和程序，简化电子业务流程，改进决策和问责机制。

学校辖区、社区间的伙伴关系（Our precinct, community and partnerships）

悉尼科技大学将重新设想校园布局，连接校园及其周围环境和邻近空间，建立新的伙伴关系，促进和鼓励校园内外部的合作。通过开发设施及空间，协调和促进更广泛的社区间接触，与企业合作以支持其创新和劳动力的发展需求。提供机会吸引社区进入校园进行合作，开发更多可供行业合作伙伴访问的设施；开发更多工业合作空间，与当地产业、政府和社区伙伴发展互利关系。

用关联研究改造社会（Connected research）

进一步进行研究和学术支持，激励以研究为主导的跨学校教学；发展悉尼科技大学的研究支持系统，最大限度的提高研究团队的能力；确保更强大的外部联系，与海外建立新的伙伴关系；通过支持研究人员获得大量外部研究合同、改善员工形象、建立和利用战略伙伴关系进行协作等方式增加UTS研究的收入、研究的多样性以及研究规模。

独特的国际形象与学生经历（A distinctive international profile）

将在所有学院与部门内建立拥有共同愿景的国际化战略；精心设计营销手段吸引更多高质量的国际学生；建立强有力的校友队伍，向国际校友们推广数字学习；培训UTS所有的学术与工作人员，使其能够在国际学生的教学、监督方面运用最佳实践方法；为国际学生创造更多与社会、国家、文化、校友相联系的机会,确保离校后与大学依旧保持密切关系,进入充满活力的校友分会,提供终生学习的支持等方式加强学校的校友网络。

实现积极的社会变革(Delivering positive social change)

通过确定关键国际合作伙伴并与之合作来促进澳大利亚和海外的社会正义项目。通过建设社会影响实验室、UTS海滨社区计划、开发卓越的土著战略、扩大社会公平与社会包容方案等方式从而赢得各参与主体、社会公众的信任和信赖,形成更优的治理方式、治理模式和治理机制,让高等教育治理将更加接近"善治"的目标。

2019年至2021年这三年内的战略举措,将促进悉尼科技大学迈向一个崭新的阶段,其通过这种高等教育治理手段来调整院校内部的管理模式和内部治理结构,更有效地发挥教育优势、回应社会需求、实现公众利益,从而建设世界一流的科学技术大学。

资料来源:University of Technology Sydney. UTS 2027 strategy[EB/OL]. [2019 - 07 - 01]. https://www.uts.edu.au/about/uts-2027-strategy/strategy-pack.

5.4 智能时代的高等教育模式

今天这个时代,表面无序但又深度关联[①],解释这个时代环境和事物的变化与发展,根本在于理解复杂系统的演化规律。

---

① 陈春花.共生时代,企业如何有效选择?[EB/OL]. (2019 - 01 - 14)[2019 - 09 - 01]. https://mp.weixin.qq.com/s/ls-Lap58MsTBr_JTSh6bUw.

"他山之石"中所引用"去边界"的泛在大学模式、"变规则"的轴翻转和"破壁垒"的开环大学、"求个性"的定制化教育和自主性学习,均从不同维度揭开智能时代高等教育模式的一角"面纱"。但对高等教育模式这一复杂系统在智能时代下的可能性范式的整体刻画,仍需要延续本章开篇所提到的"外生性影响"和"内生性演变"两条线索进行展开。

5.4.1 高等教育体系的共生概念引入

边界模糊,共生兴起。在表面的无序下,原来内生性的演变依托于越来越多的外生性因素,外生性影响越来越直接地介入到高等教育内部的要素关系和结构中。其实质随着越来越多的要素涌入高等教育,在相互连接中互为主体,看似什么(边界)都可以突破,什么(范式)都有待颠覆,什么(规则)都可能打破,但有可能会越来越接近高等教育的本质。

"共生"概念源自生物科学领域,由德国真菌学家德贝里(Anton de Bary)提出,定义为不同种属生活在一起[①]。而人类社会中,个体与个体,组织与组织之间相互联系、相互影响,类似于生物学的共生关系,由此,"共生"概念被引入社会科学[②]、管理学[③]、经济学等领域。

回顾本章前两节内容,通过"智能时代的学习模式颠覆与重构""智能时代的教学模式迭代与支撑",梳理了智能时代高等教育内生要素关系和关系结构的相应变化,从而凝练出智能时代高等教育发展在方向上体现为内向回归,即价值追求更趋本源;在路径上拓展外向延伸,与其他主体以及环境的连接更为积极良性,各种要素相互依存,相互融通,相互协同,要素内涵和关系结构都产生了新的变化(见图5.3)。

---

① 刘志迎,郎春雷. 基于共生的产业经济分析范式探讨[J]. 经济学动态,2004(2):29-31.
② 胡守钧. 社会共生论[M]. 上海:复旦大学出版社,2006.
③ 陈春花,赵海然. 共生:未来企业组织进化路径[M]. 北京:中信出版社,2018.

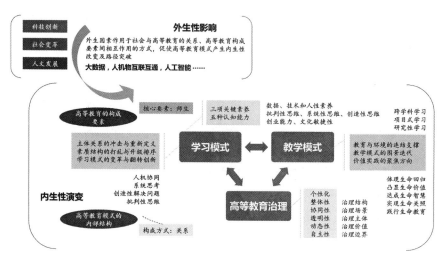

图 5.3　智能时代的高等教育

5.4.2　智能时代高等教育的共生机制

高等教育的共生形式可能在过去或当下已经存在，这里强调智能时代高等教育共生机制的含义，不是为了单一或片面地从某一状态或维度来探讨，而是将高等教育共生体这一系统作为关注对象。由此，外部环境、外生性要素（如个体、组织、资源、网络）和外生性因素（如社会变革、技术革新）成为高等教育共生体的组成部分，连同高等教育内生性要素（如人、活动、资源）、要素关系（学习模式和教育模式）和关系结构（高等教育治理）一起形成紧密的体系。

在这一紧密体系中，原有的"外生性影响"进一步演变为高等教育与外部连接的"路径延伸"形式，发展成为高等教育与其他组织、个体相互依存的"外共生"机制；而原有的"内生性演变"则进一步聚焦于高等教育依托智能时代环境特征进行自我价值的"方向归回"，并对社会环境进行良性反馈的"内共生"机制（见图 5.4）。

依托智能时代的技术要素和环境要素，大数据、人机物互联互通、人

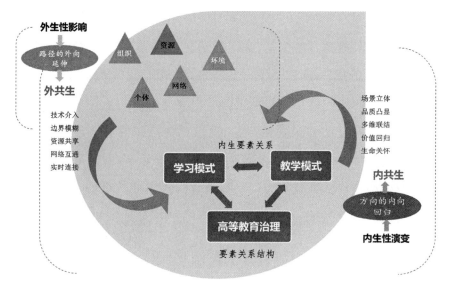

图 5.4　高等教育模式：方向与路径

工智能等智能技术的广泛介入，使得外共生机制能够更好地打破学习与教学的边界，突破传统高等教育有形场域的壁垒，使得"无边界教育""无边界学习""泛在学习"等概念得以实现，打破传统教育在层次、类型与时间、空间等方面的边界，形成任何时间（anytime）、任何地点（anywhere）的任何人（anyone）可以就任何内容（any content）进行任何形式（any format）的无限场域高等教育新模式①。

如果说外共生机制对应的是高等教育与智能时代结合的正向产物，那么，内共生机制就是为了反思和抑制上述结合中存在的风险和反向作用。

随着外生要素的广泛介入，对于高等教育的利益驱动和价值诉求更为多元，而教育的公共属性使其必须承担起塑造国家、社会的公共价值和个人美好生活的使命与责任，如何在利益驱动、多元价值和公共责任中保持平

---

① 荀渊.高等教育全球化的愿景：从无边界教育到无边界学习[EB/OL].（2019-08-06）[2019-09-01]. https：//mp.weixin.qq.com/s/BWpv9aAJZqkpNsxzkDTNDw.

衡,需要高等教育在面对时代挑战的同时保持自身站位,守住价值本源。

智能时代高等教育的变革,必定是整合了适应外在挑战赋予的发展"使命"后的内在变革,这种基于回归本源的"初心",才是有效实现高等教育内外生机制协同作用的根本。

随着连接和互动的深度和广度的增加,利益和价值在外部环境、外生要素和高等教育之间不再只是简单的交换或分享,而是有效的协同。共生系统的稳定将成为智能时代高等教育模式发展的重心,个体的独立性和系统的稳定性相统一,在系统的动态稳定中实现个体成长。

5.4.3 智能时代高等教育的无限场域

传统高等教育模式下,学习模式和教学模式需要依托高等教育的有限场域进行开展,外部环境和要素的介入也需要部分依托有形场域(见图5.5)。为探索如何打破有形的边界和壁垒,让要素和资源在高等教育场域中优化流通,钱伟长提出并探索实施"拆掉学校和社会之墙,校内各系科、各专业、各部门之墙,教学与科研之墙,教与学之间的墙"的理念(见图5.6)。

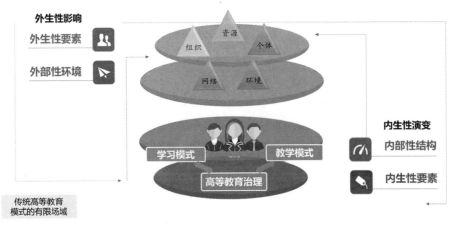

图 5.5　传统高等教育模式的有限场域

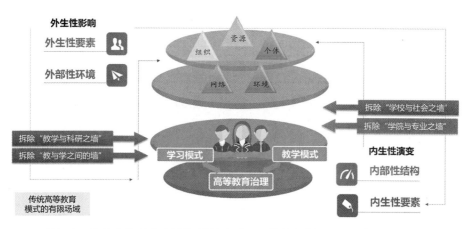

图 5.6 传统高等教育有限场域的突破——钱伟长"拆除四堵墙"教育理念

进入智能时代,在共生模式构建中的边界开放,不是不具备边界,而是边界的开放性、融合性更为便捷,这里的边界有学科的边界,学习的边界(时空),学校的边界,学界与业界的边界,需求与供给的边界……共生机制可能发生在边界内,也可能发生在边界外(见图 5.7)。

图 5.7 智能时代高等教育有限场域的变化

去边界性和去碎片化将可能会实现,能够在共生体内依托责任、权力、利益和价值将资源进行个性化组合,并融合重塑出新的价值。

依托智能技术的广泛应用,高等教育将开启无限场域模式,外生性和内生性要素聚集在由智能时代联结成的网络平台上,只要通过移动终端或其他网络终端,个体就能依托身边便捷的实际场域(家庭、社区、图书馆、咖啡馆等)与高等教育要素(外生性和内生性)结合创造出个性化、动态性的无限场域模式,从而真正实现钱伟长"拆掉四堵墙"的教育理念。

高等教育的价值创造将不再仅仅根植于有限场域和有限要素,而是在由智能时代开启的无限场域中更为高效地开展(见图5.8)。

图 5.8 智能时代高等教育的无限场域

5.5 本章小结

智能时代的高等教育模式在方向上体现为内向回归,即价值追求更趋本源,在路径上拓展外向延伸,与其他主体以及环境的连接更为积极良性,打造相互依存,相互融通,相互协同的"智能时代高等教育模式图景"(见图5.9)。

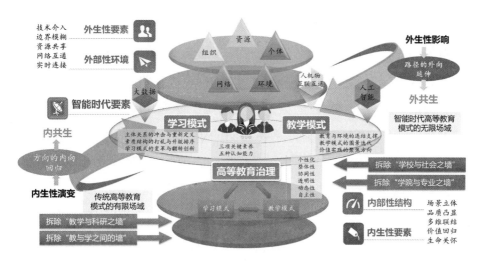

图 5.9　智能时代高等教育模式图景

智能时代,高等教育由有限场域向无限场域演变,钱伟长"拆除四堵墙"的教育理念得到真正的实现,即"拆除学校与社会之间的墙,加强高校与社会的联系;拆除教学与科研之间的墙,老师必须科研教学双肩挑;拆除各学院与各专业之间的墙,不再隔行如隔山;拆除教与学之间的墙,培养学生的自学能力"。学习模式和教学模式的组织需要同时做出重大调整,相对应的高等教育的治理模式迫切需要变革和探索。

其一,智能时代,人机协同、系统思考、创造性解决问题、批判性思维等技能更受业界和雇主关注,高校毕业生需要在原有素养的基础上,具备三种素养(数据、技术和人性),培育五种认知能力(批判性思维、系统性思维、创造性思维、创业能力和文化敏捷性)。学习模式也将发生五个方面的变化:由教师主导的被动学习向学生主导的自主学习模式转变、由知识导向向能力导向的人机协同学习模式转变、由"终结式"学习向"终身式"学习模式转变、由"标准"学习向"定制"学习模式转变、由"成才"学习向"成人"学习模式转变。

其二,未来教学模式以项目式学习、跨学科的主题研究与应用等为主要特征,更为强调与真实世界的联结,学生在学习中验证已有知识并创造新的知识,对教师在教学技能、教学特点、教学目的、教学内容和教学方式等方面提出新要求。智能时代下的教师实践将更聚焦于具有生命特征的职业分工,体现生命回归;更聚焦于体现高端品质的职业特征,凸显生命价值;更聚焦于追求人机协同的智能教育,达成生命智慧;更聚焦于探寻人的生命的整体意义,实现生命关照;更聚焦于师生共同感悟的生命实践,践行生命教育。

其三,智能时代为高等教育治理赋予个性化、整体性、协同性、透明性、动态性、自主性等特征。与传统高等教育相比,智能时代的高等教育在治理结构、治理场景、治理主体、治理边界等方面将可能发生重大变革。高等教育急需从智能技术与人类共生的角度架构高等教育治理的技术路径,通过技术融合和机制体制的变迁确立场景路径,通过合作共治建构协同路径,设计解决利益冲突的治理规则和机制。

其四,高等教育共生系统将成为智能时代高等教育模式的关注对象,由此外部环境、外生性要素和外生性因素成为智能时代高等教育模式的组成部分,连同高等教育内生性要素、要素关系和关系结构一起形成紧密体系。原有的"外生性影响"进一步演变为高等教育与外部连接的"路径延伸"形式,发展成为"外共生"机制;而原有的"内生性演变"则进一步聚焦于高等教育依托智能时代环境特征进行自我价值的"方向归回",并对社会环境进行良性反馈的"内共生"机制。共生系统的稳定成为智能时代高等教育模式发展的首要重点,个体的独立性和系统的稳定性相统一,在系统的动态稳定中实现个体的成长与发展。

后　　记

　　自2018年4月，书稿研究团队组建之初，便获得了来自各方领导、专家、学者的热切关注和直接帮助。在此要衷心感谢上海大学副校长聂清教授和孙伟平教授、储雪俭教授、张勇安教授、潘志浩教授、张文宏教授、郭长刚教授、费敏锐教授、王廷云教授、罗均教授，在书稿编著过程中提出诸多中肯的意见，言之凿凿，字字珠玑，使书稿的编著基础扎实、书稿的论述规范严谨、书稿的研究融会贯通。同时也要感谢上海大学计算机工程与科学学院郭纯生书记、中欧技术工程学院刘宛予院长、机电工程与自动化学院王小静书记、悉尼工商学院方慧副院长、高等教育研究所邵守先副所长、生命科学学院肖俊杰副院长等领导和专家，为书稿的研究建言献策，使研究团队如拨云见日、得骋怀游目。还要感谢众多专家、友人、师生的片语真言，书稿中的诸多思想集智于众人的思考与专研，与君共勉！